NZZ LIBRO

Johann Jakob Rüttimann 1865/66.

Riccardo Jagmetti

Johann Jakob Rüttimann (1813–1876)

Mitgestalter der Schweiz im Aufbruch

NZZ Libro

Autor und Verlag danken der Swisslife für die grosszügige Unterstützung.

Bibliografische Information der Deutschen Nationalbibliothek
Die Deutsche Nationalbibliothek verzeichnet diese Publikation in der Deutschen Nationalbibliografie; detaillierte bibliografische Daten sind im Internet über http://dnb.d-nb.de abrufbar.

© 2018 NZZ Libro, Schwabe AG

Lektorat: Corinne Hügli, Zürich
Gestaltung, Satz: GYSIN [Konzept+Gestaltung], Chur
Druck, Einband: Kösel GmbH, Altusried-Krugzell

Dieses Werk ist urheberrechtlich geschützt. Die dadurch begründeten Rechte, insbesondere die der Übersetzung, des Nachdrucks, des Vortrags, der Entnahme von Abbildungen und Tabellen, der Funksendung, der Mikroverfilmung oder der Vervielfältigung auf anderen Wegen und der Speicherung in Datenverarbeitungsanlagen, bleiben, auch bei nur auszugsweiser Verwertung, vorbehalten. Eine Vervielfältigung dieses Werks oder von Teilen dieses Werks ist auch im Einzelfall nur in den Grenzen der gesetzlichen Bestimmungen des Urheberrechtsgesetzes in der jeweils geltenden Fassung zulässig. Sie ist grundsätzlich vergütungspflichtig. Zuwiderhandlungen unterliegen den Strafbestimmungen des Urheberrechts.

ISBN 978-3-03810-335-6

www.nzz-libro.ch
NZZ Libro ist ein Imprint der Schwabe AG

9   **Der Weg zu Rüttimann – Ein Vorwort**
    Persönlichkeit · Eigene Bezüge

13 **Rüttimanns Weg**
    Geburt, Herkunft und Familie · Ausbildung · Eigene Familie in Zürich · Lebensweise, Gesundheit und Tod

19 **Wegbereiter und Wegbegleiter**

19 **Lehrer**
    Hans Kaspar von Orelli · Friedrich Ludwig Keller · Johann Caspar Bluntschli

23 **Gefährten**
    Alfred Escher · Jonas Furrer · Regierungsräte · Johann Jakob Blumer · Albert Schneider · Marc-Etienne Dufraisse

31 **Praxis, Wissenschaft und Gesetzgebung**
    Mitwirkung an der Rechtsentwicklung · Komparatistik · Breites Wirkungsfeld

32 **Juristische Praxis**
    Substitut des Landschreibers und Gerichtsschreiber · Verhörrichter · Aufstand in Stadel und Streit Scherr/Bluntschli · Adjunkt Staatsanwalt · Cantonsfürsprech · Anwalt in Zivil- und Strafprozessen sowie in Verwaltungsverfahren · Polizei im Café Littéraire

36 **Rechtsstaatliches Gerichtsverfahren nach englischem Vorbild**
    London 1836 · Englische Straf- und Zivilrechtspflege · Organisation der Bundesrechtspflege und Bundeszivilprozess · Bundesstrafprozess · Zürcher Strafgerichtsbarkeit · Wirkungskontrolle · Offenes Verfahren

46 **Kodifikation von Privatrecht und Strafrecht**
    Alter Rechtszustand · Zürcher Privatrechtliches Gesetzbuch · Ansätze zur nationalen Privatrechtsordnung: Urheber- und Patentrecht, Handelsrecht · Nach Rüttimann: OR und ZGB · Kantonales und Bundesstrafrecht

52 **Die bundesstaatliche Struktur der Schweiz und der USA**
    Vorlesungen und Hauptwerk · Bundesstaat und Fortbildung Verfassungsrecht · Parlaments- und Regierungssystem · Grundrechte · Kirche und Staat in den USA und in der Schweiz · Andere Autoren · Entwicklung in den USA · *The Federalist* · «sister republics»? · Erster Staatsvertrag · Rüttimanns Rolle

60 **Weitere gesetzgeberische Arbeiten**
Bundesrecht: Garantiegesetz und Militärversicherung • Regelung der Fabrikarbeit • Vielfalt zürcherischer Gesetze • Maulkrattengesetz und Johann Jakob Treichler • Gesetzgebungsprogramm und Gesetzessammlung • Legislatorisches Wirken nach Rücktritt aus der Regierung

65 **Gutachten über Festungswerke und andere Gegenstände**
Zürcher Festungswerke und Stadtentwicklung • Rechte an Basler Festungswerken • Hubengenossen zu Schwamendingen und weitere Gutachten

71 # Hochschulen
Zwei Hochschulen im Semperbau

72 **Universität Zürich**
Gründung • Habilitation und Berufung Rüttimanns • Mitwirkung an Berufungen • Rücktritt

75 **Eidgenössisches Polytechnikum (ETH)**
Politischer Entscheidungsprozess • Schulratspräsidium • Eröffnung und Auftrag der Schule • Charakter der Schule und Unruhen 1864 • Berufung starker Persönlichkeiten • Philosophische und staatswissenschaftliche Fächer • Rüttimann am Polytechnikum

80 **Lehrtätigkeit**
Lehrgebiete • Unterrichtsgestaltung

83 # Kantons- und Bundespolitik

83 **Jugendzeit in der Restauration**
Mediation • Restauration in Zürich • Wiener Kongress und Bundesvertrag 1815

85 **Aufnahme der politischen Tätigkeit in der Regeneration**
Beginn der Regeneration und Riforma im Tessin 1830 • Volksversammlung von Uster 1830 und Zürcher Kantonsverfassung 1831 • Erste politische Erfahrungen • Straussenhandel und «Züriputsch» 1839 • Mitglied im Grossen Rat und in der Kantonsregierung 1844 • Mediator in der Regierung

90 **In den Konflikten auf Bundesebene**
Scheitern der Bundesreform 1832–1835 • Siebner Konkordat und Sarnerbund • Berufung der Jesuiten nach Luzern und Sonderbund, Entscheide der Tagsatzung • Furrer und Rüttimann als Gesandte in der Tagsatzung • Zürcher Instruktionen 1845/1847 • Sonderbundskrieg

94 **Mitwirkung an Bildung und Aufbau des Bundesstaats**
Erfordernis der Neuordnung und Revisionskommission • Rüttimann in der Tagsatzung • Rüttimanns Haltung zum Bundesstaat und zum Zweikammersystem • Meinungsbildung in Zürich in zwei Etappen • Rüttimanns Vorschläge • Instruktion für Einkammersystem mit Ausweichklausel • Stellungnahmen im Grossen Rat • Zürcher Haltung in der Tagsatzung • Beschluss der Tagsatzung und Annahme der Bundesverfassung von

1848 • Wahlen in die Bundesversammlung, Rolle beider Kammern und Wahlverfahren für den Bundesrat • Bern oder Zürich als Hauptstadt? • Rüttimann im Ständerat

105   **Im frühen Bundesstaat: internationale Bezüge und Verfassungsrevision 1866**
Leitung der Aussenpolitik • Chablais und Faucigny, Grundsätze der Aussenpolitik • Fremde Kriegsdienste • Flüchtlinge aus der Lombardei und aus Deutschland mit Truppenaufgeboten, Flüchtlingspolitik • Grenzbereinigung mit Baden • Stellung der jüdischen Bevölkerung • Vertrag mit Frankreich 1864 • Revision der Bundesverfassung 1866

114   **Im Übergang zur direkten Demokratie**
Lochers Pamphlete • Demokratische Bewegung • Haltung Rüttimanns zur direkten Demokratie • Revisionen der Zürcher Kantonsverfassung 1865 und 1869 • Rücktritt aus dem Ständerat 1869 und aus dem Kantonsrat 1872 • Revision der Bundesverfassung 1872 bzw. 1874 und Haltung Rüttimanns

125   Rechtspflege

125   **Rechtspflege durch die Bundesversammlung**
Problematik • Kompetenzkonflikte Bund/Kantone • Kompetenzkonflikte unter Kantonen • Schutz verfassungsmässiger Rechte • Andere Beschwerden gegen Verfügungen des Bundesrats

131   **Nebenamtliches Bundesgericht**
Struktur des Bundesgerichts • Zivilgerichtsbarkeit • Strafrechtspflege

134   **Zürcher Rechtspflege**
Regierungsrat als Rekursinstanz • Begnadigungen • Richter am Kassationsgericht

136   **Militärjustiz**
Beteiligung an der Gesetzgebung • Strafen • Gerichtsorganisation • Oberst im Justizstab und Grossrichter • Haltung bei der Grenzbesetzung 1856/57

141   Eisenbahnen, Wirtschaft und Währung

141   **Eisenbahnen und Kommunikation**
Verkehrsinfrastruktur und Kommunikation • Entwicklung und Gesetzgebung • Behördliche Tätigkeit Rüttimanns • Nordostbahn: Zürich–Baden, Rheinfallbahn, Bodenseebahn, Knonaueramt–Luzern • Fusionspläne • Gotthardbahn: Option Gotthard, Tessiner Talbahnen, Gotthardbahn-Gesellschaft, Finanzierung • Rüttimann als juristischer Experte

155   **Kreditanstalt und Rentenanstalt**
Schweizerische Kreditanstalt: Gründung, Sitz, Rüttimann als aktiver Vizepräsident, Beschaffung Aktienkapital, Geschäftstätigkeit, Personalfragen • Schweizerische Rentenanstalt: Gründung und Garantie Kreditanstalt, Eingabe Rüttimanns, Organisationsform, gesellschaftspolitische Funktion, Leitung, Police Rüttimanns, kollektive Vorsorge, Kapitalanlagen • Aktienhäuser • Projekt Hypothekarkasse

174	**Der Franken als Währung**
	Die Schweiz als Wirtschaftsraum • Anschluss an den französischen Franc mit abweichender Haltung Rüttimanns, Münzeinheit, Umwandlung früherer Währungen • Lateinische Münzunion • Banknotenausgabe: Zuständigkeit der Kantone, Rüttimanns Konzept der Bundeskompetenz ohne Monopol, Rüttimann als Experte, Regelung in der Bundesverfassung 1874, spätere Entwicklung

181 Auftrag und Erbe

181	**Die Schweiz im Aufbruch**
	Staatstheorie, Technik und Gesellschaft • Dynamik der Rechtsetzung • Entwicklung zum Grundkonsens
185	**Das Gleichgewicht als Staatsprinzip**
	Ein Staat von unten nach oben • Keine Konzentration von Macht • «Milizprinzip» • Vielfalt der Nation • Suche nach dem Gleichgewicht • Rüttimann als Gestalter

191 Anhang

193	**Zeittafel**
194	**Anmerkungen**
213	**Verzeichnis der Personen aus der Zeit Rüttimanns**
214	**Werkverzeichnis der Publikationen von Johann Jakob Rüttimann**
	Allgemeine Texte • Nationales Recht • Kantonales Recht • Internationales Recht • Währung und Kredit • Biografien • Gutachten
216	**Quellennachweis**
	Sammlungen und Dokumente • Literatur
219	**Bildnachweis**

Der Weg zu Rüttimann

Ein Vorwort

Johann Jakob Rüttimann war eine – heute leider weitgehend vergessene – Persönlichkeit, die den jungen Bundesstaat im 19. Jahrhundert mitgestaltet hatte. Er war angesehener Rechtsgelehrter, Professor an zwei Hochschulen, kantonaler und eidgenössischer Politiker, Bundesrichter, Verwaltungsrat neu gegründeter wichtiger Unternehmen und Oberst der Armee. Als langjähriger und treuer Freund von Alfred Escher war Rüttimann weit mehr als dessen juristischer Berater. Mit seiner Persönlichkeit als eigenständiger Denker hat er von seinem liberalen Standort aus Wesentliches zur Entwicklung des Landes und seiner Institutionen beigetragen. Verwurzelt im Kanton Zürich, reichte sein Blick weit über die Landesgrenzen hinaus, namentlich in den angloamerikanischen Raum – und dies in einer Zeit, in der solches für die «scientific community» noch keineswegs Alltag und erst recht nicht Pflicht war. Rüttimanns Curriculum zeigt beispielhaft, wie die Schweiz damals ihren Weg suchte und fand.

Mein eigener Weg zu Rüttimann war gleichsam vorgegeben, war ich doch mehr als 100 Jahre später in verschiedener Beziehung einer seiner Nachfolger, indem ich gleiche oder ähnliche Funktionen bekleidete: als Professor für öffentliches Recht an der ETH, als Zürcher Kantonsrat, als Vertreter des Kantons Zürich im Ständerat, mit anderer Aufgabe in der Armee und wie er als Mitglied des Aufsichtsrats der Rentenanstalt (heute Swiss Life). In einem völlig veränderten Umfeld teile ich auch seine liberale Grundhaltung und seinen Sinn für das schweizerische Gleichgewichtssystem, nicht dagegen seine Skepsis gegenüber den Institutionen der direkten Demokratie.

Am jungen Polytechnikum hatte Rüttimann Architekten, Ingenieure und Naturwissenschaftler in die Rechtswissenschaft einzuführen und sich mit den aktuellen Fragen auseinanderzusetzen. Das war an der international längst anerkannten ETH auch die Aufgabe meiner beiden Kollegen und mir – nur hatte die Hochschule eine andere Dimension, und die darzustellende Rechtsordnung hatte sich gewandelt, denn das Privatrecht war nun eidgenössisch und längst durch die wissenschaftliche Arbeit und die Rechtsprechung vertieft ausgestaltet. Die aktuellen Fragen waren andere in Baurecht, Raumplanung, Wasser- und Energierecht und in dem zu Rüttimanns Zeit noch nicht aktuellen Umweltrecht.

Wie Rüttimann hatte sich meine Generation mit der Staatsorganisation, aber nicht mehr mit der Staatsform auseinanderzusetzen. Der Bundesstaat mit seinem parlamentarischen Zweikammersystem ist in unserer Zeit eine Selbstverständlichkeit, und der frühere Staatenbund steht ebenso wenig zur Debatte wie der – von Rüttimanns Zürcher Kreis, nicht aber von ihm selbst seinerzeit bevorzugte – Einheitsstaat, auch wenn die Zentralisation der Aufgaben weit fortgeschritten ist.

Der Grosse Rat wurde noch zu Rüttimanns Zeiten in Kantonsrat umbenannt. Dieser tagt heute noch im gleichen Saal, in dem Rüttimann als Parlaments- und Regierungsmitglied sowie als Tagsatzungsabgeordneter gewirkt hat, wobei er aber über einen kantonalen Richtplan noch nicht zu befinden hatte. Der Ständerat ist noch derselbe, versammelt sich aber in einem anderen Gebäude und wird nun auf vier Jahre vom Volk gewählt. Die Mitglieder werden nicht weiter vom kantonalen Parlament nach Bern delegiert. Die Zürcher Abgeordneten vertreten nicht mehr rund 250 000 (1850), sondern fast 1,5 Millionen Einwohner (2017). Die Traktandenliste hat unter nationalen und internationalen Gesichtspunkten andere Schwerpunkte. Das gilt bei den klassischen Aufgaben des Parlaments. Die Gesetzgebung hat auf neue Herausforderungen zu antworten und neue Wertungen aufzunehmen. Hatte sich Rüttimann schon mit Flüchtlingsproblemen zu befassen, so standen zu seiner Zeit der Datenschutz, das Kernenergierecht, das multilaterale Wirtschaftsrecht und andere, sich aus der Entwicklung ergebende Problemkreise noch nicht zur Debatte. Auch waren die sozialen Institutionen noch kaum entwickelt. Die Bundesversammlung entscheidet glücklicherweise nicht weiter als Gerichtshof, sondern hat diese Aufgabe längst an das Bundesgericht abgetreten. Dieses tagt seit 1874 nicht mehr nebenamtlich – zeitweise durch Rüttimann präsidiert und teilweise durch Parlamentarier besetzt – vor der Session in Bern, sondern in Lausanne und Luzern und hat eine grosse Arbeitslast zu bewältigen. Die Justiz war auch Rüttimanns Aufgabenbereich als Oberst in der Armee, wobei er Delikte aus dem Sonderbundskrieg (1847) zu beurteilen hatte, also aus einer wirklich fernen Zeit.

Bei den Verkehrswegen erlebte Rüttimann in seiner Jugend den Übergang vom Saumpfad zur Fahrstrasse am Gotthard. Später hatte er über Eisenbahnkonzessionen für wichtige Linien des ersten Netzes zu entscheiden und sich mit dessen privater Finanzierung zu befassen, während zu unserer Zeit das Parlament über die NEAT zu beraten hatte. Die Wirtschaft hat sich seit dem Wirken Rüttimanns ebenso grundlegend gewandelt. Die Industrieproduktion ist völlig umgestaltetet. Dienstleistungen, an deren Entwicklung Rüttimann als Mitbegründer von Kreditanstalt (Credit Suisse) und Rentenanstalt (Swiss Life) wesentlich beteiligt war, werden heute in einer anderen Grössenordnung und nicht mehr von einem Kontor aus, sondern im digitalisierten Umfeld erbracht.

Die *Neue Zürcher Zeitung* war Rüttimanns bevorzugtes Publikationsorgan. Sie hat ihre Bedeutung behalten, musste sich aber der neuen Lage anpassen, in der die gedruckten Medien nicht mehr wie zu jener Zeit über das Monopol der öffentlichen Kommunikation verfügen. Dass sie im veränderten Umfeld die Herausgabe dieser Arbeit ermöglicht, mich durch Bereitstellung von Unterlagen aus dem Redaktionsarchiv unterstützt und ihr Buchverlag NZZ Libro mit grosser Kompetenz mein Manuskript zum Buch gemacht hat, sei dankbar vermerkt. Der Dank für den Zugang zur Dokumentation gilt ebenso dem Staatsarchiv des Kantons Zürich – das mir auch bei der Transkription der nicht ganz leicht zu lesenden Korrespondenz Rüttimanns geholfen hat –, der Handschriftenabteilung der Zentralbibliothek Zürich und der ETH mit ihrem Archiv und ihrer Bibliothek. Swiss Life danke ich speziell für die Bereitstellung von Unterlagen aus dem Archiv und für die grosszügige Unterstützung zur Verwirklichung des Buchs.

Der Blick zurück gilt weder der Nostalgie noch der Betonung des seitherigen Fortschritts. Auch handelt es sich nicht um eine historiografische Untersuchung mit vertiefter Analyse der Entwicklung in jenen Jahrzehnten, sondern um das Lebensbild einer Persönlichkeit, die auf vielen damaligen Baustellen aktiv mitgewirkt hat. Gezeigt werden soll, wie jene Gründergeneration die heutige Organisation unseres Staatswesens geschaffen, das höhere Bildungswesen aufgebaut, die Rechtsordnung von Grund auf neu gestaltet, den Weg zur wirtschaftlichen Entwicklung durch Gründungen und durch Bereitstellung der Infrastrukturen freigelegt und die internationalen Bezüge erfasst hat. Nicht alle Probleme, die sich in der Frühzeit der Industrialisierung stellten, wurden damals gelöst, aber Rüttimann stand am Anfang der Entwicklung und befasste sich auch mit den sozialen Fragen, die sich aus der Veränderung der Arbeitswelt und der gesellschaftlichen Strukturen ergaben. Als Liberaler wandte er sich nicht gegen den Staat, sondern half mit viel Engagement, ihn im Sinn einer freiheitlichen Ordnung aufzubauen.

Riccardo Jagmetti, März 2018

Rüttimanns Weg

Regensberg am Lägernhang im Zürcher Unterland, die Heimat Rüttimanns.

Geboren wurde Johann Jakob Rüttimann (mit Rufname Jakob[1]) am 17. März 1813 im historischen Städtchen Regensberg am Lägernhang im Zürcher Unterland. Dort wirkte sein Vater Josua Rüttimann (geboren 1787), der aus Guntalingen im Zürcher Weinland stammte, ab 1812 als Landschreiber – somit als Gerichtssekretär und Urkundsperson – und nach Aufteilung der Funktionen als Notar. 1836 wurde er in den Grossen Rat gewählt.[2] Mit der Neugestaltung des Gerichtswesens und der Arbeit an der Gesetzgebung sowie der Übernahme politischer Ämter folgte Rüttimann somit den Fussstapfen seines Vaters – allerdings in einer anderen Dimension. Beide verband zeitlebens eine enge Beziehung.[3] Dies bezeugt beispielsweise ein Briefverkehr während des Sonderbundskriegs, über dessen Ausgang sich der Vater freute.[4] Dessen Tod am 20. Juli 1859[5] traf den Sohn schwer – wie er es Bundesrat Dubs schilderte.[6] Seine Mutter Katharina (geborene Weinmann) stammte aus Winterthur und hatte ihren Gatten während dessen Wirken in Kyburg kennengelernt. Johann Jakob verlor sie, als er elfjährig war; sie starb 1824 bei der Geburt ihres 13. Kindes.[7] Von den zahlreichen Geschwistern erreichten nur er und vier seiner Schwestern das Erwachsenenalter.

In zweiter Ehe heiratete der Vater Ende 1825 Margaretha (geborene Näf). Sie war nach dem Tod ihres ersten Gatten – Professor Daniel Hartung, dem 1817 ein Heimatschein ausgestellt worden war[8] – von Schwarzenbach in Bayern in die Schweiz zurückgekehrt und erhielt 1822 eine Niederlassungsbewilligung.[9] Die neue Gattin wurde eine liebevolle Betreuerin der Kinder Rüttimann.[10] Auch mit ihrem Sohn aus erster Ehe – Moritz Hartung (1818–1854) – verstand sich Johann Jakob gut. Jener wirkte als Ingenieur an Strassen-, Eisenbahn- und Telegrafenprojekten mit[11] und leistete im Oktober und November 1847 vor und während des Sonderbundskriegs Militärdienst, was sich implizit aus zwei Briefen an seinen Stiefbruder ergibt[12] – wobei Hartmann Offizier gewesen sein muss, denn er schildert sein «sonderbares Glück», bei einem Pfarrer einquartiert zu sein, der kein freundlicher Gastgeber war. Der Bundesrat ernannte Hartung – nach einer Intervention Alfred Eschers – 1852 zum Inspektor für den zweiten Telegrafenkreis.[13]

Die Ausbildung von Rüttimann an der Schule in Regensberg wurde erweitert durch Unterricht in mathematischen Fächern bei Pfarrer Fäsi in Schöfflisdorf im Wehntal und in den alten Sprachen bei Pfarrer Freudwiler in Regensberg.[14] Ab 1827 besuchte Rüttimann die Gelehrte Schule in Zürich. Neben dem Collegium humanitatis am Fraumünsterstift und dem Carolinum am Chorherrenstift des Grossmünsters war sie eine der höheren Schulen Zürichs in jener Zeit vor der Neuordnung des Schulwesens im Zug der Regeneration ab 1831.[15] Diese Institutionen waren Mittel- und Hochschulen zugleich. Wie ein Schulkamerad – der spätere Kantonsschulprofessor Grob –

sagte, hatte Rüttimann eine «merkwürdig schnelle Fassungsgabe. Den Homer las er mit grösster Leichtigkeit» (offenbar in der Originalsprache).[16] Auch die modernen Sprachen waren ihm nicht fremd. So studierte er 1836 die Gerichtsbarkeit in London (wie noch darzulegen sein wird) und nahm gern französische Ausdrücke in seine Korrespondenz auf.[17] In einem Brief aus London an seinen Freund Konrad Ott in Paris hielt er 1836 allerdings fest: «Mit dem Englischen geht es uns sehr gut, nahmentlich finde ich, daß es viel leichter ist die Engländer zu verstehen, als die Franzosen.»[18]

In heutigen Begriffen im Mittelschulalter belegte Rüttimann 1829 zusätzlich Kollegien am Politischen Institut, das von Hans Conrad Escher von der Linth 1793 gegründet worden war, der 1806 dort zum Professor ernannt wurde.[19] Die intellektuellen Interessen des jungen Rüttimann galten im Besonderen Immanuel Kant und Friedrich Traugott Krug – dessen Nachfolger in Königsberg.[20] Mit deren Werken befasste er sich so intensiv, dass sich sein Vater zur Aussage über seinen Sohn veranlasst sah: «Er tuet so alli Nacht by Chant und Chrug philosophiere.»[21] Die wirtschaftliche Lage der Familie führte aber dazu, dass Rüttimann noch im erwähnten Jahr 1829 seine Ausbildung unterbrach und die Berufstätigkeit aufnahm. Ohnehin fehlte damals noch die 1833 gegründete Universität Zürich mit ihrer staatswissenschaftlichen Fakultät. Auch wenn Rüttimann später begleitend zu seiner Arbeit in der Zürcher Rechtspflege weiterhin Vorlesungen von Keller und Bluntschli besuchte,[22] absolvierte er kein eigentliches juristisches Studium – was ihn nicht hinderte, später angesehener Rechtsgelehrter zu werden. Das Anwaltspatent wurde ihm – gestützt auf die abgelegte Prüfung – am 17. Mai 1838 erteilt,[23] und die Universität Zürich anerkannte 1852 seine wissenschaftlichen Leistungen durch Verleihung des Dr. iur. h. c.

Wichtige Schritte im Alter von 30 und 31 Jahren prägten sein späteres Leben. Er heiratete 1843 Luise Bächlin,[24] eine Verwandte von Hans Kaspar von Orelli. Die Eheleute verloren 1846 ein Kind kurz nach dessen Geburt. Umso mehr freuten sie sich über die zweite Tochter – die im Sommer 1875 heiratete[25] – und über den am 12. September 1861 geborenen Sohn mit dem Vornamen seines Paten Alfred Escher.[26] Die Gattin starb im Herbst 1865, was Rüttimann furchtbar traf, obwohl er seit einiger Zeit auf den Verlust gefasst war, wie er Bundesrat Dubs schrieb.[27] Nun hatte er allein für seine Kinder zu sorgen, denen er – wie sein Biograf festhielt – «ein pflichttreuer Erzieher, ein gütiger Geber, ein liebender Vater» war.[28]

Die Ernennung zum Verhörrichter hatte Rüttimann 1834 veranlasst, von Regensberg nach Zürich zu ziehen.[29] Er blieb aber mit seinem Heimatort verbunden. 1844 wurde er erstmals von der Kreisversammlung Schöfflisdorf in den Grossen Rat gewählt und mehrfach auch dort wiedergewählt (sein Heimatort gehörte zu jenem Wahlkreis).[30] Gegen die Verlegung des Bezirkshauptorts von Regensberg nach Dielsdorf wehrte er sich 1870, indem er den entsprechenden Beschluss des Grossen Rats – allerdings vergeblich – dem Referendum zu unterstellen beantragte.[31] Die Familie zog dann nach Enge – damals eine selbstständige Gemeinde. Die letzte Adresse war dort ein Haus am Bleicherweg.[32]

Der Einstieg Rüttimanns sowohl in die Politik – mit der Wahl in den Grossen Rat und noch im gleichen Jahr in den Regierungsrat – als auch in die Lehre an den Hochschulen erfolgte 1844. Sein Wirken in diesen Bereichen wie auch in der Rechtsprechung und der Wirtschaft wird später darzustellen sein.

Die familiären Aufgaben – namentlich nach dem Tod der Gattin – und das enorme Pensum bei seiner Arbeit dürften wenig Raum für die Freizeit gelassen haben. Und doch nahm sich Rüttimann Musse, um nach dem Mittagessen zum Kaffee mit einem Freund eine Partie Domino oder Schach zu spielen und am Abend im Kreis seiner Bekannten die Geselligkeit zu pflegen, an der er sich als geschätzter Gesprächspartner mit sprudelndem – und nie verletzendem – Witz beteiligte, wie es sein Schüler und Freund Albert Schneider aus eigener Erfahrung schilderte.[33] Im Alter von 42 Jahren schrieb Rüttimann an Alfred Escher: «Ich bin zwar leider, was den Humor betrifft, auch nicht mehr der Alte.» Der Tenor des ganzen Briefs lässt aber erkennen, dass dem nicht ganz so war.[34]

Bei den vielen, gleichzeitig mit grossem Engagement ausgeübten verschiedenen Funktionen ging es Rüttimann nicht primär um den wirtschaftlichen Erfolg. Ein grosses Vermögen scheint er nicht angehäuft zu haben. In einem Brief aus Bern erwähnt er 1847 «die kleinen Revenuen, die mir zu Gebothe stehen», in einem gut zehn Jahre später geschriebenen erwähnt er Finanzprobleme.[35]

Das ausserordentliche Arbeitspensum deutet auf eine robuste Gesundheit hin. Doch der Schein trügt. Als Kleinkind war Rüttimann eher schwächlich,[36] und in seinem 20. Altersjahr, als er als Gerichtsschreiber amtete, erlitt er ein «heftiges Nervenfieber», das zu einem Arbeitsunterbruch von Februar bis Juni 1832 führte.[37] Auch später litt er unter gesundheitlichen Störungen und im Alter von 42 Jahren an Gicht.[38] In einem Brief an Alfred Escher schrieb er schon mit 41 Jahren am 8. April 1854:[39]

«Ich wäre persönlich zu Dir gekommen; allein ich schlucke Medicin u. muß mich vor Erhitzung u. Erkältung in Acht nehmen, wie eine Wöchnerin. Dieses ewige Unwohlsein, das entsetzlich am Arbeiten stört, macht mir fast das Leben zur Last. Ich werde wohl mich gezwungen sehen, jedes Jahr irgend eine Cur zu machen u. meinen ganzen Lebensplan wesentlich zu modificiren. Ob es dann hilft, steht dahin! Wenn es Dir nur nicht geht, wie mir. Die gütige Natur hat Dich freilich riesenmässig ausgestattet in Vergleichung mit mir; aber Du hängst auch ganz andere Gewichtsteine an!»

Das Erfordernis einer solchen Kur hatte den pflichtbewussten Rüttimann 1852 veranlasst, um Entlassung als Mitglied des Ständerats zu ersuchen. Doch trat der weniger besorgte Grosse Rat darauf nicht ein, weil er in der Kur keinen Hinderungsgrund für die Wahrnehmung der Aufgaben sah.[40] Rüttimann meisterte die gesundheitlichen Schwierigkeiten, und es war ihm vergönnt, bis fast an sein Lebensende aktiv zu sein. Am 6. November 1875 präsidierte er die Sitzung des Aufsichtsrats der Rentenanstalt, leitete die Debatte über die Statutenrevision und stellte Anträge zur stärkeren Beteiligung der Versicherten am Gewinn.[41] An der Verwaltungsratssitzung der Kreditanstalt vom 30. November hielt er ein hochgeschätztes Referat – bei dem er sich allerdings da und dort wiederholte. Am Abend des gleichen Tages manifestierte sich dann das Leiden, bei dem es sich nach dem Biografen um einen «Thrombus in der Meningäa» handelte. In einem ausführlichen Bericht des behandelnden Arztes wird dargelegt, wie sich die Krankheit wahrscheinlich aus einem Jahre zuvor erlittenen Schlaganfall mit Gehirnblutung entwickelt hatte. Sie führte am 10. Januar 1876 zu seinem Tod.[42]

Wegbereiter und Wegbegleiter

Mit verschiedenen seiner Lehrer an der Gelehrten Schule und am Politischen Institut, die bei der Gründung der Universität an diese wechselten, blieb Rüttimann verbunden. Ihre Rolle bei der Gründung der Zürcher Hochschule wird noch darzustellen sein.[1] Weggefährten fand er bei seinem vielgestaltigen Wirken. Verschiedene von ihnen waren Freimaurer – jedenfalls Furrer, Bluntschli[2] und Treichler.[3] Ob das für weitere zutraf, und welche Bedeutung das Wirken der Freimaurer bei der Bundesstaatsgründung hatte, lässt sich von aussen nicht beurteilen.

Lehrer

Engen Kontakt pflegte Rüttimann zum erwähnten Altphilologen *Hans (Johann) Kaspar von Orelli (1787–1849)*.[4] Der am Carolinum ausgebildete Vertreter der liberalen Theologie hatte in Bergamo ab 1807 als Pfarrer gewirkt, wo er 1808 die Ehe von Alessandro Manzoni mit der Genfer Calvinistin Henriette Blondel eingesegnet hatte. Später lehrte er am Carolinum. Er gilt als treibende Kraft bei der Zürcher Universitätsgründung, indem er sich – in Abweichung von der zuvor die höheren Schulen Zürichs prägenden Struktur – für die Trennung von Gymnasium und Universität einsetzte.[5] An diese wurde er 1833 als Professor der Klassischen Philologie berufen. Er amtete als erster Dekan der Philosophischen Fakultät und lehrte bis 1848. Seine Vorlesungen, Publikationen und grossen Texteditionen betrafen in erster Linie die lateinische Literatur, aber auch Plato, Demosthenes und weitere Aspekte der griechischen Kultur. Rüttimann hörte bei ihm – gemäss seinem Biografen – Vorlesungen am Politischen Institut etwa über Ciceros *Topica*.[6] Bei dessen Bruder, dem Philosophen Konrad von Orelli, hatte Rüttimann seine spätere Frau Luise Bächlin kennengelernt.

Hans (Johann) Kaspar von Orelli (1787–1849).

Unter den Juristen war *Friedrich Ludwig Keller* (1799–1860)[7] wohl der wichtigste Wegbereiter Rüttimanns, der ihn förderte und ihn zu seinem Studium der englischen Gerichtsbarkeit in London veranlasste. Er selbst hatte in längeren Aufenthalten in Frankreich und Grossbritannien diese Länder kennengelernt und ihr Rechtssystem studiert.[8] Als Herausgeber der *Monatschronik* bat er Rüttimann um Beiträge. Dieser publizierte dort in den Jahren 1835 bis 1837 fünf wissenschaftliche Artikel – unter anderen jenen über den Betrug.[9] Keller lehrte römisches Recht, Zürcher Privatrecht sowie den Zivilprozess und leitete die Kodifikation des zürcherischen Privatrechts zu einem einheitlichen Gesetzbuch ein. Ferner wirkte er als Richter und präsidierte das Obergericht.[10] Politisch engagierte er sich als massgebender Radikal-Liberaler. Mehrmals war er Tagsatzungsabgeordneter und vor dem «Züriputsch» von 1839 Mitglied des Grossen Rats.[11] Allerdings lehnte er ab, beim Erstarken der Liberalen 1842 in die kantonale Politik zurückzukehren.[12] Darauf zog er nach Deutschland – war ab 1844 Professor in Halle und später in Berlin. Dabei wechselte er seine politische Haltung und wurde als Mitglied der preussischen Junkerpartei Geheimer Justizrat. Er berief sich auf einen der Familie durch Kaiser Maximilian 1487 verliehenen Adelstitel, liess sich in die preussische Adelsmatrikel eintragen und nannte sich fortan – nach Rüttimann zur Förderung seiner Söhne im neuen Umfeld – «von Keller».[13] Er starb nach einem Bericht vereinsamt auf einer Bahnfahrt bei Berlin[14] – nach einem anderen nach kurzem, schmerzlosem Krankenlager[15]. Rüttimann entzweite sich von ihm im Zusammenhang mit einem Gutachten über die Basler Festungswerke[16] und konnte der neuen politischen Haltung seines einstigen Lehrers nicht folgen. Dennoch schrieb er einen lobenden Nachruf auf Keller. Darin schilderte Rüttimann eingehend die politische Entwicklung während der Regeneration in Zürich, wies nur am Schluss kurz auf die Berliner Jahre hin – und bemerkte dabei trocken, Keller sei dort einer Partei beigetreten, «für welche es in der Schweiz keine Sympathie gibt».[17]

Friedrich Ludwig Keller (1799–1860).

Johann Caspar Bluntschli (1808–1881).

Johann Caspar Bluntschli (1808–1881)[18] war etwas jünger als Keller, aber fünf Jahre älter als Rüttimann und vertrat eine zurückhaltend konservative Richtung. Er galt als Liberal-Konservativer oder Gemässigter[19] und beschrieb deren Haltung in zwei Aufsätzen.[20] Er lehrte an der Universität von 1833 bis 1847 ebenfalls römisches Recht und Zürcher Privatrecht, ferner Rechtsgeschichte, die Lehre vom Staat und 1847 auch das Eidgenössische Bundesrecht. Die Arbeit am *Privatrechtlichen Gesetzbuch für den Kanton Zürich* führte er so weiter und zum Abschluss, dass es im Wesentlichen sein Werk wurde. Beeindruckend ist die Vielzahl seiner Publikationen, die teils grundlegenden Charakter hatten, teils spezifische Fragen betrafen. Von den Erstgenannten wurden verschiedene ins Französische, Italienische, Englische, ja Russische und Japanische übersetzt.[21] Hervorgehoben seien die grossen Arbeiten *Staats- und Rechtsgeschichte der Stadt und Landschaft Zürich*[22] und *Privatrechtliches Gesetzbuch für den Kanton Zü-*

*rich*²³ sowie das späte Sammelwerk *Lehre vom modernen Staat* mit der Allgemeinen Staatslehre, dem Allgemeinen Staatsrecht und der Politik als Wissenschaft,²⁴ die in früheren Auflagen selbstständig erschienen waren. Nach dem «Züriputsch» von 1839, an dem er sich nicht beteiligt hatte, war er der «starke Mann des Septemberregiments».²⁵ Er wurde Regierungsrat, am 17. Dezember 1844 aber nach Erstarken der Liberalen nicht zum Bürgermeister gewählt, worauf er am 3. April 1845 unter Darlegung der Gründe aus der Kantonsregierung zurücktrat.²⁶ Er war gewiss enttäuscht, aber die Anerkennung blieb ihm nicht versagt – hielt doch der Grosse Rat fest, die Entlassung werde «unter voller Verdankung der geleisteten ausgezeichneten Dienste» erteilt.²⁷ 1848 zog er nach München und lehrte dort sowie später in Heidelberg. Sein Einstieg in die Politik wollte in Deutschland nicht recht gelingen. Immerhin war er Mitbegründer des reformatorischen Deutschen Protestantenvereins und präsidierte mehrfach die Badische Evangelische Kirchensynode. Er starb 1881 in Karlsruhe.²⁸ Trotz abweichender politischer Ausrichtung führte er mit Rüttimann einen umfangreichen Briefwechsel (erhalten sind 29 Briefe von Rüttimann an Bluntschli sowie drei von Bluntschli an Rüttimann).²⁹ Sie betrafen drei Epochen: zunächst jene, da beide Gerichtsschreiber waren und Bluntschli Professor an der neu gegründeten Universität wurde (1831–1833), dann die Zeit der Schlussredaktion des *Privatrechtlichen Gesetzbuchs für den Kanton Zürich* (1852–1855) und schliesslich die späteren Publikationen über staatsrechtliche Fragen (1862–1867). Bei Letzteren brachte Bluntschli seine Bedenken über die Fähigkeiten des Präsidenten und des Kongresses der Vereinigten Staaten zum Ausdruck, nach Beendigung des Sezessionskriegs «die Reconstruction des Südens durchzuführen».³⁰

Gefährten

Wichtigster und engster Weggefährte Rüttimanns war der etwas jüngere *Alfred Escher* (1819–1882).³¹ Damit fanden sich zwei recht verschiedene Charaktere: der tatkräftige und später mächtige Escher – und der engagierte, aber zurückhaltende Rüttimann, der 1871 in einem Brief an Escher von sich selbst schrieb: «Übrigens ist mein ganzes Wesen weder expansiv noch demonstrativ»[32], was Escher von sich wohl kaum hätte sagen können. Der Escher-Biograf Joseph Jung beschreibt die beiden Persönlichkeiten wie folgt:[33]

> «Dass Escher Rüttimann, der als juristisches Genie und intellektuelle Geistesgrösse galt, bei seinen Unternehmungsgründungen beizog, erstaunt nicht. Nebst den fachlichen Kompetenzen, die Rüttimann einbrachte, zeichneten ihn moralische Qualitäten und seine besonnene, ausgleichende Art aus, die Eschers kantige und kompromisslose Persönlichkeit, die auch vor rücksichtsloser Härte nicht zurückschreckte, in wohltuender Weise ergänzte.»

Wie persönlich die Kontakte waren, zeigt sich daran, dass Escher Pate von Rüttimanns Sohn Alfred (geboren 1861) wurde und sein Patenkind auch verwöhnte. Rüttimann bedankte sich im genannten Brief an Escher im Dezember 1871 über dessen grosszügiges Geschenk

Alfred Escher (1819–1882).

an seinen «Knirps» und sprach die Befürchtung aus, «der gute Junge» werde «vor Entzücken aus dem Häuschen herausfahren».[34] Nach Rüttimanns Tod kümmerte sich Alfred Escher um die Ausbildung seines Patensohns, der bei der Kreditanstalt in der Buchhaltung tätig war und dort offenbar zu Kritik Anlass gegeben hatte. Als Escher von Georg Stoll demgegenüber einen positiven Bericht erhielt, erklärte er sich in seiner Antwort aus Paris beruhigt und fügte bei, er werde sich nach seiner Rückkehr mit der Sache beschäftigen, denn das sei seine heilige Pflicht.[35] In Eschers Villa Belvoir, die von dessen Vater errichtet worden war, ging Rüttimann ein und aus. So besuchten er und seine Frau an Auffahrt 1855 dort – in Eschers Abwesenheit – Frau Escher und Frau Stockar.[36] An der Trauerfeier für Alfred Escher vom 9. Dezember 1882 hielt der Theologieprofessor Alexander Schweizer in seiner Abdankungsrede fest:[37]

«Ich sah ihn tief ergriffen vom Tode seines Rüttimann, als er mich bat, diesem die Grabrede zu halten, und erst gestern vernahm ich aus dessen Verwandtschaft, wie Escher des Freundes Grab gleich dem der eigenen Eltern und Gattin in seiner Obhut behalten, wie er den Kindern des Freundes sich hingegeben, mit dem Sohn, seinem Paten [sic].»

Escher studierte Rechtswissenschaft und promovierte bei Keller. Es handelte sich um den ersten Dr. iur. der Universität Zürich.[38] Während weniger Jahre (1844–1847) lehrte er in Zürich als Privatdozent – offensichtlich in Anlehnung an Rüttimann – Zivilprozessrecht und dann Bundesstaatsrecht. Nach Ende der – mit dem «Züriputsch» 1839 begonnenen – konservativen Phase der Zürcher Politik wurde Escher als Liberaler 1844 Mitglied des Grossen Rats, dem er bis zu seinem Tod angehörte. Ab 1848 amtete er nach Erreichen des erforderlichen Mindestalters[39] als Regierungsrat. Aus gesundheitlichen Gründen trat er aber 1855 zurück. Die lebhafte Anerkennung für die ausgezeichneten Dienste und das tiefste Bedauern über die Gesundheitszustände, die zum Rücktritt führten, hatten Rüttimann und zwei weitere Regierungsräte Escher zu überbringen.[40] Mehrfach wirkte Escher als Tagsatzungsabgeordneter und von 1848 bis zu seinem Tod als Nationalrat. Er war Präsident der Nordostbahn, tatkräftiger

Förderer der Gotthardbahn und deren erster Direktionspräsident, Gründer und erster Präsident der Schweizerischen Kreditanstalt, aus der unter massgebender Mitwirkung Rüttimanns die Schweizerische Rentenanstalt hervorging. Er verfasste auch die ersten Entwürfe für die Bundesgesetze über die eidgenössischen Hochschulen, von denen nach Scheitern des Projekts für eine eidgenössische Universität dank massgebender Beteiligung Eschers das Polytechnikum verwirklicht wurde. Finanzprobleme bei der Gotthardbahn führten zu seinem Rücktritt als Direktionspräsident und zweitweise als Präsident der Kreditanstalt.[41] Die demokratische Bewegung, die zur Kantonsverfassung von 1869 führte, war namentlich gegen die dominierende Stellung Eschers gerichtet. Dieser blieb aber Mitglied des kantonalen Parlaments (nunmehr mit der Bezeichnung Kantonsrat). Bei aller Freundschaft stimmten er und Rüttimann nicht immer gleich, sondern wahrten ihre Eigenständigkeit bei ihren Entscheidungen.[42]

Der Winterthurer *Jonas Furrer* (1805–1861) war mit einem Unterbruch nach dem «Züriputsch»[43] Mitglied des Grossen Rats (1834–1839 und 1842–1848), Regierungsrat (1845–1848) und mehrfach Tagsatzungsabgeordneter – ab 1845 mit Rüttimann. Mit diesem zusammen wurde er 1848 Ständerat. Er übte dieses Amt aber nur während zehn Tagen aus, weil er am 16. November 1848 zum Bundesrat und zum ersten Bundespräsidenten gewählt wurde.[44] Zuvor gehörte er der Revisionskommission an, die den Entwurf für die Bundesverfassung ausarbeitete,[45] und wirkte bei der Beratung in der Tagsatzung mit Rüttimann zusammen. Nach der Wahl Furrers in die Landesregierung wurden die Beziehungen weiter gepflegt – auch mit einem Briefwechsel.[46] Furrer starb hoch angesehen im Amt als Bundesrat am 26. Juli 1861 in Ragaz.[47] Rüttimann würdigte die Persönlichkeit seines Freundes in einem Nachruf, in dem er die politische Entwicklung auf Kantons- und Bundesebene in den Jahrzehnten von Furrers Wirken eingehend darlegte, sodass dieser Nekrolog aus der Feder eines befreundeten und engagierten Zeitgenossen auch historiografisch wertvoll ist.[48]

Jonas Furrer (1805–1861).

Im *Regierungsrat* waren die Kontakte naturgemäss eng. So schilderte Regierungsrat Rudolf Bollier (1815–1855), der später eidgenössischer Kommissar in Luzern wurde, in einer Reihe von Briefen seinem Kollegen Rüttimann, der als Tagsatzungsabgeordneter in Bern weilte, laufend den Verlauf des Sonderbundskriegs aus Zürcher Sicht.[49] Im Konflikt zwischen Alfred Escher und Regierungsrat Esslinger (auf den noch hinzuweisen sein wird) wirkte Rüttimann als Mediator. Er scheint bei Spannungen in der Regierung der ruhende Pol gewesen zu sein.

Johann Jakob Blumer (1819–1875).

Über Zürich hinaus pflegte Rüttimann vielgestaltige Beziehungen – namentlich zu *Johann Jakob Blumer* (1819–1875), der als Glarner Ständerat (1838–1874[50]) im Gegensatz zu Rüttimann ein Befürworter der direkten Demokratie war (worauf noch hinzuweisen sein wird). Blumer war ebenfalls Jurist und amtete als Richter. Mit Rüttimann und anderen zusammen wurde er 1848 Mitglied des nebenamtlichen Bundesgerichts.[51] Als dieses 1874 zum ständigen Gerichtshof wurde, amtete Blumer als dessen erster Präsident. Wie er seinem Freund Rüttimann schrieb, entsprach die Berufung an das neue Bundesgericht ganz seinen Neigungen.[52] Sein Hauptwerk war das 1863/64 in erster Auflage erschienene zweibändige *Handbuch des schweizerischen Bundesstaatsrechts*, das später von Josef Morel neu aufgelegt wurde.[53] Mit Rüttimann zusammen wirkte Blumer auch im Aufsichtsrat der Rentenanstalt (1860–1873).[54]

Albert Schneider (1836–1904)⁵⁵ war Schüler und später Weggefährte Rüttimanns und wurde sein wohlwollender Biograf.⁵⁶ Er studierte Rechtswissenschaft in Zürich, Berlin, London (wohl auf Rat seines Lehrers Rüttimann) und Paris, wurde in Zürich zum Dr. iur. promoviert und 1861 habilitiert, lehrte als Professor vor allem römisches Recht und Zivilprozessrecht (1878–1900) und leitete die Universität als Rektor (1890–1892). Wie sein Lehrer engagierte er sich politisch als Liberaler im Zürcher Kantonsrat (ab 1862), den er auch präsidierte. Er war ferner Mitglied des Grossen Stadtrats von Zürich und der Kirchensynode, der er ebenfalls vorstand. Sodann wirkte er als Oberrichter, als Handelsrichter und im Grad eines Obersten als Präsident des Militärkassationsgerichts. Auch übernahm er verschiedene Aufgaben im kulturellen Bereich.

Am Polytechnikum (heute ETH) vertrat der Franzose *Marc-Etienne Dufraisse* (1811–1871) neben Rüttimann die Rechtswissenschaft.⁵⁷ Er war in Frankreich Advokat und gleichzeitig wie Alexis de Tocqueville Mitglied der Assemblée législative gewesen. Beide stellten nach dem Staatscoup Napoleons III. vom 2. Dezember 1851 ihre politische Tätigkeit ein.⁵⁸ Dufraisse wanderte zunächst nach Belgien und dann in die Schweiz aus und wurde 1855 zum Professor für Handelsrecht an das Polytechnikum gewählt.⁵⁹ Hier erteilte er den Rechtsunterricht an den Fachabteilungen – zunächst in französischer, dann in deutscher Sprache – mit Vorlesungen über Privatrecht, Handelsrecht, Verwaltungsrecht, Baurecht und Forstrecht.⁶⁰ Nach dem Sturz Napoleons III. im Jahr 1870 kehrte er nach Frankreich zurück, wurde Préfet und als Mitglied der Assemblée nationale wieder Parlamentarier. Am Polytechnikum wurde er 1870 zunächst beurlaubt und 1871 auf sein Gesuch hin entlassen.⁶¹

Praxis, Wissenschaft und Gesetzgebung

Das Amtshaus Regensberg, erstellt 1665/66, die erste Wirkungsstätte Rüttimanns.

Rüttimann hat durch seine wissenschaftliche Arbeit wesentlich zur Entwicklung des schweizerischen Rechts beigetragen und in einer frühen Zeit die Komparatistik durch Publikationen über fremdes Recht ermöglicht und in der Folge selbst gepflegt. Diese grenzüberschreitende Betrachtung war Gegenstand wegweisender Arbeiten über das englische Prozessrecht und dann seines Hauptwerks über die USA und die Schweiz. Sie fand sich zudem in Arbeiten, die an sich das nationale Recht betrafen, in denen er aber auf die Regelung in anderen Staaten hinwies – besonders ausgeprägt in der von ihm verfassten Weisung der Zürcher Regierung zur Neuordnung des Strafverfahrens.[1]

Rüttimann betrieb nicht L'art pour l'art, sondern schuf die Grundlagen für die Gesetzgebung und beteiligte sich an dieser selbst als Experte und als Politiker – von der Aufnahme seiner Tätigkeit auf kantonaler und dann auch auf nationaler Ebene unter Mitwirkung an der Bundesstaatsgründung 1848 bis zum Aufbau der Rechtsordnung danach. Abstrakte Theorien hat er nicht publiziert, im Gegensatz zu jenen, die später über «Legalität und Legitimität» geschrieben und sich erstaunlich flexibel dem jeweiligen Zeitgeist angepasst haben. Das tat Rüttimann nicht – er blieb seiner Haltung treu. Fachlich und weltanschaulich stand er dabei seinem Lehrer Friedrich Ludwig Keller in dessen Zürcher Jahren mit seiner liberalen Haltung nahe. Weniger eng waren die Beziehungen zum konservativeren Johann Caspar Bluntschli, mit dem er aber über Jahrzehnte einen Briefwechsel pflegte. Von beiden politischen Antipoden wurde Rüttimann in gleicher Weise geschätzt.[2]

Seine wissenschaftliche Arbeit war breit angelegt, wie es damals in allen akademischen Disziplinen üblich und vor allem noch möglich war. Drei Schwerpunkte kennzeichnen seine Arbeit: das Prozessrecht, das materielle Recht in den Bereichen des Zivil- und des Strafrechts sowie die staatlichen Institutionen. Das wissenschaftliche und gesetzgeberische Wirken sei hier nicht nach der Gewichtung, sondern nach der Entwicklung der Arbeit Rüttimanns dargelegt – mit Hinweisen auf weitere von ihm erarbeitete oder mitberatene Erlasse sowie auf seine Gutachtertätigkeit.

Juristische Praxis

Mit dem Gerichtsverfahren hatte sich Rüttimann seit 1829 vertraut gemacht – dies zunächst als Substitut seines Vaters als Landschreiber des Amtsbezirks Regensberg. 1832 wurde er als 19-Jähriger auf den im Zug der Regeneration von 1831 neu geschaffenen Posten eines Gerichtsschreibers im gleichen Amtsbezirk gewählt, und ab 1834 wirkte er als ausserordentlicher Vorhörrichter zur selbstständigen Untersuchung eines grossen Kriminalfalls mit 32 Angeschuldigten, denen Vermögensdelikte vorgeworfen wurden, die sie im Mai 1834 begangen hatten.

Der Hintergrund der genannten Delikte beleuchtet die Stimmungslage in jener Zeit. Die Diebstähle und Einbrüche waren im

Zusammenhang mit Tumulten begangen worden, die in Stadel im Zürcher Unterland ausgebrochen waren. Anlass war die Einführung neuer Lehrmittel im Zug der Neugestaltung des Bildungswesens in der Regeneration durch das Unterrichtsgesetz von 1832.[3] Ihr Verfasser war Ignaz Theodor Scherr (1801–1870), der aus Württemberg stammende erste Direktor des 1832 geschaffenen Lehrerseminars in Küsnacht.[4] An zwei Volksversammlungen vom 5. und 11. Januar 1834 in Stadel wurde eine Petition beschlossen, weil hervorgehe, «dass die Hohe Regierung dem Landmann die Bibel, den Catechismus und die geistlichen Gesang- und Liederbücher wegnehmen, und dagegen ihm die neuen Schulbücher von Herrn Scherr sowie das neue Gesangbuch von Herrn Nägeli[5] und anderer Fremder aufdringen wolle».[6] Wie weit diese kirchlich-religiöse Begründung durch wirtschaftlich-soziale Anliegen ergänzt oder gar dominiert wurde, kann in diesem Zusammenhang offen bleiben.[7] Anfangs Februar brach ein Tumult aus. Rüt-

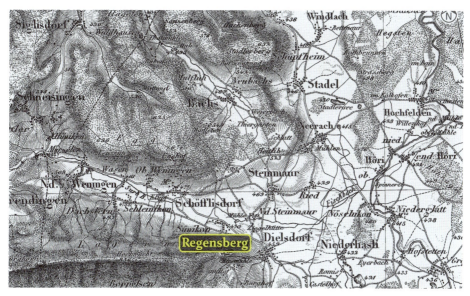

Erste Ausgabe der Dufourkarte des Zürcher Unterlands 1849. Ausschnitt aus Blatt III der Topographischen Karte der Schweiz 1:100 000, erstellt unter Leitung von General Guillaume-Henri Dufour 1845–1865 als innovatives und international stark beachtetes Werk (siehe auch Gugerli, 2002).

timann, der aus der Gegend stammte, mischte sich ein, versuchte zu mahnen, wurde aber niedergeschrien und bekam beinahe Prügel.[8] Als die Schulbücher im Mai dann doch eingeführt wurden, kam es zu einem bewaffneten Aufruhr, der mit dem Aufgebot eines ganzen Bataillons und weiterer Truppen in Schach gehalten wurde.[9] In der Folge wurden 17 der Rebellen zu Gefängnisstrafen verurteilt.[10]

Damit war aber die Auseinandersetzung um die umstrittenen Lehrmittel nicht beendet. In einer von ihm herausgegebenen pädagogischen Zeitschrift griff Scherr im April 1837 Johann Caspar Bluntschli an und warf ihm vor, in einer in Augsburg erschienenen Zeitung «eine feindliche Gesinnung gegen die jetzigen politischen Einrichtungen unseres Staates» zum Ausdruck gebracht zu haben. Bluntschli antwortete darauf mit gleicher Münze in einer Publikation, in der er die Vorwürfe zurückwies, seinerseits Scherr angriff und ihm vorwarf, seine Herkunft aus einem monarchischen Land mache ihn unfähig, «ganz zu fühlen und zu denken, wie unser einheimisches Volk denkt und fühlt».[11] Anschliessend unterzog er vier Schulbücher von Scherr einer detaillierten Kritik.

Nach Abschluss des genannten Verfahrens wurde Rüttimann zum Adjunkten des Staatsanwalts gewählt.[12] Auch dies war eine höchst realitätsbezogene Tätigkeit, hatte er sich doch beispielsweise mit einem Tötungsdelikt zu befassen, das von einem deutschen Fuhrknecht an einem anderen Deutschen im Rafzerfeld begangen worden war, wobei die Strafverfolgung auf Antrag Rüttimanns den badischen Behörden überlassen wurde, die den Täter verhaftet hatten.[13] Aus der Funktion als Adjunkt des Staatsanwalts wurde er durch Beschluss des Grossen Rats vom 25. April 1838 «unter kräftiger Verdankung, der von ihm [...] geleisteten ausgezeichneten und sorgfältigen Dienste» entlassen.[14]

Am 17. Mai 1838 wurde ihm (wie erwähnt) nach erfolgreicher Prüfung das Patent als Cantonsfürsprech erteilt.[15] Damit war er befugt, auch vor Obergericht zu plädieren, wozu er zuvor als Kantonsprokurator nicht befähigt war. Als Anwalt war er – damals eine Selbstverständlichkeit – Generalist. Seine forensische Tätigkeit sei am Beispiel der Verfahren vor Obergericht im ersten Quartal 1840 illustriert. Die zehn Zivilprozesse mit der Vertretung von Klägern oder Beklagten durch Rüttimann betrafen das Familienrecht (eheliches Güterrecht), das Erbrecht (Testament), das Sachenrecht (Eigentum, Dienstbarkeit, Pfandrecht), das Vertragsrecht (Kauf), die Haftung (aus fehlerhafter Amtsführung) und die Betreibung.[16] Die fünf Strafprozesse, in denen er als Verteidiger oder als Vertreter der Geschädigten auftrat, bezogen sich auf Körperverletzung, Vermögensdelikte und Ehrverletzung, die damals als Beschimpfung das Obergericht in zahlreichen Fällen beschäftigte.[17] Mit dem Vollzug der Strafen befasste er sich später als Mitglied des Grossen Rats. «Cantonsfürsprech Rüttimann» reichte im Juni 1844 eine Motion über die Verhältnisse in der Strafanstalt ein, worauf er zum Mitglied der Kommission zur Prüfung dieser Verhältnisse ernannt wurde, die ihren Bericht im Oktober vorlegte.[18] Offenbar bestand aller Anlass zum Einschreiten, denn der Direktor der Strafanstalt wurde in Untersuchungshaft gesetzt, angeklagt und nicht wiedergewählt.[19]

Verfügungen von Verwaltungsbehörden konnten nur bei oberen Administrativinstanzen angefochten werden. Auch hier betraf das Wirken Rüttimanns als Anwalt einen bunten Strauss von Geschäften: mit der grotesken Geschichte um die Entlassung des Oberinspektors der Infanterie, der «in Weiberkleidern geflohen, aber von den Communalwachen [...] ergriffen worden sey»[20], mit dem fehlenden Fingerspitzengefühl der Behörden des Schweizer Heimatorts, die die französische Witwe eines in Paris verstorbenen Gossauers zur Regelung des Nachlasses zu sich zitierten und den in Paris lebenden Kindern einen Vormund aus dem Zürcher Oberland gaben[21], mit Aufenthaltsbewilligungen unter anderem für einen Deutschen, den Rüttimann schon in seinem Brief von 1836 aus London erwähnt hatte[22], mit dem Eingreifen sardischer Behörden in einem nachbarlichen Rechtsstreit eines Schweizer Unternehmers in Italien[23] – und mit der vermögensrechtlichen Auseinandersetzung eines Regensbergers mit seiner Familie.[24]

Kennzeichnend für die damalige Lage dürfte die Beschwerde sein, die Rüttimann und elf weitere Unterzeichner in eigener Sache gegen das Einschreiten des Statthalters und der Polizei nach einer politischen Zusammenkunft eingereicht hatten. Das Vorgehen der Behörden stand im Zusammenhang mit der noch zu schildernden Berufung der Jesuiten nach Luzern und den dadurch am 8. Dezember 1844, einem Sonntag, ausgelösten Freischarenzügen. Am Montagmorgen trafen sich die Zürcher Liberal-Radikalen angeblich «ohne irgendeine Absprache» im Café Rothenthurm oder Café Littéraire, «um die Stellung, welche die Parthei in dieser wichtigen Angelegenheit einzunehmen habe, zu besprechen», wie es später in der Beschwerdeschrift hiess. Das führte zu einem Einschreiten des Statthalters und der Durchsuchung des Gebäudes durch die Polizei, nachdem sich die Teilnehmer allerdings mit einer Ausnahme schon aus dem Café entfernt hatten. Rüttimann erblickte in dieser Aktion einen Eingriff in bürgerliche Rechte und in die persönliche Freiheit. Der Regierungsrat – in den Rüttimann knapp eine Woche nach seiner Eingabe gewählt wurde – genehmigte im Februar 1845 «mit Einmuth» (also offenbar mit Zustimmung Rüttimanns) den Bericht des Statthalteramts, wonach keine eigentliche Hausdurchsuchung stattgefunden und man sich «auf die schonendsten Schritte beschränkt habe», und beschloss, der Beschwerde keine Folge zu geben.[25]

Rechtsstaatliches Gerichtsverfahren nach englischem Vorbild
Auf Rat seines Lehrers Keller begab sich Rüttimann 1836 nach London zum Studium des Gerichtsverfahrens. Am 10. März jenes Jahrs hatte er als Substitut des Staatsanwalts dem Regierungsrat den Antrag gestellt, ihm einen Urlaub zu gewähren, um «zum Zwecke seiner wißenschaftlichen Ausbildung mittels Beobachtung des Justizganges und der Gerichtsverhandlungen in England und Frankreich eine Reise in diese beyden Länder machen zu können». Die «Gesetzes-Revisions-Commission» unterstützte im Hinblick auf die Ausarbeitung der «Criminal-Prozessordnung» das Gesuch, dem der Regierungsrat am 17. März 1836 mit der Einladung entsprach, «sich während seinem Aufenthalte in jenen beyden Hauptstädten von dem Criminalprocedurverfahren der Gerichte durch persönliche Beobachtung

möglichst genaue Kenntniß zu verschaffen, darüber Notizen zu sammeln und deren Ergebniße der Gesetzes-Revisions-Commißion nach seiner Rückkehr mit einer Berichterstattung vorzulegen».[26] Begleitet wurde der Beschluss durch diplomatische Schritte im Hinblick auf die Zulassung Rüttimanns zu den Gerichten. Namentlich «solle der K. Großbritannische Gesandte in der Schweiz eingeladen werden, für Herrn Rüttimann ein Promotoriale auszustellen, welches ihm den Zutritt bey den Englischen Gerichtsstellen öffne», was Herr von Morier als britischer Gesandter auch tat.[27] Im erstgenannten Regierungsratsbeschluss wird ferner festgehalten: «Als Gratifications- und Entschädigungsbeytrag für diesen Auftrag, sind dem Herrn Rüttimann aus der Staatscaßa Frk 800 [...] zuzustellen.»[28] Damit scheint die Finanzierung des Aufenthalts geregelt gewesen zu sein. Rüttimann muss sich von Ende März an in Paris aufgehalten haben, von wo er nach rund drei Wochen am 19. April 1836 abends nach London abreiste und dort nach je einem Tag in Rouen und Le Havre am 26. April nachts eintraf – wie er in einem Brief vom 19. Mai 1836 an seinen Freund Konrad Ott (1814–1842) aus London nach Paris schrieb.[29] Ott studierte dort damals Philologie, Philosophie und Geschichte und wurde in jungen Jahren Chefredaktor der *Neuen Zürcher Zeitung*, starb aber früh.[30]

Dieser Brief ist nicht der Bericht eines stillen Gelehrten aus Regensberg, der sich in der Weltstadt verloren vorkam, sondern die lebendige Darstellung von Rüttimanns Erfahrungen: wie er zunächst über Dieppe nach Brighton gelangen wollte, dann aber gezwungen war, den Weg über Le Havre und Southampton zu wählen, wie er bei der Ankunft in England die Küste vor lauter Nebel und Regen kaum sehen konnte oder wie er in London Geld bezog und an Ott weiterleitete. Er besuchte Theater, die er wie jene in Paris im Verfall schilderte, wobei er aber Schauspieler namentlich lobte. Unter anderen jenen, den er als Macbeth, Hamlet und Richard III. sah. Nicht uninteressant fand er «die zahlreichen meetings der verschiedenartigen, meist zu religiösen Zwecken gebildeten Gesellschaften, wie überhaupt das öffentliche Leben weitaus die merkwürdigste Seite von England»

Johann Jakob Rüttimann als junger Jurist.

sei. Ihm fehlten die Pariser Kaffeehäuser, denn die Londoner «coffee-rooms» kamen ihm «finster und nichts weniger als elegant vor», ähnlich wie die «eating-houses», «wo man für 2 Schillings ein zwar monotones, immerhin aber gutes und genügendes Mittagessen bekommt, bei dem einem aber am Meisten der Wein fehlt». Die Sonntage seien in London – anders als in Paris – langweilig, weshalb man sie auf dem Lande zubringe, denn die Umgebungen von London seien lieblich. Von den von ihm besuchten Pferderennen in Epsom mit «Menschen ohne Zahl», Pferden und Wagen schrieb er, sie seien interessant, aber Vergnügen habe man dabei wenig. Zusammenfassend hielt er im Vergleich zu Paris – das er allerdings vor der Anlage der Grands Boulevards durch Baron Haussmann erlebt hatte – fest:

> «Was soll ich Ihnen von London sagen? Soviel ist gewiß, dass es sich in Paris im Ganzen genommen viel angenehmer lebt als hier. Dagegen auf der andern Seite scheint mir London interessanter, dabei auch prachtvoller u. großartiger zu sein als Paris.»

Erst nach Vermittlung dieser Eindrücke erwähnte Rüttimann, wie er fleissig den Mai-Sitzungen des Central Criminal Court beigewohnt hatte, in denen zwischen dem 9. und dem 18. Mai gegen 300 Inquisiten behandelt wurden. «Verbrechen, die am Ende des verflossenen Monats begangen wurden, sind nun bestraft! Die nächste Sitzung findet am 13. Juni statt.» Offenbar war Rüttimann von der Effizienz der englischen Gerichtsbarkeit beeindruckt.

Ob Rüttimann während seines Aufenthalts in Paris das französische Gerichtsverfahren studierte, lässt sich aus den Unterlagen nicht erkennen. Anzunehmen ist jedenfalls, dass er dort nicht einfach Ferien verbrachte. Möglicherweise hatte er aber nicht den gleichen Zugang zur französischen wie zur englischen Justiz, da sich kein Hinweis auf ein Empfehlungsschreiben an die französischen Behörden finden lässt. Auch bezogen sich seine anschliessenden Schriften allein auf das englische und nicht auf das französische Verfahren, auf das er allerdings in der von ihm verfassten und später zu erläuternden Weisung zur Strafgerichtsbarkeit von 1852 verwies.

Ausschnitt aus dem Brief Rüttimanns vom 19. 5. 1836 aus London an Konrad Ott in Paris (Transkript s. Ende des Kapitels, S. 69).

Am 20. Juli 1836 meldete er dem Regierungsrat, er sei von seiner Reise nach London zurück und habe seine amtlichen Geschäfte als Adjunkt des Staatsanwalts wieder aufgenommen.[31] Auftragsgemäss verfasste er über seine Studien eine Arbeit unter dem Titel *Über die englische Strafrechtspflege – Amtlicher Bericht an die Zürcher Gesetzes-Revisions-Kommission*, die 1837 gedruckt und in 800 Exemplaren dem Kanton übergeben wurde. Die Druckkosten des 108-seitigen Bandes beliefen sich auf 166 (damalige) Franken.[32] Nach der Darstellung der Begriffe des materiellen Strafrechts werden darin die verschiedenen Gerichtsinstanzen (vom Oberhaus bis zur grossen und kleinen Jury), die Verfahrensarten und die Verfahrensabläufe geschildert.

14 Jahre später publizierte Rüttimann sein zweites Werk über das Verfahrensrecht mit dem Titel *Der englische Civil-Proceß mit besonderer Berücksichtigung des Verfahrens der Westminster Rechtshöfe*, auf dessen Titelblatt er sich als Mitglied des Schweizerischen Bundesgerichts zu erkennen gab und das er «Dem Herrn Professor D. F. L. Keller in Berlin, seinem verehrten Lehrer und Freund» widmete. Das Buch erschien 1851 in Leipzig. In der Einleitung erläutert der Autor den deutschsprachigen Lesern die englischen Rechtsquellen mit dem «common law» und dem «statute law». Es folgt eine Darstellung des aussergerichtlichen Verfahrens, und der Hauptteil befasst sich mit dem Verfahren der Rechtshöfe. Diese Arbeit war Anlass zur erwähnten Verleihung des Dr. h. c. durch die Universität Zürich, die in der Laudatio als Widmung abschliessend festhielt: «scriptori de iure Anglorum et patriae clarissimo».[33]

In der Rechtswissenschaft mag das Prozessrecht nicht im Brennpunkt des Interesses stehen. Aber Rüttimann hat entscheidend dazu beigetragen, die Verfahren den Vorstellungen einer offenen Gesellschaft im Sinn des Liberalismus anzupassen, indem er sie transparent und rechtsstaatlich gestaltet hat. Seine Untersuchungen zum englischen Recht waren keine eigentlich komparatistischen Studien, sondern Darstellungen des Verfahrens in einem Staat mit einer anderen Rechtstradition. Sie ermöglichten damit die Rechtsvergleichung, erweiterten die Sicht und wurden Grundlagen für die Neugestaltung des Gerichtsverfahrens im eigenen Land. Daran hatte Rüttimann auf nationaler wie auf kantonaler Ebene entscheidenden Anteil.

Kaum hatten die Behörden des jungen Bundesstaats ihre Tätigkeit aufgenommen, beschloss der Bundesrat am 26. Dezember 1848: «Es ist eine Kommission von Rechtsgelehrten zu ernennen, welche einen Gesetzesentwurf über die Organisation des Bundesgerichts und der Jury bis zum nächsten Zusammentritt der Bundesversammlung auszuarbeiten hat.» Präsidiert wurde die fünfköpfige Kommission durch den «Direktor des Justiz- und Polizeidepartements» – damals Bundesrat Daniel-Henri Druey. Rüttimann gehörte der Kommission an, wurde vom Bundesrat als Redaktor gewählt und damit mit der Ausarbeitung des Gesetzes betraut.[34] Knapp sechs Monate später wurde das *Bundesgesetz über die Organisation der Bundesrechtspflege* vom 5. Juni 1849 erlassen.[35] Es ordnete die Struktur des Bundesgerichts, die Zuständigkeiten und die Geschäftsabläufe in der Staats- und Zivilgerichtsbarkeit sowie besonders eingehend die Strafgerichtsbarkeit mit Einschluss jener durch die Assisen, die Geschworenengerichte (in der Verfassung und bei den Vorbereitungsarbeiten nach englischem Vorbild auch als Jury bezeichnet).

Am 20. und 22. November 1850 folgten das *Bundesgesetz betreffend den Gerichtsstand für Zivilklagen, welche von dem Bunde oder gegen denselben angeordnet werden*,[36] und das *Provisorische Bundesgesetz über das Verfahren beim Bundesgericht in bürgerlichen Rechtsstreitigkeiten*. Rüttimann, der die beiden Gesetze als Ständeratspräsident unterzeichnete, hatte der erwähnten Expertenkommission den Entwurf für das Zivilprozessrecht vorgelegt.[37] Dabei ging er für die Schweiz neue Wege und wertete seine Erfahrungen in London aus, indem er die Öffentlichkeit und Mündlichkeit des Verfahrens und selbst die öffentliche Beratung durch die Richter im Gesetz verankerte – was damals keineswegs unumstritten war. Sein Werk wurde als epochemachend bezeichnet.[38]

Bundesrat und Bundesversammlung räumten aber anderen legislatorischen Aufgaben – namentlich dem Straf- und dem Strafprozessrecht – höhere Priorität ein.[39] Um dem Bundesgericht dennoch eine Grundlage für das Verfahren zu geben, wurde dem Entwurf zum Gesetz über das Verfahren in bürgerlichen Rechtsstreitigkeiten nach Behandlung in globo mit entsprechender Bezeichnung provisorische Gesetzeskraft gegeben.[40] Obwohl das in den Materialien nicht explizit zum Ausdruck kommt, muss es sich um den von Rüttimann verfassten Text gehandelt haben[41], war er doch Berichterstatter der Expertenkommission und galt als der kompetenteste Fachmann auf diesem Gebiet. Sein Freund Blumer erklärte 1855 bei der Verlängerung der Geltungsdauer des Gesetzes als Berichterstatter der ständerätlichen Kommission, der Entwurf sei «von einem der tüchtigsten schweizerischen Rechtsgelehrten» verfasst worden. «Ce n'est que le provisoire qui dure»: Das in seinem Titel als provisorisch bezeichnete Gesetz vom 22. November 1850 blieb bis zum 30. Juni 1948 in Kraft![42] In seinem Bericht als Präsident der Ständeratskommission hielt der Thurgauer Johann Karl Kappeler 1850 fest: «Ein großer, ja der größte und wichtigste Theil der Rechtsregeln, welche der Entwurf enthält, gehören einem allgemeinen und allseitig anerkannten Prozeßrecht an; wenn man sich so ausdrücken dürfte, dem prozeßrechtlichen jus gentium.»[43]

Für die Strafgerichtsbarkeit war die Struktur durch das von Rüttimann verfasste *Bundesgesetz über die Organisation der Bundesrechtspflege* festgelegt worden. An der Ausarbeitung der Gesetze über den Strafprozess dagegen war er nach den verfügbaren Unterlagen nur indirekt beteiligt durch die Erarbeitung der wissenschaftlichen Grundlagen und die Gestaltung des kantonalen Rechts. – Als erstes wurde das *Bundesgesetz betreffend das Verfahren bei Übertretungen fiskalischer und polizeilicher Bundesgesetze* vom 30. Juni 1849 erlassen. Es war durch das Departement vorbereitet und vom Bundesrat modifiziert worden[44] und diente namentlich dazu, den Schmuggel – der von den Kantonen völlig uneinheitlich geahndet worden war – der Beurteilung durch eine Abteilung des Bundesgerichts «in möglichst summarischer Weise» zu unterstellen.[45]

Die allgemeine Regelung des Strafverfahrens bildete Gegenstand des *Bundesgesetzes über die Bundesstrafrechtspflege* vom 27. August 1851. Es führte grundlegende Neuerungen ein mit der Unmittelbarkeit bei der Darstellung des Sachverhalts und der Beweisführung, der Mündlichkeit des Verfahrens als Absage an den Aktenprozess sowie der Öffentlichkeit der Verhandlungen und der Beratungen der Kriminalkammer (nicht der Geschworenen). Den Entwurf dazu hatte der Bundesrat am 25. April 1851 der Bundesversammlung übermittelt.[46] Kurz zuvor, am 31. März 1851, schrieb Bundesrat Furrer an Rüttimann: «... ich habe nun den Criminal-Process vorgelegt u. er wird nächster Tage zur Beratung kommen; ich erhielt von Druey ein Projekt, das er mit der Commission durchberaten hatte».[47] Dass der Entwurf massgebend beeinflusst war durch Rüttimanns wissenschaftliche Arbeit und durch die in Vorbereitung stehende zürcherische Gesetzgebung, kommt darin zum Ausdruck, dass Furrer in jenem Brief ausführte: «Es interessiert mich sehr, wie ihr mit unserer Criminal-Justiz radikal aufräumt u. ich bin überzeugt, es wird auch in anderen Kantonen das Signal zu ähnlichen Reformen geben. Ich hoffe, die Sache wird gelingen u. von wohltätigen Folgen seyn u. freue mich, dass es vorzugsweise dein Werk ist.»

Der Hinweis Bundesrat Furrers bezog sich auf den Kanton Zürich und beruhte auf persönlicher Erfahrung. Hier hatte Rüttimann als Regierungsrat 1847 einen Antrag («Anzug») gestellt, die Strafrechtspflege grundlegend zu reformieren. Zur Prüfung des Vorschlags setzte der Regierungsrat eine Kommission von sieben Mitgliedern ein, zu denen sowohl Rüttimann als auch Furrer gehörten.[48] Zunächst wurde die Reorganisation der Strafgerichtsbarkeit in Angriff genommen mit einer geplanten Anpassung der Kantonsverfassung, wonach das Criminalgericht durch Übertragung von dessen Aufgaben an die Bezirksgerichte abgelöst werden sollte.[49] Das Referat im Grossen Rat hielt am 21. Juni 1847 Rüttimann als Regierungsrat und Initiator.[50] Gleich zu Geschworenengerichten nach dem Vorbild der englischen Jury überzugehen, schien dem Regierungsrat damals offenbar noch zu kühn, hielt er doch schon seinen Vorschlag für eine «tief gehende Veränderung». 1850 allerdings beschloss er, den Bericht der englischen Kommission für das Strafrecht von 1845 zu beschaffen, um sich à jour zu halten und die Neuerungen gegenüber dem 1837 erschienenen Werk Rüttimanns zu erfahren.[51] Den Bericht überwies der Vizekonsul aus London.[52] Darauf und auf weitere Grundlagen gestützt wurde ein neuer Entwurf ausgearbeitet, der am 2. April 1851 in Beratung gezogen wurde[53] und zum Beschluss des Grossen Rats vom 7. Oktober 1851 über eine Verfassungsrevision zur Einführung von Geschworenengerichten führte.[54] Darüber war noch eine Volksabstimmung durchzuführen, die in Urversammlungen an unterschiedlichen Daten stattfand.[55] Zur Orientierung der Bürger verfasste der Regierungsrat eine Kundmachung. Diese sollte «Sonntags den 16. Wintermonat nach dem Morgengottesdienst durch die Pfarrer von den Kanzeln verlesen, von den Vollziehungsbeamten auf gewohnte Weise zur öffentlichen Kenntniß gebracht u. dem Amtsblatt beigedruckt werden».[56] Das Verlesen dürfte dem Textumfang nach rund eine Viertelstunde in Anspruch genommen haben. Der Erfolg blieb nicht aus: Die Vorlage wurde von 82 Prozent der Stimmenden angenommen.[57]

Nun galt es, zur Umsetzung auf Gesetzesebene zu schreiten. Rüttimann war als Justizdirektor dafür zuständig und verfasste selbst die Entwürfe zu zwei Gesetzen: eines über die Organisation der Strafgerichtsbarkeit und das andere über das Verfahren. Er schrieb 1852 persönlich die Weisung mit einer eingehenden Erläuterung der Vorschläge,[58] wirkte anschliessend als Referent des Regierungsrats[59] und nahm auch noch Einsitz in die Kommission des Grossen Rats, die schon im Voraus ernannt worden war.[60] Er konnte sich auf seine vorangehenden Studien stützen, liess es aber nicht bei diesen bewenden, sondern wies in der Weisung an mehreren Stellen ausser auf das englische auch auf das schottische, das amerikanische und das französische Verfahrensrecht hin. Die Ergebnisse waren das *Gesetz betreffend die Organisation der Rechtspflege* vom 29. Herbstmonat (September) 1852 und das *Gesetz betreffend das Strafverfahren* vom Tag danach, die beide am Januar 1853 in Kraft traten.[61] Zu dieser im Wesentlichen von ihm entwickelten Ordnung schrieb Rüttimann selbst den Kommentar, der 1853 erschien.[62] Die Arbeit hatte auch eine Ausstrahlung, bat doch die französische Gesandtschaft 1859 um Zustellung eines Exemplars der Strafprozessordnung – wenn möglich mit einer französischen Übersetzung. Der Regierungsrat stellte die beiden Gesetze in der Originalsprache zu und verwies auf Rüttimanns Kommentar.[63]

Die heute zur Debatte stehende und gepflegte Wirkungskontrolle bei der Gesetzgebung wurde in Ansätzen schon damals durchgeführt. In seinem Bericht vom Herbst 1856 legte Rüttimann dar, wie die Gerichte die Wirksamkeit der Strafprozessordnung beurteilt und Gutachten über die zu treffenden Änderungen eingeholt hätten.[64] Und der Regierungsrat setzte eine Kommission unter der Leitung von Rüttimann zur Prüfung der Frage ein, ob sich im Hinblick auf die Gerichtsorganisation eine Änderung der Staatsverfassung aufdränge.[65] Die Konsequenzen wurden bei der Verfassungsrevision von 1865 und dem nachfolgenden Erlass neuer Gesetze 1866 über die Gerichtsorganisation, den Zivilprozess und den Strafprozess gezogen.[66]

Dass «ein dem Grundsatz der Öffentlichkeit und Mündlichkeit huldigendes» Verfahren eingeführt werden sollte, hatte Rüttimann schon in der Weisung von 1847 zur Verfassungsrevision angekündigt.[67] Er wollte damit die Strafrechtspflege der Bürgerschaft zugänglich machen und offenlegen, wie er es in London erlebt hatte. Mit den Geschworenengerichten sollten die Bürger – wie in der englischen Jury – gleich selbst an der Handhabung des Strafrechts beteiligt werden. Diese Öffnung der Gerichtsbarkeit entsprach seiner liberalen Haltung, die unter anderem auch darin zum Ausdruck kam, dass er beantragte, «die Anwendung des Untersuchungsverhafts wesentlich zu beschränken».[68] Dabei war er sich bewusst, dass schon vor Einführung des Gesetzesreferendums Neuerungen nur wirklich erfolgreich sein konnten, wenn sie auf Akzeptanz stiessen. So hielt er in der Weisung von 1852 fest:[69] «Um diesen Übergang zu beschleunigen, und damit das Institut der Jury im Volke um so schneller einheimisch werde, schlagen wir vor, daß die Sitzungen des Schwurgerichtes abwechselnd in verschiedenen Gegenden des Kantons abgehalten werden sollen.» In den Gesetzen wurden nach diesem Konzept bis Ende 1991 als Sitzungsorte Zürich, Winterthur und Pfäffikon vorgeschrieben.[70]

Dass Rüttimann in dieser vielfältigen Art als Gesetzesredaktor, Regierungsmitglied und Parlamentarier die Arbeiten an diesen Erlassen und deren Erläuterung gleich selbst an die Hand nahm, ist beeindruckend und bildete wohl auch in jener Zeit mit der damaligen Behördenstruktur die Ausnahme.

Kodifikation von Privatrecht und Strafrecht

Im Bereich des materiellen Rechts verfügte der Bund während des Wirkens von Rüttimann nur über eng begrenzte Kompetenzen. Sowohl das Privatrecht als auch der grösste Teil des Strafrechts blieben nach der Bundesstaatsgründung von 1848 vorerst und zum Teil noch lange im Zuständigkeitsbereich der Kantone.

Das Privatrecht mit dem Recht des Personenstands, dem Ehe-, Kindes- und Erbrecht, dem Recht an beweglichen Sachen und Liegenschaften (Sachenrecht) sowie dem Vertrags-, Haftungs- und Handelsrecht (Obligationenrecht) bildete im Kanton Zürich zunächst noch Gegenstand von lokalen Ordnungen, die von Gesetzen aus dem 18. und beginnenden 19. Jahrhundert überlagert wurden. Diese galten jedoch nur, wo abweichende Statuten nicht etwas anderes bestimmten, und waren inhaltlich lückenhaft.[71] So enthielt noch das *Revidierte Matrimonial-Gesetzbuch für den Kanton Zürich* von 1811 wohl eine Vielzahl detaillierter Bestimmungen (auch in höchst differenzierter Weise zu den Folgen des Ehebruchs!), aber keine Regelung des ehelichen Güterrechts.[72] Das Fehlen einer systematischen Privatrechtsordnung war keine zürcherische Besonderheit, sondern entsprach der Rechtslage im ganzen Land. In Zürich nahm Keller die Kodifikation auf kantonaler Ebene an die Hand, und Bluntschli führte die Arbeit weiter und zum Abschluss. Als Mitglied der Redaktionskommission nahm Rüttimann aktiven Anteil an der endgültigen Fassung und organisierte die Teilnahme des damals in München lebenden und lehrenden Bluntschli an den abschliessenden Arbeiten. Dieser äusserte bei einem Besuch in Zürich 1852 Rüttimann gegenüber den Wunsch nach einer Regelung seiner Vergütung.[73] Der Regierungsrat beschloss, für die Teilnahme an den Sitzungen eine Reiseentschädigung und ein

Taggeld auszurichten[74], und beauftragte Rüttimann, mit Bluntschli eine Vereinbarung über die Honorierung seiner Arbeit zu treffen.[75] Diese belief sich für das Sachen-, Erb- und Obligationenrecht auf 10 000 Franken – wofür sich Bluntschli bei der Gesetzgebungskommission bedankte.[76]

Entwickelt wurde das Zürcher Privatrecht in enger Zusammenarbeit von Experten, Regierung und Parlament, indem die Behörden schon zur Bearbeitung des Entwurfs beigezogen wurden – wobei Rüttimann in der entsprechenden internen Kommission des Regierungsrats[77] sowie in der Gesetzgebungskommission des Grossen Rats[78] und auch an den Gesprächen unter diesen Gremien aktiv mitwirkte.[79] Die Behörden nahmen dabei durchaus Einfluss auf den Inhalt. So beantragte der Regierungsrat – allerdings vergeblich –, die Volljährigkeit statt auf das vollendete 24. Altersjahr auf das zurückgelegte 20. Altersjahr festzulegen.[80] In der Regel schloss sich die Regierung freilich den Anträgen der Gesetzgebungskommission an.[81] Das *Privatrechtliche Gesetzbuch für den Kanton Zürich*[82] trat von 1854 bis 1856 abschnittsweise in Kraft.[83] Als es 1856 darum ging, eine Verordnung dazu zu erlassen, leitete Rüttimann das Gespräch zwischen Regierung und Obergericht.[84] Das Gesetz galt bis zum Erlass des Bundesrechts, das teils 1883, teils 1912 in Kraft trat. Das von ihm mitgestaltete Privatrecht seines Heimatkantons bildete das Schwergewicht von Rüttimanns Lehre an der Universität.

Die inhaltliche Ausrichtung der Zürcher Privatrechtskodifikation ergibt sich – namentlich hinsichtlich des Sachenrechts – aus der Haltung Bluntschlis. Dieser hielt 1839 in *Staats- und Rechtsgeschichte der Stadt und Landschaft Zürich* fest: «Mit Vorliebe, ich gestehe es, habe ich den echt deutschen Charakter unserer Institute hervorgehoben.»[85] Damit spricht er die einheimische Rechtstradition an und grenzt sie ab vom römischen Recht, das als gemeinsames, «gemeines Recht» in den deutschen Staaten zur Überbrückung der Vielfalt ihrer Partikularrechte Anwendung fand. Der Dualismus der Grundlagen spiegelt sich noch heute im schweizerischen Recht mit der primären Ausrichtung des Sachenrechts auf die eigene Rechtstradition und des

Vertragsrechts (im Obligationenrecht) auf das römische Recht. Daraus ergibt sich die berühmte Inkongruenz, dass der Erwerber einer beweglichen Sache – wie es hier stets üblich war – erst mit der Übertragung des Besitzes (der Sachherrschaft) Eigentümer wird, Nutzen und Gefahr beim Erwerb einer bestimmten, also individualisierten Sache aber wie im römischen Recht beim Vertragsabschluss auf ihn übergehen («periculum est emptoris»),[86] sodass der Käufer das Risiko (der Beschädigung, des Verlusts usw.) schon trägt, bevor er Eigentümer ist, wenn der Vollzug nicht sofort (beim Handkauf) erfolgt.

Rüttimann bezog zwar Vergleiche mit dem römischen Recht in seine Vorlesungen ein,[87] doch war dieses – anders als bei seinen Lehrern Keller und Bluntschli – nicht selbstständiger Teil seiner Lehre. In seiner Schrift über den Besitz erblickte er 1859 – also nach Inkrafttreten der Zürcher Kodifikation – im Übergang des Eigentums durch Besitzübertragung eine äussere Stütze für ideale Rechtsverhältnisse und legte ihre Bedeutung dar gerade «[bei] einem Volke, das noch auf einer niedrigern Stufe der Bildung steht und etwas unbeholfen in der Behandlung abstrakter Begriffe ist». Diese Anknüpfung an die Rechtstradition belegte er mit Hinweisen auf mittelalterliche Urkunden.[88] Am Bezug auf die herkömmlichen Vorstellungen fehlte es also nicht. Den Ausführungen in einem aktuellen historischen Werk, wonach die liberale Elite durch ihre Gesetzgebungstätigkeit in die traditionellen Rechtsverhältnisse eingegriffen und keine Rücksicht auf die korporativ organisierte Bevölkerungsmehrheit genommen habe,[89] kann daher nicht gefolgt werden. Ganz abgesehen davon, dass die früheren Statuen und die höchst lückenhaften Gesetze nicht jene einer kollektivistischen Gesellschaft waren, Gewerbe und Landwirtschaft vielmehr im Kanton Zürich individuell betrieben wurden.

Die nationale Kodifikation des Privatrechts erlebte Rüttimann nur noch in der Vorphase.[90] Vorweg sollten jene Bereiche harmonisiert werden, die für die kulturelle und wirtschaftliche Entwicklung des Landes wesentlich waren. Dazu gehörten das Immaterialgüterrecht mit dem Urheber- und dem Patentrecht sowie das Handelsrecht. Da dem Bund nach der Verfassung von 1848 dazu keine Gesetzgebungsbefugnis zustand, wurde zunächst eine Vereinheitlichung durch Konkordate unter den Kantonen mit beschränktem Erfolg angestrebt.

Der Zürcher Regierungsrat äusserte sich 1852 in einem Brief an den Bundesrat positiv sowohl zu einem Konkordat über das Urheberrecht («Verbot des Nachdrucks») als auch zu einem solchen über Erfindungspatente.[91] Er entsandte Rüttimann mehrfach an Konferenzen zur Erörterung des Urheberrechtsschutzes mit nationalem und internationalem Bezug.[92] Das Ergebnis war das *Konkordat über den Schutz des schriftstellerischen und künstlerischen Eigentums* von 1856.[93] Schon vor der Begründung der Gesetzgebungskompetenz des Bundes bildete das Urheberrecht auch Gegenstand internationaler Vereinbarungen – beispielsweise jener mit Frankreich von 1864 und mit Belgien von 1867, über die Rüttimann Bericht erstattete.[94] Nach dessen Darstellung bestand dagegen 1856 wenig Aussicht, ein Konkordat betreffend den Schutz der Erfindungen zustande zu bringen,[95] was in der Folge auch nicht gelang. Noch 1863 erklärten die Unternehmer Adolf Rieter-Rothpletz (Winterthur) und Heinrich Fierz (Zürich) in einem Bericht, dass die Einführung von Erfindungspatenten «als die Industrie sehr beeinträchtigend betrachtet würde, dies wenigstens von der grossen Mehrheit».[96] Die Unternehmungen wollten offensichtlich auch Neuerungen anderer nutzen. Bei der Verfassungsrevision von 1866 beantragte der Bundesrat und beschloss die Bundesversammlung, den Bund zuständig zu erklären, «gesetzliche Bestimmungen zum Schutze des schriftstellerischen, künstlerischen und industriellen Eigentums zu erlassen».[97] Volk und Stände lehnten jedoch diese Ausweitung der Bundeskompetenzen ab.[98] Für das Urheberrecht wurde eine solche durch die Verfassung von 1874 begründet, für den Erfindungsschutz erst durch die Revision von 1887.

Keinen Erfolg hatten vor 1874 die Bemühungen für eine Vereinheitlichung des Rechts im Bereich des Geschäftsverkehrs. Hier wurde der Weg ebenfalls über entsprechende Vereinbarungen unter den Kantonen gesucht. Im Auftrag des Regierungsrats von 1853 nahm

Rüttimann an einer entsprechenden Konferenz über ein gemeinsames Handelsgesetzbuch teil[99] und von 1854 bis 1856 an Konferenzen über eine einheitliche Wechselordnung – wobei sich die Beratungen seinem Bericht zufolge als sehr mühsam erwiesen.[100] Auch wurde er zur Erörterung des Fragenkreises durch die Handelskammer beigezogen, deren Gutachten ihm dann als Unterlage übergeben wurde.[101] In der Folge wurde die Thematik auf das ganze Obligationenrecht ausgedehnt. Für eine entsprechende gesetzliche Regelung fehlte jedoch die Bundeskompetenz. Der Vorschlag des Bundesrats von 1865 zur Begründung der Zuständigkeit zum Erlass eines Handelsgesetzbuchs durch Verfassungsrevision[102] scheiterte schon in der parlamentarischen Beratung. Aus den Unterlagen ist nicht ersichtlich, ob sich Rüttimann in der ständerätlichen Kommission, der er angehörte, im Sinn der Minderheit für die entsprechende Bundeszuständigkeit aussprach, was im Hinblick auf die Begründung der Standpunkte wahrscheinlich ist.[103] Die zur Klärung des weiteren Vorgehens auf den 13. Dezember 1867 einberufene Konferenz von Kantonsvertretern trat nach Eingang der kantonalen Stellungnahmen am 4. Juli 1868 wieder zusammen. Sie empfahl dem Bundesrat, ein allgemeines schweizerisches Obligationenrecht redigieren zu lassen.[104] Es war wieder Rüttimann, der den Kanton in der Kommission auf Bundesebene vertrat und darüber Bericht erstattete.[105] Dass er anschliessend an der Erarbeitung des zürcherischen Standpunkts beteiligt wurde, lag auf der Hand.[106]

Den weiteren Gang mit der Botschaft zum Obligationenrecht von 1879[107] und dem Erlass des Gesetzes 1881, das von Walther Munzinger (1830–1873) ausgearbeitet worden war und 1883 in Kraft trat, erlebte Rüttimann nicht mehr. Die Bundeskompetenz dazu war durch die Bundesverfassung von 1874 begründet worden,[108] deren Revision von 1898 die Vereinheitlichung des ganzen Privatrechts ermöglichte und damit den Weg freilegte für das von Eugen Huber (1849–1923) ausgearbeitete Zivilgesetzbuch von 1907 – mit gleichzeitiger Neufassung des Obligationenrechts 1911. Zusammen traten sie auf Beginn des Jahrs 1912 in Kraft. Die kantonale Kodifikation, an deren abschliessenden Bearbeitung Rüttimann beteiligt gewesen war, bildete dazu eine wesentliche Grundlage.

Mit dem materiellen Strafrecht hatte sich Rüttimann zunächst auf kantonaler Stufe bei der Rechtsanwendung zu befassen, trat doch das von Caspar Ulrich verfasste Zürcher Strafgesetzbuch von 1835 während seiner Tätigkeit als Verhörrichter und dann als Adjunkt des Staatsanwalts in Kraft.[109] Das Gesetz sah noch die Todesstrafe und die Kettenstrafe mit einer Mindestdauer von sechs Jahren vor. Diese Strafe – die Frauen gegenüber nicht ausgesprochen wurde – bezeichnete Rüttimann beim Erlass des Militärstrafgesetzes 1851 als barbarisch.[110] Abgeschafft wurde sie wie die Todesstrafe erst durch das kantonale Strafgesetzbuch von 1871, an dessen Beratung sich Rüttimann zunächst noch kurz als Regierungsrat und dann als Mitglied sowohl der 1856 eingesetzten Expertenkommission als auch der parlamentarischen Kommission und anschliessend als Kantonsrat beteiligte.[111] In den Jahren zuvor waren zum Tod Verurteilte zu lebenslangen Freiheitsstrafen begnadigt worden, wobei die Abstimmung im Grossen Rat durch Einwerfen einer weissen oder einer schwarzen Kugel erfolgte.[112]

Auf Bundesebene fand die Auseinandersetzung Rüttimanns mit dem materiellen Strafrecht ihren Niederschlag im Militärstrafrecht, im *Bundesgesetz über die Strafrechtspflege für die eidgenössischen Truppen* vom 27. August 1851,[113] zu dessen Ausarbeitung der Bundesrat 1850 eine Kommission eingesetzt hatte, «in welcher Hr. Rüttimann die Geneigtheit aussprach, die Redaktion zu übernehmen» – die ihm dann auch übertragen wurde.[114] Der materielle Teil des Gesetzes galt auch während der Grenzbesetzung von 1914 bis 1918. Anfang 1928 wurde dieser abgelöst durch das seither grundlegend geänderte *Militärstrafgesetz* vom 13. Juni 1927.[115] Der Teil mit der Gerichtsorganisation wurde schon 1890 durch die *Militärstrafgerichtsordnung* von 1889 ersetzt.[116]

Wie weit Rüttimann an Entwurf und Beratung des Bundesgesetzes über das (zivile) Bundesstrafrecht von 1853[117] beteiligt war, ergibt sich nicht aus den Quellen. Fest steht einzig, dass der ursprünglich mit der Ausarbeitung des Entwurfs beauftragte Experte wegen Arbeitsüberlastung durch einen anderen abgelöst werden musste und dass Rüttimann dem Gesetz zustimmte.[118] Dieses enthielt einen allgemeinen Teil, doch bezog es sich bezüglich der einzelnen Straftatbestände allein auf den Staatsschutz – mit Strafbestimmungen über Delikte gegen die äussere Sicherheit und Ruhe, gegen fremde Staaten, gegen die verfassungsmässige Ordnung und die innere Sicherheit, jene, die von Beamten oder gegen solche verübt wurden, und weitere, die sich auf ein Fehlverhalten gegenüber Bundesbehörden bezogen. Zusätzlich geregelt wurde die Verantwortung der Presse. Einzustehen hatten primär der Verfasser und subsidiär der Herausgeber und dann der Verleger. Das Gesetz galt bis Ende 1941 und wurde abgelöst durch das seither umfassend revidierte *Schweizerische Strafgesetzbuch* von 1937.[119]

Die bundesstaatliche Struktur der Schweiz und der USA

Mit den staatlichen Institutionen befasste sich Rüttimann vor allem bei der Bundesstaatsgründung und auf internationaler Ebene nach seinen ersten Erfahrungen als Parlamentarier. Der zentrale Teil seiner Forschung in den späteren Jahren galt diesem Bereich. Auch hier ging es um die Komparatistik – diesmal mit dem transatlantischen Vergleich der föderalistischen Institutionen der Schweiz mit denen der Vereinigten Staaten von Amerika. Erstmals im Sommersemester 1855 hielt Rüttimann an der Universität Zürich eine Vorlesung über «Das Bundesrecht der nordamerikanischen Union verglichen mit demjenigen der Schweiz». In der Folge bildete das Thema regelmässig einen der Gegenstände seines Unterrichts an der Universität und am Eidgenössischen Polytechnikum (heute ETH).

Die weitere Bearbeitung führte zu Rüttimanns dreibändigem Hauptwerk *Das nordamerikanische Bundesstaatsrecht verglichen mit den politischen Einrichtungen der Schweiz*, das in den Jahren 1867 bis 1876 erschien und noch Jahrzehnte später grosse Beachtung und Anerkennung fand.[120] So berief sich 1940 William Rappard in einem in Pennsylvania gehaltenen Vortrag namentlich auf das Werk und zitierte dessen Autor ausführlich in seinen Folgerungen.[121] Wegweisend war für Rüttimann der föderalistische Aufbau der Vereinigten Staaten.

Bei seinen Untersuchungen des Rechts der Union und der Teilstaaten stützte er sich auf die Verfassungen und die Gesetze beider Stufen, auf die Gerichtspraxis sowie auf Werke amerikanischer und anderer Autoren. So erhielt er – der Amerika nie besucht hat – einen vertieften Einblick in die bundesstaatliche Struktur jenes Landes und konnte sie mit der ihm vertrauten der Schweiz in Beziehung setzen.

In der Vorrede werden die Bedeutung der Vereinigten Staaten, der Modellcharakter des amerikanischen Bundesstaats und die Stellung des Präsidenten hervorgehoben, die sich durch Wahl und begrenzte Amtsdauer von jener der damals in Europa herrschenden Monarchen unterschied. In unserer Zeit würde man wohl eher auf die Machtballung mit ihren Gegengewichten hinweisen. Der erste Satz seiner Vorrede mag uns heute fast banal scheinen. Beim Erscheinen 1867 – zwei Jahre nach Beendigung des Sezessionskriegs, als erst 36 Staaten der Union angehörten[122] – war er es aber keineswegs. Rüttimann schrieb:

> «Zwischen dem atlantischen und dem stillen Meere entfaltet sich ein unermeßliches Reich, welches offenbar berufen ist, in der Weltgeschichte eine tiefeingreifende Rolle zu spielen.»

Staatspolitisch von Interesse sind namentlich seine Ausführungen über «Die Gesetzgebung, Regierung und Rechtspflege in der nordamerikanischen Union und in der schweizerischen Eidgenossenschaft» im ersten Band und jene über den Schutz der individuellen Rechte im zweiten. Die Erläuterung der Staatstätigkeit im dritten Band illustriert die damalige Lage in den USA und in der Schweiz.

Die historische Einleitung im ersten Band wird abgeschlossen durch einen Abschnitt über das Wesen der neu geschaffenen Union mit Ausführungen über den Begriff des Bundesstaats.[123] Dabei beruft sich Rüttimann einerseits auf Alexis de Tocqueville, der 1831/32 eine Reise nach Amerika unternommen und darüber sein grundlegendes Werk *De la démocratie en Amérique* veröffentlicht hatte. Anderseits gibt er eine eigene Definition, die eher eine Beschreibung als eine wissenschaftliche Analyse bildet, wie es damals in Werken über den Staat üblich und der Entwicklung durchaus angemessen war. Das gilt

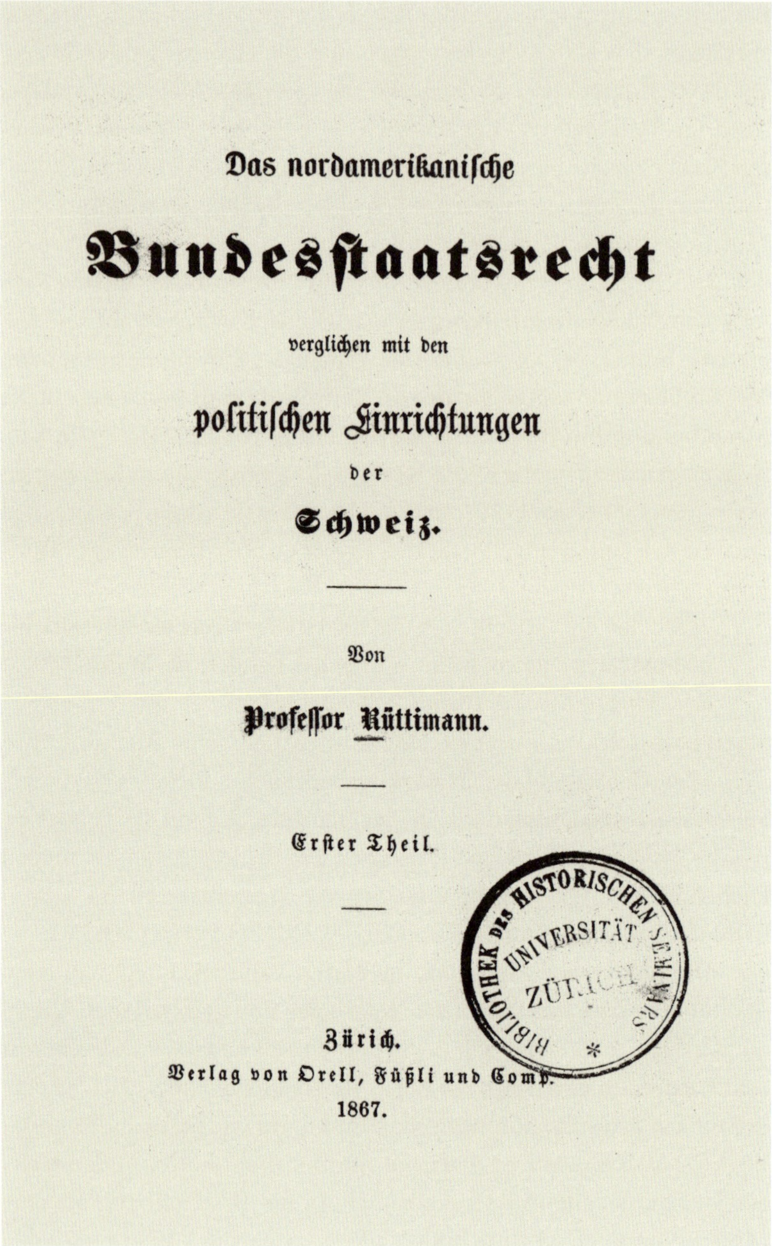

Das nordamerikanische

Bundesstaatsrecht

verglichen mit den

politischen Einrichtungen

der

Schweiz.

Von

Professor Rüttimann.

Erster Theil.

Zürich.
Verlag von Orell, Füßli und Comp.
1867.

Titelblatt von Rüttimanns Werk über das nordamerikanische Bundesstaatsrecht.

auch für die weiteren Ausführungen, in denen in der Regel zunächst die Lage in den USA und dann jene in der Schweiz erläutert wird – in gewissen Abschnitten allerdings auch in umgekehrter Reihenfolge.

Bei der Darstellung der Fortbildung des Verfassungsrechts in den Kantonen bzw. Teilstaaten und bei jener der Revision der Verfassungen auf Bundesebene werden die Verfahrensregeln erläutert.[124] Wenn Rüttimann dabei seine Vorbehalte gegenüber den Institutionen der direkten Demokratie nicht erwähnt, liegt das daran, dass er sie zuvor bei der Darstellung der politischen Rechte zum Ausdruck brachte[125] und sie sich weniger auf die Verfassungsrevision als auf die Gesetzgebung bezogen. Darauf wird zurückzukommen sein.[126]

Die Überlegungen zum Zweikammersystem illustrieren die Lage in beiden Ländern in jener Zeit mit der anfänglichen Skepsis in der Schweiz. Rüttimann hält fest:[127]

> «Den Schweizern kam im Jahre 1848 das Zweikammer-System eben so fremdartig vor, als es den Amerikanern seit der Gründung der Union bis zur jetzigen Stunde geläufig war und ist. In der Schweiz betrachtete man die Einrichtung als ein aristokratisches Machwerk oder als ein Hirngespinst von Stubengelehrten, und man wäre nie und nimmermehr dazu gekommen, dieselbe einzuführen, wenn sie sich nicht als das einzige Mittel herausgestellt hätte, den Konflikt zwischen den Interessen und Ansprüchen der größern und der kleinern Kantone auf billige Weise auszugleichen.»

Hinsichtlich der Eignung der Parlamentarier weist er auf die pointierten Ausführungen von Tocqueville über die bessere Qualifikation der Mitglieder des Senats gegenüber jenen des Repräsentantenhauses hin und führt dann aus, dass der Personenwechsel im Ständerat zu gross sei, weil viele Kantone ihre Abgeordneten nur für ein Jahr wählten, während in Zürich ab 1851 die Amtsdauer der Ständeräte jener der Nationalräte entsprach.[128]

Das Präsidialsystem der USA mit der Kollegialregierung in der Schweiz vergleichend, hebt Rüttimann hervor, dass beide Regelungen aus der geschichtlichen Entwicklung herausgewachsen seien – die amerikanische aus der britischen Kolonialzeit und die schweizerische aus der Übertragung der Regierungsform der Kantone auf den Bund.[129] Er legt die Vorzüge und die möglichen Unzulänglichkeiten beider Lösungen dar und schliesst mit einer Formulierung, die der damaligen Rolle des Bundesrats entsprach, bald aber durch dessen verstärkte Stellung überholt war:[130]

> «Auch ist wohl zu beachten, dass es nicht wohl angeht, eine einzelne Seite des Regierungsorganismus aus dem Zusammenhange heraus zu reißen und einfach zu fragen, ob ein magistrat unique einem Kollegium vorzuziehen sei, daß vielmehr die beiden Systeme in ihrer Konsequenz und Reinheit, d. h. ein vom Volke gewählter und dem Kongress unabhängig und ebenbürtig gegenüberstehender Präsident und ein von der Bundesversammlung gewählter und ihr untergebener und verantwortlicher Bundesrath, mit einander zu vergleichen sind.»

Der Schutz der Grundrechte hat sich seit dem Erscheinen von Rüttimanns Werk wesentlich erweitert und eine internationale Dimension erhalten. Seine seinerzeitigen Ausführungen illustrieren die damaligen Herausforderungen mit der erst 1866 erreichten Gleichbehandlung aller Schweizer, ohne Rücksicht auf ihre Religionszugehörigkeit, und mit der Abschaffung der Sklaverei in den USA kurz vor Erscheinen des ersten Bandes.[131] Dass Rüttimann «Die Garantien betreffend die Rechtspflege» recht ausführlich erläutert, erstaunt im Hinblick auf seinen ersten wissenschaftlichen Schwerpunkt nicht.[132]

Ergänzt wurde Rüttimanns grosses Werk durch ein Buch von 1871 über *Kirche und Staat in Nordamerika*, das er als Festschrift für Robert von Mohl im Auftrag der staatswissenschaftlichen Fakultät der Universität Zürich verfasst hat.[133] Der erste Teil gilt der Religionsfreiheit des Einzelnen bis hin zum Spannungsverhältnis zur Wehrpflicht oder auch zum Verbot der Polygamie. Der zweite Teil betrifft «Die rechtlichen Verhältnisse der kirchlichen Körperschaften». Die differenzierte Darstellung der Lage in den einzelnen Teilstaaten wird dokumentiert durch zahlreiche Quellenhinweise – auch in den Originalsprachen. Seiner Haltung zur Rechtsvergleichung und zur Rechtsübernahme fehlt es nicht an Aktualität. Er führte dazu nach Darstellung der amerikanischen Institutionen im Schlusswort aus:

«Es kann sich nicht darum handeln, dieselben in Europa mechanisch zu kopieren, sondern es wird, wenn das amerikanische System nach irgendeinem europäischen Lande verpflanzt werden soll, der Eigenthümlichkeit und den besonderen Bedürfnissen dieses Landes Rechnung zu tragen sein.»

Zum Verhältnis von Kirche und Staat äusserte sich Rüttimann 1872 auch im Zusammenhang mit der Revision der Bundesverfassung, wobei er der kirchlichen Strafgewalt Grenzen setzen wollte. Er hielt fest:[134] «Es scheint mir, dass die Freiheit, die Ehre & das Vermögen der Bürger unbedingt & ausschliesslich unter dem Schutze der bürgerlichen Gerichte stehen sollte.» – «Der Satz ‹freie Kirche im freien Staat› ist durchaus unpraktisch, ja staatsgefährlich», womit sich Rüttimann auf die Formel Cavours von der «libera chiesa in libero stato» bezog, mit der sich später Zaccaria Giacometti in seiner Dissertation auseinandergesetzt hat.[135] Rüttimanns Haltung muss im historischen Kontext gesehen werden. Er erwähnt im Brief die «Szission» – meint damit die Abspaltung der Christkatholiken von der römisch-katholischen Kirche nach der Verkündung der Lehre von der Unfehlbarkeit des Papstes durch das Erste Vatikanische Konzil 1870 – und wendet sich namentlich gegen die danach erfolgte kirchliche Verurteilung von Geistlichen zu Freiheitsstrafen, die in Klöstern zu vollziehen waren.

Das Interesse am amerikanischen Bundesstaatsmodell teilten weitere bedeutende Schweizer Autoren. Auf die politische Bedeutung ihrer Arbeiten wird noch hinzuweisen sein – namentlich auf jene, die Ignaz Paul Vital Troxler 1848 zeitgerecht unter dem Titel *Die Verfassung der Vereinigten Staaten Nordamerikas als Musterbild der schweizerischen Bundesverfassung* veröffentlicht hat.[136] Johann Caspar Bluntschli befasste sich in seinen Münchner Jahren parallel zur Arbeit Rüttimanns mit der Gründung der amerikanischen Union von 1787 in einem Werk, das auch in englischer Sprache erschien.[137] Zwei Jahre nach Rüttimann verfasste er ferner eine Publikation über *Kirche und Staat in Nordamerika*.[138] Am Wettbewerb unter Autoren fehlte es schon damals nicht.

Der Bezug zu jenem Land ist verständlich, weil die Vereinigten Staaten auf einem anderen historischen Hintergrund zuvor einen ähnlichen Prozess durchlaufen hatten wie später die Schweiz. Nach dem Unabhängigkeitskrieg – und der von Thomas Jefferson (1743–1826), dem späteren dritten Präsidenten der USA[139] verfassten «Declaration of Independence» der ersten zwölf Staaten vom 4. Juli 1876 – unterzeichneten die nunmehr 13 Staaten 1878 die «Articles of Confederation and Perpetual Union», die nach der Ratifikation durch Maryland 1781 in Kraft traten.[140] Der damit geschaffene Staatenbund war aber nicht geeignet als Struktur für die aufstrebende grosse Nation. So beschlossen die Delegationen der Staaten am 7. September 1787 die «Constitution of the United States of America»,[141] die noch der Zustimmung in den einzelnen Staaten unterlag. Um die New Yorker von der Notwendigkeit des Übergangs vom Staatenbund zum Bundesstaat zu überzeugen, veröffentlichten Alexander Hamilton, James Madison und John Jay im Winter 1787/88 unter Pseudonymen eine grössere Zahl von Presseartikeln, die später als *The Federalist* zusammengefasst wurden und aus amerikanischer Sicht als wichtigstes staatstheoretisches Werk der USA gelten.[142] Die Föderalisten betonten – anders als jene in der Schweiz – die Bedeutung des Bundes, der neu geschaffen werden sollte, und nicht der Teilstaaten. In einem von James Madison (1751–1831) – dem späteren vierten Präsidenten der USA – unter Mitwirkung von Hamilton verfassten Beitrag kommt zum Ausdruck, dass die Promotoren des Bundesstaats die Schweiz erstaunlich gut kannten, ihr aber recht kritisch gegenüberstanden. Madison schrieb über die schweizerischen Kantone:[143]

> «They have no common treasury – no common troops even in war – no common coins – no common judicatory, nor any other common mark of sovereignty.
>
> They are kept together by the peculiarity of their topographical position, by their individual weakness and insignificancy; by the fear of powerful neighbours, to one of which they were formerly subject; by the few sources of contention among a people of such simple and homogeneous manners; by their joint interest in their dependent

possessions; by the aid they stand in need of for suppressing insurrections and rebellions; an aid expressly stipulated, and often required and afforded; and by the necessity of some regular and permanent provision for accommodating disputes among the Cantons. [...]»

Immerhin anerkannte Madison in späteren Artikeln die Erleichterung des Warenverkehrs ohne Zollerhöhung und die funktionierende gegenseitige Hilfe.[144] Dabei gilt es zu bedenken, dass die negativen Äusserungen geschrieben wurden, um den New Yorkern das Ungenügen eines blossen Staatenbundes aufzuzeigen, wie ihn die Dreizehn Alten Orte der Eidgenossenschaft bildeten.

Wenn andererseits betont worden ist, die Ausstrahlung sei nicht einseitig gewesen, die Schweiz habe vielmehr auch Entwicklungen in den USA beeinflusst und die beiden Staaten seien «sister republics»,[145] so bezog sich dies auf das Wirken einzelner Persönlichkeiten, auf andere Aspekte oder Zeitabschnitte und auch darauf, dass sich 1787/88 «antifederalists» gern auf die Schweiz beriefen, um am blossen Staatenbund festzuhalten.[146] Auch bei der Übernahme direktdemokratischer Institutionen (Initiative, Referendum) durch Einzelstaaten der USA dürfte das Schweizer Modell von Bedeutung gewesen sein.[147] Die Vereinigten Staaten waren es auch, mit denen die Eidgenossenschaft in ihrer neuen Gestalt – nach einigen Postverträgen mit europäischen Staaten – am 25. November 1850 ihren ersten ins Gewicht fallenden Staatsvertrag über Niederlassung, Vermögensrechte und Handel, Auslieferung von Straftätern und Konsulate abschloss.[148]

Wie stark man die gegenseitige oder bei der Bildung des Schweizer Bundesstaats doch eher einseitige Einflussnahme auch gewichtet, fest steht: Rüttimann hat durch seine grundlegenden Publikationen und seinen Unterricht an der Universität Zürich und am Polytechnikum die amerikanischen Institutionen – die weltlichen wie die kirchlichen – einem breiten Kreis in der Schweiz zugänglich gemacht, als die Vereinigten Staaten noch ein fernes Land waren. Er war damit nicht allein (wie zu zeigen war). Aber sein Werk zeichnet sich aus durch die umfassende Darstellung der Bezüge bei den Institutionen wie auch bei der Staatstätigkeit und vermittelt damit einen vertieften Einblick in die Gemeinsamkeiten und die Unterschiede. Seine Beschreibungen und Wertungen regen an zur eigenen Auseinandersetzung mit den beiden verwandten Systemen.

Weitere gesetzgeberische Arbeiten

Rüttimann hat sich in ausgeprägtem Mass und in einem weiten sachlichen Feld an der Gesetzgebung beteiligt, die während seiner Wirkungszeit auf kantonaler und Bundesebene völlig neu zu gestalten war. Zu den geschilderten Arbeiten sind weitere hinzugekommen, die nicht zum Schwergewicht seiner Arbeit gehörten, denen er sich aber auch mit grossem Ernst widmete.

Anders als die USA hat der Bund kein besonderes Hoheitsgebiet für den Sitz der Bundesbehörden ausgeschieden, sondern durch Beschluss der Bundesversammlung vom 28. November 1848 Bern als «Bundesort» bezeichnet.[149] Damit war «die rechtliche Stellung der Behörden zur Gesetzgebung und zur Landeshoheit des Kantons mit dem Bundessitz» zu regeln, was durch das *Bundesgesetz über die politischen und polizeilichen Garantien zugunsten der Eidgenossenschaft* vom 23. Dezember 1851 geschah.[150] Die Bundesbehörden sollten damit vorsorglich vor allfälligen Übergriffen der Berner Behörden geschützt werden.[151] Die Kommission des Ständerats nahm gegenüber dem bundesrätlichen Entwurf Änderungen vor, durch die «verschiedene Materien etwas besser geordnet werden sollten», wie Rüttimann als Berichterstatter festhielt.[152] Es schien ihm namentlich nicht sinnvoll, «die ausserordentlich zahlreichen eidgenössischen Beamten und Angestellten der Kontrolle, welche die Kantone über die Niedergelassenen ausüben, zu entziehen».[153] Das stellte er schon fest, als das Bundespersonal einen kleinen Bruchteil des heutigen Bestands aufwies.

Das *Bundesgesetz über die Pensionen und Entschädigungen der im eidgenössischen Militärdienste Verunglükten [sic] und ihrer Angehörigen* vom 7. August 1852 war der erste Ansatz zur Militärversicherung. Rüttimann war Mitglied der fünfköpfigen Kommission, die den Entwurf ausgearbeitet hatte.[154] Er war mit der Aufgabe vertraut, weil er die von der Tagsatzung nach dem Sonderbundskrieg eingesetzte Kommission präsidiert hatte, die sich mit der Unterstützung der Hinterlassenen der Gefallenen und jener der Verwundeten der eidgenössischen Armee zu befassen hatte; in dieser Eigenschaft erstattete er auch Bericht über die ansehnlichen Gaben, die selbst aus dem Ausland und namentlich von dort lebenden Schweizern zugunsten der Verletzten und der Angehörigen der Gefallenen eingegangen waren.[155] Die Vergütungen nach dem Gesetz von 1852 hatten den Charakter von Schadenersatz und spiegelten die damaligen – noch durch die engen familiären Bezüge geprägten – gesellschaftlichen und wirtschaftlichen Verhältnisse, standen sie doch ausser dem Betroffenen selbst der Witwe und den Waisen, aber auch jungen Geschwistern sowie Eltern und Grosseltern zu, sofern sie vom Verstorbenen unterhalten worden waren.

An der Entstehung des eidgenössischen Fabrikgesetzes von 1877,[156] das nach Begründung der entsprechenden Bundeskompetenz durch die Verfassung von 1874 erlassen wurde, war Rüttimann nicht mehr beteiligt. Er hatte jedoch zuvor Aufgaben in diesem Bereich auf kantonaler Ebene übernommen. Im Zusammenhang mit der schwierigen Konjunkturlage hatten sich die Behörden 1848 mit der Beschäftigung der Textilarbeiter im östlichen Teil des Kantons und der prekären Lage eines Industriebetriebs in Winterthur zu befassen, wie sich aus einer Korrespondenz mit Escher ergibt.[157] Rüttimann präsidierte die vom Regierungsrat 1855 eingesetzte Kommission zur Untersuchung der Verhältnisse der Fabrikarbeiter.[158] In seinem Bericht vom folgenden Jahr hielt er fest, es gehe nun darum, sich an Ort und Stelle vom Zustand der Fabriken und von der Lage der Arbeiter zu überzeugen.[159] Auch wurden Regelungen anderer Kantone sowie verschiedener deutscher Staaten und Englands zum Vergleich beigezogen, was dem Sinn Rüttimanns für die Komparatistik entsprach.[160] 1859 gehörte Rüttimann der Kommission des Grossen Rats an, die mit der Vorberatung des *Gesetzes betreffend die Verhältnisse der Fabrikarbeiter* betraut war.[161] Dieses wurde am 24. Oktober 1859 erlassen,[162] schuf aber aus heutiger Sicht keine vertretbare Regelung. Es enthielt keine Arbeitszeitbeschränkung für Erwachsene, liess die Fabrikarbeit für «Alltagsschüler» – wenn auch in engem Rahmen und mit einer Höchstdauer von sechs Stunden im Tag – zu und begrenzte die Arbeitszeit für Kinder, die noch nicht konfirmiert waren bzw. das 16. Altersjahr noch nicht zurückgelegt hatten, auf 13 Stunden im Tag. Einen stärkeren Schutz der Fabrikarbeiter lehnte der Grosse Rat ab.[163] Auch Rüttimanns höchst zurückhaltender Antrag einer Herabsetzung der Jugendarbeitszeit auf zwölf bis zwölfeinhalb Stunden blieb erfolglos, wobei ein Redner als Gegenargument erklärte, die Handarbeit der Kinder in den Fabriken sei eine Form der Spielerei.[164] Bei der Beratung des eidgenössischen Fabrikgesetzes berief sich 1876 die Mehrheit der ständerätlichen Kommission, die erfolgreich für die Begrenzung der täglichen Arbeitszeit der Erwachsenen auf elf Stunden eintrat, auf Rüttimann und zitierte zwei seiner Voten in den genannten Zürcher Kommissionen mit folgendem Ausschnitt:[165]

«Es ist ein großes öffentliches Interesse im Spiel, wenn es sich um das physische und geistige Wohl ganzer Arbeiterklassen handelt. Der Staat ist berechtigt und verpflichtet, diese Interessen in der Gesetzgebung zu wahren.»

Auf zürcherischer Ebene leitete Rüttimann als Mitglied des Regierungsrats von 1844 bis 1856 abwechselnd die Justizdirektion und die Direktion des Innern. Damit war er verantwortlich für die Vorbereitung der kantonalen Rechtsetzung. Eine Vielzahl von Gesetzen wurde in dieser Zeit erlassen, wobei in verschiedenen Fällen der Entwurf als Vorlage von Justizdirektor Rüttimann bezeichnet wird. Das gilt etwa für das Gesetz über das Konkursverfahren von 1857, das als Vorlage Rüttimanns von einer Expertenkommission – der er selbst angehörte – überprüft, umgearbeitet und dann vom Regierungsrat – dem Rüttimann nicht mehr angehörte – dem Grossen Rat vorgelegt wurde.[166] Bei anderen Erlassen trat er als Referent des Regierungsrats auf, ohne dass er als Autor bezeichnet wurde.[167] Auf die Gestaltung des Gerichtsverfahrens ist schon hingewiesen worden.[168] In der Expertenkommission für das Steuergesetz 1855 und – nach seinem Rücktritt als Regierungsrat – in jener für das Gemeindegesetz 1863 mit dem Übergang von der Bürgergemeinde zur Einheitsgemeinde konnte er seine hohe Fachkompetenz einbringen.[169] An weiteren gesetzgeberischen Arbeiten nahm er nach damaliger Behördenorganisation noch während seines Wirkens als Regierungsrat als Mitglied von Kommissionen des Grossen Rats teil, so beispielsweise in jenen über die Einteilung des Kantons in politische Einheiten 1853, über die Bereinigung der Grundprotokolle 1853 und über die Besoldungsregelung 1856.[170]

In Biografien wird Rüttimann die Autorschaft am sogenannten Maulkrattengesetz zugeordnet.[171] Er vertrat im Grossen Rat den Antrag des Regierungsrats,[172] dem der spätere Bundesrat Jonas Furrer zustimmte.[173] Es handelte sich um das zürcherische *Gesetz betreffend kommunistische Umtriebe* vom 28. März 1846,[174] das somit zwei Jahre vor dem Erscheinen des Manifests der kommunistischen Partei von Marx und Engels erlassen wurde. Es verbot in dem vom Grossen Rat eingehend behandelten und abgeänderten Paragrafen 1, Eigentumsdelikte öffentlich zu rechtfertigen oder wegen Ungleichheit des Besitzes eine Klasse von Bürgern gegen eine andere zum Hass aufzureizen.[175] Der engagierte Sozialist Johann Jakob Treichler (1822–1906) soll dadurch an seinem politischen Wirken gehindert worden sein, das er unter anderem Vorzeichen aber wieder aufnahm, nachdem ihn Alfred Escher «liberalisiert» hatte.[176] Er wurde nach dem Rücktritt Rüttimanns Regierungsrat (1856–1869)[177] und als Mitglied der Liberal-Demokratischen Fraktion Nationalrat (1852–1869),[178] ferner Vizepräsident der Schweizerischen Kreditanstalt[179] und Mitglied des Aufsichtsrats der Rentenanstalt.[180] An der Universität Zürich und am Polytechnikum wurde er Nachfolger Rüttimanns – hier allerdings mit einem etwas anders umschriebenen Lehrgebiet.[181] Escher gratulierte ihm zu seiner Berufung in einem Brief noch aus der Schulratssitzung mit der Anrede: «Hochgeachteter Herr und Freund!»[182]

Die Vielfalt der Aufgaben, aber auch der Stand der schweizerischen Gesetzgebung in jenen Jahren ergibt sich aus der Liste der kantonalen Vorlagen, die beim Rücktritt von Rüttimann als Regierungsrat

1856 in Bearbeitung bei der Justizdirektion standen[183], wobei er auch auf Gegenstände hinwies, denen nach seiner Beurteilung keine Priorität zukam.[184] In diesem Bericht werden auch die damals anstehenden Bemühungen zu einer Vereinheitlichung des Immaterialgüterrechts und des Handelsrechts auf dem Konkordatsweg angesprochen, in die Rüttimann im geschilderten Sinn involviert war.

Beachtenswert ist der Vorschlag von Rüttimann als Justizdirektor aus dem Jahr 1851, eine systematische Sammlung des geltenden Rechts anzulegen. In einer Weisung legte er gleich das Inhaltsverzeichnis mit der entsprechenden Gliederung vor, und der Grosse Rat beschloss, eine solche Sammlung anzulegen.[185] Realisiert wurde sie aber vorerst nicht. Zehn Jahre später wurde das Vorhaben wieder aufgenommen und Rüttimann in die mit der Aufgabe betraute Expertenkommission berufen.[186] Im gleichen Jahr 1861 war er Mitglied der Kommission, die den Stand der Gesetzesrevisionen zu prüfen hatte.[187] Aber wieder geschah nichts, war doch die 1912/13 erschienene Sammlung die erste ihrer Art.[188]

Dass sich bei der Fülle von Aufgaben – die Leitung der Justizdirektion und die Professur an der Universität wie auch neu diejenige am Polytechnikum – nicht mehr alle gleichzeitig ausüben liessen und Rüttimann zu einem Entscheid über seine künftige Tätigkeit gezwungen war, leuchtet ein. Er entschied sich für die Akademie, blieb aber als Parlamentarier auf Kantons- und Bundesstufe unmittelbar an der Rechtsetzung beteiligt.

Nach seinem Ausscheiden aus der Kantonsregierung im Herbst 1856 wirkte er als Mitglied des Grossen Rats und des Verfassungsrats mit bei den Revisionen der Kantonsverfassung von 1865 und 1869 (wie später darzulegen ist). Seine eigenen Erlasse über die Gerichte und das Verfahren mussten überarbeitet werden, was durch die Gesetze betreffend das Gerichtswesen im Allgemeinen, die Zivilprozessordnung und die Strafprozessordnung, alle vom 30. Oktober 1866, erfolgte.[189] Diese traten an die Stelle jener von 1852, die Zivilprozessordnung an eine solche von 1831[190], alle wurden von Rüttimann als Grossratspräsident unterzeichnet.

Ohne Regierungsverantwortung wirkte er als Mitglied von parlamentarischen Kommissionen mit an der Vorberatung einer breiten Palette weiterer Geschäfte, die auf kantonaler Ebene in den 1860er-Jahren vom Steuergesetz,[191] von dem Gesetz über das katholische Kirchenwesen, dem Beschluss über die Verwendung des Vermögens des aufgehobenen Stifts Rheinau und dem Vertrag mit der Stadt Zürich über die Bahnhofstrasse bis zum Beamtenrecht und zum Gesetz betreffend das Duell reichte.[192] Unter dem neuen Regime der Kantonsverfassung von 1869 zog er sich aus der Gesetzgebungskommission zurück, nahm aber weiterhin lebhaften Anteil an der kantonalen Rechtsetzung; darauf wird zurückzukommen sein.[193]

Gutachten über Festungswerke und andere Gegenstände
Begleitet waren diese Arbeiten durch die Tätigkeit als geschätzter Experte. Unter den verschiedenen Gutachten Rüttimanns, die publiziert wurden, verdienen jene beiden besondere Beachtung, die sich auf die Festungswerke der Stadt Basel bezogen.[194] Zum einen, weil es dabei zu einer Auseinandersetzung Rüttimanns mit seinem einstigen Lehrer und Förderer Friedrich Ludwig Keller – nunmehr preussischer Junker in Berlin – kam, zum anderen, weil die zu beurteilenden juristischen Fragen auch einen Aspekt der Stadtentwicklung illustrieren.

Im Zug der Urbanisation im 19. Jahrhundert wurden – in der Schweiz nicht anders als in europäischen Metropolen – die nicht mehr sinnvollen Stadtbefestigungen beseitigt und der freigewordene Raum für andere Zwecke genutzt, dies namentlich für die Anlage neuer Strassenzüge. Der Grosse Rat des Kantons Zürich fasste 1833 den Beschluss, die Stadtbefestigungen von Zürich (aus dem 17. Jahrhundert) sukzessive abzutragen. Gemäss Ingress, der Einleitung zum Beschluss, erfolgt dies «in Betracht der Hindernisse, welche für den freien Verkehr und die Erweiterung der Nationalindustrie aus Beibehaltung der Festungswerke um die Stadt Zürich entspringen»[195] – darüber hinaus aber auch, um die Zeichen der Dominanz der Stadt gegenüber der Landschaft zu beseitigen. An diesem Entscheid war Rüttimann noch nicht beteiligt, wohl aber später, als sich Konflikte ergaben. Der neu gewonnene öffentliche Raum gab nämlich nicht nur zur Freude Anlass. Durch den Bannbrief von 1837 hatte der Regierungsrat den Gemeinden den Unterhalt der auf dem ehemaligen Schanzengebiet angelegten Plätze, Strassen, Wege usw. übertragen. Das führte namentlich mit der Stadt Zürich zu Konflikten über die Finanzierung dieser Aufgabe, zu denen Bluntschli und Caspar Ulrich Rechtsgutachten erstattet hatten, während Keller dem Auftrag zu einem Gegengutachten nicht Folge gegeben hatte. 1855 beschloss der Regierungsrat, Rüttimann um ein Gutachten zu den offenen Fragen zu ersuchen.[196] Ob er es erstattet hat, ist offen, denn ein solches wurde nicht publiziert und liess sich auch nicht im Original finden.

Einige Jahre später gehörte Rüttimann der Kommission des Grossen Rats an, die 1863 über den Vertrag mit der Stadt Zürich betreffend die Errichtung der Bahnhofstrasse über dem zugedeckten Fröschengraben als Teil der mittelalterlichen Stadtbefestigung zu befinden hatte. Der Vertrag betraf «die Verlegung der neuen Zeughäuser, die Herstellung einer Fahrstrasse vom See über den Neumarktplatz bis zum Bahnhof und die Anlegung neuer Quartiere an dieser Strasse».[197] Im folgenden Jahr traf der Regierungsrat, dem Rüttimann nicht mehr angehörte, die massgebenden gestalterischen Entscheide. Er genehmigte am 3. Dezember 1864, gestützt auf das Baugesetz von 1863,[198] einerseits das städtische Baureglement für die Bahnhofstrasse mit der geschlossenen Überbauung und der Dachtraufenhöhe von 60 Fuss (18 Meter)[199] und legte andererseits die Baulinien mit einem Abstand von 80 Fuss (24 Meter) fest. Damit war der Aussenraum dreidimensional bestimmt. Das entsprach der damaligen Stadtplanung nicht nur an repräsentativen Lagen, sondern auch in den neuen Wohnbaugebieten jener Zeit (z. B. in Aussersihl). Überlagert wurden diese Regeln durch den Bebauungsplan, der den Strassenraster für das ganze Stadtgebiet und damit den Ablauf der durch Lage und Dimensionen der Bauten definierten Aussenräume festlegte. Die Urbanisation erfolgte in der Schweiz und anderswo nach diesem Modell, das noch heute am Stadtbild aus dem 19. Jahrhundert ablesbar ist.

Die Basler Festungswerke, die von 1620 bis 1625 erstellt worden waren,[200] blieben ein Vierteljahrhundert länger stehen als die zürcherischen aus jener Epoche. Umstritten waren sie freilich schon 1833, als sich bei der Kantonsteilung die Frage stellte, ob sie dem Kanton Basel-Stadtteil (in damaliger Bezeichnung) zuzuordnen seien oder ob auch Basel-Landschaft daran beteiligt sei. Dem Beschluss der Tagsatzung vom 26. August 1833 entsprechend, entschied mangels Einigung der eingesetzten Kommissäre am 19. November 1833 ein aus diesen gebildetes Schiedsgericht. Dessen zugezogener Obmann Friedrich Ludwig Keller traf den Entscheid und verfasste auch das Urteil.[201] Die Festungswerke wurden der Verfügung des Kantons Basel-Stadtteil überlassen. Dem Kanton Basel-Landschaft wurde aber ein der Teilung der Staatsgüter entsprechender Anteil für den Fall zugesprochen, dass die Stadtbefestigung geschliffen und dadurch wirkliches Staatsvermögen gebildet werden sollte.[202]

Das trat 1859 ein, indem der Grosse Rat von Basel-Stadt am 27. Juni das *Gesetz über die Erweiterung der Stadt* beschloss,[203] in welchem er (in Paragraf 4) den Kleinen Rat ermächtigte, «die Stadtgraben je nach seinem Ermessen auszufüllen und neue Stadt-Eingänge herzustellen, auch die bisherigen Stadtmauern nebst daran liegenden Schanzen ganz oder theilweise zu beseitigen». Schon ein Jahr zuvor – am 3. Juli 1858 – hatte der Regierungsrat von Basel-Landschaft festgestellt, dass von der Auffüllung der Stadtgraben und der Beseitigung des Äschenbollwerks die Rede sei, nachdem schon früher Teile der Stadtbefestigung geschliffen worden seien.[204] Offenbar im Auftrag des Kantons Basel-Landschaft verfasste Rüttimann ein Gutachten vom 22. August 1859, in dem er zum Ergebnis kam, dass der im Schiedsurteil von 1833 vorbehaltene Fall eingetreten sei, der Kanton Basel-Landschaft daher einen Anspruch auf Miteigentum geltend machen und die Teilungsklage erheben könne, dass er weitere einseitige Verfügungen über das fragliche Objekt nicht dulden müsse und dass er die reale Teilung oder den Auskauf fordern könne.[205] Keller reagierte darauf mit «Einigen Bemerkungen» am 10. Januar 1860 aus Berlin,[206] auf die Rüttimann mit einem Nachtrag vom 21. August 1860 antwortete.[207] Nicht nur die Meinungen gingen auseinander. Rüttimann gab bei allem Ausdruck der Wertschätzung für seinen ehemaligen Mentor seiner Auffassung Ausdruck, dass die Arbeit Kellers nichts verloren hätte, wenn er «der Polemik und der Jagd nach Denkfehlern etwas weniger und dafür der juristischen Construction des von ihm verfassten Urteils und der materiellen Beleuchtung des vorliegenden Rechtsverhältnisses etwas mehr Raum vergönnt hätte».[208] Juristisch bezog sich die Auseinandersetzung vor allem auf das Verhältnis der Staatsgewalt (Hoheit) zum Eigentum an öffentlichen Sachen – einem Fragenkreis, zu dem sich Rüttimann ausführlich äusserte, wobei er auch rechtsvergleichend mit Bezugnahme auf die französische Praxis argumentierte.[209]

Nach der Aufhebung des Chorherrenstifts am Grossmünster kam es zu einer gerichtlichen Auseinandersetzung zwischen dem Kanton als Rechtsnachfolger des Stifts und den Hubengenossen zu Schwamendingen über die Rechte am dortigen Stiftswald. Dazu publizierte Rüttimann 1847 Gegenbemerkungen zu einem Gutachten von Bluntschli. Das Verfahren endete mit Urteilen von 1849/50.[210] Mit einem neuen Konflikt zwischen Kanton und Hubengenossen hatte sich Rüttimann 1871 als Kantonsrat zu befassen, als es um die Genehmigung des Vergleichsvertrags ging, wobei er ohne Erfolg für Neuverhandlungen plädierte.[211]

Weitere veröffentlichte Gutachten[212] illustrieren die damaligen Rechtsverhältnisse. Das alte statutarische Recht liess Fragen offen, zu denen sich Rüttimann äusserte. So etwa über die Rechtsverhältnisse am Wehrenbach und seinen Quellen und Zuflüssen. Der Wehrenbach fliesst dann als Wildbach am Zürichhorn in den Zürichsee. – Das Fehlen eines bundesstaatlichen Privatrechts führte dazu, dass Rüttimann beigezogen wurde zur Regelung einer Auseinandersetzung zwischen den Kantonen Luzern und Schaffhausen. Dabei ging es um die Anwendung des Konkordats über Eheeinsegnungen und Kopulationsscheine. Zu befassen hatte er sich auch mit dem Rechtsstreit eines Baslers mit der Luzerner Gemeinde Meggen über Dienstbarkeiten und Lasten. Mit seinem späteren Biografen Schneider verfasste

Rüttimann ferner ein Gutachten, als die Gemeinde Bremgarten vom Kanton Aargau Ersatz für die ihr durch ihn übertragenen Aufgaben verlangte. – Nach der Gründung des Bundesstaats galt es noch, frühere Fragen zu klären. So sandte Rüttimann 1852 ein Gutachten nach Bern über den Durchschnittsertrag der Zürcher Posten in den Jahren 1844 bis 1846.[213] – Die Thematik zeigt die Vielseitigkeit des Gutachters. Sie bezog sich über die genannten Fragen hinaus auch auf solche über Eisenbahnkonzessionen und über die Währung, worauf im betreffenden Zusammenhang hinzuweisen sein wird.

Transkript des auf S. 39 abgebildeten Briefs:

[Am 23. April nachts langten wir in London an, nachdem wir – wie Sie wissen – am 19. Abends] Paris verlassen hatten. Was soll ich Ihnen von London sagen? So viel ist gewiß, dass es sich in Paris im Ganzen genommen viel angenehmer lebt als hier. Dagegen auf der andern Seite scheint mir London interesßanter, dabei auch prachtvoller u. großartiger zu sein als Paris. Was mir am meisten mangelt, sind die Pariser Kaffeh Häuser u. Restaurants. Die hiesigen Coffee-rooms sind in der Regel finster u. nichts weniger als elegant, das Innere derselben ist gleich unsern Pferdeställen durch eine Reihe von Wänden in viele kleinere Räume eingeteilt, damit die Gäste recht isoliert sein können. Von Unterhaltung u.s.w. zwischen den Gästen ist keine Rede. Jeder isst, trinkt und liest für sich. Auf die nähmliche Weise ungefähr verhält es sich mit den eating-houses, wo man für 2 Schillings ein zwar monotones, immerhin aber gutes und genügendes Mittagessen bekommt, bei dem einem am Meisten der Wein fehlt. Das Londoner Theater steht ungefähr auf der nähmlichen Stufe wie das Pariser; d. h. es ist im Verfall; jedoch kann man aus dem gegenwärtigen Zustande auch auf seinen [ehemaligen] schließen].

Hochschulen

Das Hauptgebäude der ETH, bezogen 1864. Der abgebildete Westtrakt ist in der Aussengestaltung durch Gottfried Semper unverändert erhalten.

Die wissenschaftliche Arbeit Rüttimanns war zugleich Grundlage seines politischen Wirkens wie auch seiner Lehre an der Universität Zürich und am Eidgenössischen Polytechnikum, an der heutigen Eidgenössischen Technischen Hochschule Zürich (ETH). Ab 1864 hatten beide Hochschulen ihren Sitz im gleichen Gebäude, nämlich in dem von Gottfried Semper,[1] dem ersten Vorsteher der Bauschule projektierten heutigen Hauptgebäude der ETH, dessen nördlicher Teil dem Polytechnikum diente, während die Universität im Südteil eingerichtet war, wo sie bis zum Bezug ihres heutigen Hauptgebäudes im Jahr 1914 blieb. Der repräsentative Bau wurde selbst von dem in Opposition zur Zürcher Elite stehenden Friedrich Locher gelobt – wenn auch leicht ironisch. In einem seiner Pamphlete schrieb er nach Schilderung des Zürichbergs als eine der reizendsten Gegenden der Schweiz: «Man denke nur an das Eidgenössische Polytechnikum, diese Burg der Wissenschaft, durch welches Staat und Stadt sich für die Summe von drei Millionen ein würdiges Denkmal gesetzt haben.»[2] In der Tat: Als Kompensation für die Zuteilung des Sitzes der Bundeshochschule hatte der Kanton Zürich «mit dem Einverständnis des Bundesrats die erforderlichen Gebäulichkeiten unentgeltlich zur Verfügung zu stellen», wie es das Gründungsgesetz für das Polytechnikum festlegte.[3] Die Stadt Zürich und sieben weitere Gemeinden auf dem heutigen Stadtgebiet beteiligten sich an den durch das Gesetz «auferlegten Verbindlichkeiten».[4] Den Beschluss über die Errichtung des Gebäudes mit der Erteilung des Gesamtkredits von 1,7 Millionen Franken unterzeichnete Rüttimann, Professor an beiden Hochschulen, am 28. Dezember 1858 als Präsident des Grossen Rats.[5] Einem Nachtragskredit von 314 000 Franken stimmte das kantonale Parlament im April 1864 zu.[6] Gestützt auf einen Vertrag von 1905 ging das Gebäude später auf den Bund über, der für den Universitätsteil einen Preis zu bezahlen hatte.[7]

Universität Zürich

Zürich verfügte schon längst über die erwähnten höheren Schulen, die in den späteren Studienjahren eine ähnliche Ausbildung anboten wie eine eigentliche Hochschule. Auch gab es private Institutionen zur Ausbildung von Juristen und Ärzten wie das ebenfalls schon genannte Politische Institut. Die Universität Zürich selbst hat aber – anders als jene von Basel und Genf – keine ins späte Mittelalter oder in die frühe Neuzeit zurückreichende Tradition, sondern wurde während der Regeneration im Zeichen des Aufbruchs gegründet. Die rechtliche Grundlage zu ihrer Errichtung war das kantonale Unterrichtsgesetz vom 28. September 1832, das sich auf alle Bildungsstufen bezog.[8] Finanziert wurde die Hochschule, wie sie bis zur Einführung der Bezeichnung als Universität 1912 hiess,[9] anfänglich durch Aufhebung des Chorherrenstifts auf Antrag von Friedrich Ludwig Keller durch Beschluss des Grossen Rats.[10]

Eröffnet wurde die Universität am 29. Mai 1833 mit einer noch kleinen Professorenschaft, zu der (wie erwähnt) Friedrich Ludwig Keller, Johann Caspar Bluntschli und Hans (Johann) Kaspar von Orelli gehörten.[11] Diese wurden zunächst ausserordentliche Professoren, weil der Erziehungsrat auf Antrag von Orellis beschloss, hervorragende Persönlichkeiten aus Deutschland als Dozenten zu berufen und den Titel des ordentlichen Professors damals diesen Gelehrten vorbehalten wollte.[12]

Gleichzeitig mit seinem Einstieg in die Politik wurde Rüttimann 1844 Privatdozent an der Zürcher Hochschule. Am 20. Dezember 1853 berief ihn der Regierungsrat «an eine ausserordentliche Professur für Zürcherisches Privatrecht» an die staatswissenschaftliche Fakultät der Universität «unter Verleihung des Ranges, des Titels und der Befugnisse eines ordentlichen Professors an den Berufenen auf den Anfang des Sommersemesters 1854».[13] Diese etwas verwirrliche Konstruktion war darauf zurückzuführen, dass eine ordentliche Professur mit der Stellung eines Regierungsrats unvereinbar war, einem ausserordentlichen Professor aber «aus erheblichen Gründen» die Stellung eines Ordinarius erteilt werden konnte.[14] Die Berufung erfolgte, nachdem der Lehrstuhl für Zürcher Privatrecht durch den Wegzug von Bluntschli und den Unterbruch des Wirkens von Friedrich von Wyss frei geworden war.[15] Das Gratulationsschreiben vom 13. Januar 1854 unterzeichneten 22 Professoren persönlich.[16]

Rüttimann befasste sich ergänzend zu Lehre und Forschung auch mit der Professorenberufung und äusserte sich dazu in Briefen an Escher. Seines Erachtens sollte der Erziehungsrat 1848 den erwähnten Friedrich von Wyss (1818–1907), damals Privatdozent, wiederzugewinnen suchen. Zur Person steht im Brief: «Er ist gewiss eine tüchtige Kraft u. kann vielleicht mit der Zeit mehr leisten als mancher Michel, den wir mit Mühe u. Kosten uns über den Rhein verschreiben.»[17] Sechs Jahre später schlug er die Berufung von Heinrich Fick (1822–1895) vor und wies darauf hin, dass von diesem wohl nicht viele Publikationen vorlägen, er jedoch «von unserm Standpunkte aus, die wir mehr aufs Leben als auf todte Gelehrsamkeit sehen», Anerkennung verdiene. Er fügte bei: «Wie weit er vor dem Forum deutscher Gelehrsamkeit bestehen würde, will ich nicht untersuchen; das ist über meinen Horizont.»[18] Fick wurde ernannt und wirkte später mehrfach als Dekan der Staatswissenschaftlichen Fakultät und von 1884 bis 1885/86 als Rektor; der «citation index» war damals erfreulicherweise noch nicht das entscheidende Kriterium.

Neben dem Wirken an der Hochschule führte Rüttimann seine Tätigkeit als Mitglied der Kantonsregierung weiter. Schon Ende 1855 aber musste er erkennen, dass die beiden Aufgaben nicht gleichzeitig wahrgenommen werden konnten. Er ersuchte deshalb am 27. Dezember 1855 um Entlassung als Professor der Hochschule.[19] Im ersten Halbjahr 1856 aber entschied er sich, die Prioritäten anders zu setzen, und erklärte im Herbst – wohl auch im Hinblick auf das neue Engagement am Polytechnikum – seinen Rücktritt als Regierungsrat. – Im Hinblick auf seine zweite Amtszeit im Ständerat, die am 13. Januar 1862 begann, traf er mit der Erziehungsdirektion schon im Herbst 1861 eine Regelung über die Kompensation der ausfallenden Unterrichtsstunden.[20] Schon 1848 hatte er erklären müssen: «Ich kann nun wegen des Ständerates im nächsten Winter auch wieder nicht lesen.»[21] Die Verbindungen Zürich–Bern erlaubten damals noch nicht, am Vormittag am einen und am Nachmittag am anderen Ort zu wirken.[22]

Anfangs 1863 muss es an der Fakultät zu Unstimmigkeiten gekommen sein, die Rüttimann veranlassten, sich von der Universität zurückzuziehen und sich auf die Lehre am Polytechnikum zu konzentrieren. Dieses Ziel nannte er in seinem Rücktrittsschreiben vom 15. Oktober 1863, doch liess er sich umstimmen und zog 25 Tage später sein Entlassungsgesuch zurück.[23] – Als Marc-Etienne Dufraisse, sein Kollege am Polytechnikum, nach dem Sturz von Napoleon III. nach Frankreich zurückkehrte, übernahm Rüttimann auch dessen Unterricht. Damit wurde die Belastung zu gross. Am 26. Januar 1872 erklärte er seinen Rücktritt an der Universität und trat auf Ende des Wintersemesters 1871/72 zurück.[24] Seine Lehrtätigkeit ist noch zu schildern.

Eidgenössisches Polytechnikum (ETH)

Bei der Beratung der Bundesverfassung von 1848 kam es in der Hochschulfrage zu Kontroversen in der Expertenkommission und in der Tagsatzung. Die Einigung bestand schliesslich darin, dass sowohl die Errichtung einer Universität als auch eines Polytechnikums vorgesehen wurde – allerdings in fakultativer Formulierung. Artikel 22 erhielt folgende Fassung: «Der Bund ist befugt, eine Universität und eine polytechnische Schule zu errichten.»[25] Für beide Institutionen hatte sich auch der Kanton Zürich eingesetzt. In einem Schriftwechsel mit den Gesandten in der Tagsatzung hielt der Regierungsrat zum entsprechenden Verfassungsartikel abschliessend fest, dass «es doch fast absurd aussehen würde, eine polytechnische Schule, nicht aber eine Hochschule vorzusehen».[26] Und doch hat sich die Aufgabenteilung zwischen Bund und Kantonen im Hochschulwesen beim Ausbau gemeinsamen Wirkens – namentlich auf dem Platz Zürich – nun während mehr als 160 Jahren bewährt.

Zur Realisierung setzte der Bundesrat eine Expertenkommission ein, die von Bundesrat Stefano Franscini, dem Vorsteher des Eidgenössischen Departements des Innern, präsidiert wurde und der Alfred Escher angehörte. Dieser arbeitete zusammen mit dem späteren Direktor des Polytechnikums Joseph Wolfgang von Deschwanden[27] im Auftrag der Kommission innert kürzester Frist die Entwürfe zu zwei Gesetzen aus: eines über die Universität und eines über die polytechnische Schule. Gestützt auf den Bericht der Expertenkommission vom 1. Juli 1851[28] beantragte der Bundesrat am 5. August 1851 den Erlass beider Gesetze.[29] Der Nationalrat entschied auf einen Antrag Eschers mitten in der Plenardebatte, dass beide Institutionen zu vereinigen seien,[30] und stimmte der geänderten Vorlage am 27. Januar 1854 zu. Vom Ständerat, wo sich für eine eidgenössische Universität keine Mehrheit finden liess, wurde der Entwurf am 1. Februar 1854 aber abgelehnt. Zur Rettung des Polytechnikums wurde auf Initiative des Thurgauer Ständerats und späteren Präsidenten des Schulrats Johann Karl Kappeler unter Mitwirkung von Rüttimann[31] und der Nationalräte Escher und Kern das Gesetz – gestützt auf den ursprünglichen Entwurf Eschers – zu einem solchen über das Polytechnikum allein umgearbeitet. Dies erfolgte schon vor der Abstimmung im Ständerat, weil dessen ablehnende Haltung zur Gesamtvorlage voraussehbar war.[32] So konnte die reduzierte Vorlage noch am gleichen 1. Februar von der Kommission, in der sich Rüttimann und zwei weitere Ständeräte dafür einsetzten, und am 3. Februar vom Ständerat behandelt werden, der ihr am Tag darauf zustimmte. Der Nationalrat folgte am 7. Februar 1854.[33] Dieses Datum trug das *Bundesgesetz betreffend die Errichtung einer eidgenössischen polytechnischen Schule* während seiner mehr als 100-jährigen Geltung.[34]

Nun war der Schweizerische Schulrat als Oberbehörde zu bestellen. Für das Präsidium hätte sich Rüttimann besonders geeignet, doch er hatte einen Makel: Er war Zürcher. Bundesrat Furrer schrieb Escher am 5. August 1854:[35]

«Was Rüttimann betrifft, so nützt alle Discussion darüber nichts; ich war überzeugt, dass der Bundesrat nicht einen Zürcher zum Präsidenten wählen würde.»

Erster Schulratspräsident wurde der Thurgauer Johann Conrad Kern, der darauf als Nationalrat zurücktrat, später seinen Kanton im Ständerat vertrat und dann Gesandter der Schweiz in Frankreich wurde.[36] Er hatte sich tatkräftig für die Errichtung des Polytechnikums eingesetzt und gehörte zu dessen Gründervätern. Mit Rüttimann arbeitete er bei dieser und bei verschiedenen anderen Aufgaben zusammen, und sie beide präsidierten 1850 – Kern den Nationalrat und Rüttimann den Ständerat.[37]

Eröffnet wurde die Eidgenössische polytechnische Schule am 15. Oktober 1855. Ihre Aufgabe war es gemäss Artikel 1 des Gründungsgesetzes, Techniker für den Hochbau, für den Strassen-, Eisenbahn-, Wasser- und Brückenbau, für die industrielle Mechanik und für die industrielle Chemie sowie Fachmänner für die Forstwirtschaft «unter steter Berücksichtigung der besondern Bedürfnisse der Schweiz, theoretisch und soweit tunlich praktisch auszubilden». Nach dem ursprünglichen Konzept wäre das Polytechnikum keine Institution der universitären Stufe gewesen. Das kam in den Entwürfen von 1851 zum Ausdruck, wo die zweiten Gesetzesabschnitte verschiedene Überschriften trugen. Jene im Universitätsgesetz lautete «Von den Studierenden», diejenige im Polytechnikumsgesetz «Von den Zöglingen».[38] Im ETH-Gesetz von 1854 wurde freilich die Bezeichnung «Studierende» verwendet. Auch später bezeichnete der Bundesrat in Berichten das Polytechnikum als Anstalt, die Universität Zürich aber als Hochschule.[39]

Um den Charakter der Schule ging es auch bei den Unruhen vom Sommer 1864 mit Sachbeschädigungen im kaum bezogenen und noch nicht in allen Teilen fertiggestellten Hauptgebäude, wo auch Vitrinenscheiben in die Brüche gingen.[40] Studierende – hier wiederum zum Teil als Zöglinge bezeichnet, zum anderen als Schüler oder als Polytechniker – verlangten die volle akademische Freiheit nach dem Vorbild deutscher Hochschulen. Dagegen vertraten die Behörden die Auffassung, dies sei mit dem Wesen des Polytechnikums kaum vereinbar und entspreche auch nicht der öffentlichen Meinung. Vielmehr sei an den Vorschriften festzuhalten, «welche den Fleiss der Schüler überwachen».[41] Das Durchgreifen von Professor Alexander Bolley als Direktor und der Gesamtkonferenz der Professoren war sehr dezidiert, und der Schulrat beschloss auf deren Antrag, sechs Studierende zu relegieren.[42] Auf ihre Beschwerden traten der Bundesrat und die Bundesversammlung nicht ein, indem sie das Rechtsmittel für unzulässig bezeichneten, gleichzeitig aber auch das Anliegen ablehnten.[43] Dass Rüttimann als Professor am Polytechnikum nicht Mitglied jener Ständeratskommission war, die sich mit dem Geschehen und den Konsequenzen zu befassen hatte, lag auf der Hand.[44] 192 Studierende schlossen sich den Relegierten an und verliessen die Schule. Auf deren Ruf hatten die Ereignisse aber nicht den befürchteten starken negativen Einfluss. Sie führten jedoch zu einer gewissen Reduktion der Gesamtzahl der Studierenden, die von 504 vor Beginn der Unruhen auf 453 im neuen Studienjahr sank.[45] – In der Folge behielt die ETH ihre festen Studienpläne mit Zwischenprüfungen bei, während noch zu meiner Studienzeit an der Universität Zürich die Studierenden der Rechtswissenschaft ihr Curriculum aus dem breiten Vorlesungsangebot selbst zusammenstellten und die Promotion nach Annahme der Dissertation und der erfolgreichen Doktorprüfung die erste und einzige Erfolgskontrolle war.

Nicht zuletzt die Berufung hervorragender Persönlichkeiten als Professoren gab dem Polytechnikum auch bei geregelten Studienabläufen von Anfang an den Charakter einer Hochschule universitären Rangs. Die (noch zu schildernde) politische Entwicklung in Deutschland[46] bewog schöpferische Kräfte, ihr Wirkungsfeld hierher zu verlegen. Zu ihnen gehörten unter anderen der erwähnte Architekt Gottfried Semper, der Physiker Rudolf Clausius und der Ingenieur Carl Culmann, der hierblieb und Schweizerbürger wurde. Gewonnen werden konnten ferner der Italiener Francesco De Sanctis, der als Professor für italienische Sprache und Literatur berufen wurde,[47] und der schon genannte Jurist Marc-Etienne Dufraisse aus Frankreich, die beide wegen der politischen Lage in ihren Heimatstaaten für eine begrenzte Zeit nach Zürich zogen. Angesichts dieser Entwicklung der Institution war es folgerichtig, dass der Bundesrat am 23. Juni 1911 die Umbenennung in Eidgenössische Technische Hochschule beschloss.[48] In der französischen und der italienischen Fassung aber lebt die ursprüngliche Bezeichnung fort.[49] Das gilt auch für die Umgangssprache, in der neben der Kurzbezeichnung ETH – die auch im englischsprachigen Raum zur Kennzeichnung des Swiss Federal Institute of Technology vorwiegend deutsch ausgesprochen wird – selbst 100 Jahre danach der Ausdruck «das Poly» weiterverwendet wird, das grosse Fest im November nach wie vor der Polyball ist und die kleine Seilbahn die Polybahn bleibt.

Das Bundesgesetz legte fest, dass mit der polytechnischen Schule philosophische und staatswissenschaftliche Fächer verbunden werden sollten. Das entsprechende Angebot an Vorlesungen und Übungen in vier Sprachen schon für das Studienjahr 1856/57 war höchst beachtenswert.[50] Unter den zu unterrichtenden Fächern wurde im Gesetz schweizerisches Staatsrecht ausdrücklich genannt.[51] Nach dem Scheitern des Plans für eine eidgenössische Universität wollte man doch jenen Teil der akademischen Jugend, der am Polytechnikum studierte, für die neue Staatsidee gewinnen. Das sind vergangene Zeiten. Staatsrecht wird seit Ende des 20. Jahrhunderts nicht mehr gelehrt.

Die Professur für Staatsrecht wurde 1854 ausgeschrieben, doch ergab sich daraus nicht das erwünschte Resultat, worauf der Schulrat 1855 beschloss, mit Rüttimann – damals Regierungsrat und Professor an der Universität Zürich – Verhandlungen aufzunehmen «betreffend die Übernahme der Vorträge über schweizerisches Staatsrecht», wozu der Bundesrat seine Zustimmung erteilte.[52] Nachdem Rüttimann als Regierungsrat zurückgetreten war, wählte ihn der Bundesrat am 9. März 1857 zum Professor am Polytechnikum.[53] Hier fühlte er sich offensichtlich in seinem Element. Schon 1863 erwog er, sich von der Universität zu lösen und sich auf seine Tätigkeit an der Technischen Hochschule zu konzentrieren. Das tat er dann 1872, als er an dieser den gesamten Rechtsunterricht übernahm.[54] Die Verbundenheit mit der Schule kam auch darin zum Ausdruck, dass er seinen umfangreichen Bücherbestand der heutigen ETH-Bibliothek schenkte.[55] Hier lehrte er fast bis zu seinem Tod. Noch für das Studienjahr 1875/76 hatte er Vorlesungen über Verwaltungsrecht, Wechselrecht, Schweizerisches Bundesstaatsrecht und Staatsrecht der schweizerischen Kantone angekündigt, die er aber nicht mehr halten konnte.[56] Im Geschäftsbericht für 1876 anerkannte der Bundesrat das Wirken Rüttimanns wie folgt:[57]

> «Zu den schweren Verlusten des Jahres 1875, welche die Schule im Lehrpersonal erlitt, gesellte sich Anfangs des Berichtsjahres 1876 der Tod des Herrn Dr. Rüttimann, Professor des administrativen Rechts und des schweiz. Staatsrechts. Die umfassenden Kenntnisse, der pflichttreue Sinn und die Humanität, die dieser treffliche Mann in jedes Pflichtengebiet gelegt hat, das ihm zugetheilt wurde, sind in unserm Lande allgemein bekannt und anerkannt und werden auch an unserer Anstalt in verdientem Andenken bleiben.»

Lehrtätigkeit

Rüttimann hielt Vorlesungen über Staatsrecht für beide Hochschulen – im Wintersemester jeweils über Bundesstaatsrecht, im Sommer über kantonales Staatsrecht – in Abständen über Gemeinderecht und über nordamerikanisches Bundesstaatsrecht sowie über Verwaltungsrecht. Hinzu kamen praktische Übungen in Materien des öffentlichen Rechts für Universitätsstudenten.[58] Den Aufbau seines Unterrichts auf diesem Gebiet legte er 1862 Regierungsrat Jakob Dubs als Erziehungsdirektor eingehend dar.[59]

An der Universität war sein Schwerpunkt das zürcherische Privatrecht, an dessen Ausarbeitung er mitgewirkt hatte. Im einen Semester behandelte er die Allgemeinen Lehren, das Familien- und das Sachenrecht, im anderen das Obligationen- und das Erbrecht. Hinzu kam das Zivilprozessrecht (hier wieder mit dem Vergleich zum englischen Verfahren). Dass er nicht nationales Privatrecht lehrte, hatte einen einfachen Grund: Es gab keines, denn zunächst das Obligationenrecht und dann das Zivilgesetzbuch wurden erst später erlassen. Das Pensum Rüttimanns an der Universität – neben der Regierungstätigkeit – wurde bei der Ernennung auf mindestens fünf wöchentliche Stunden festgelegt.[60]

Am Polytechnikum übernahm Rüttimann 1870 nach dem Wegzug von Dufraisse, der den Rechtsunterricht an den Fachabteilungen erteilt hatte, zusätzlich die Allgemeine Rechtslehre (ursprünglich bezeichnet als Populäre Rechtslehre), die – später abgelöst durch das Verwaltungsrecht – zu den Lehrplänen für Architekten, Bauingenieure, Ingenieur-Agronomen und Forstingenieure gehörte.[61] In späteren Jahren hielt er auch Vorlesungen über Aktienrecht, Wechselrecht und Eisenbahnrecht, wie es seinem Engagement in der Politik und der Wirtschaft entsprach.[62] Seinen Vorlesungen konnte man nicht einfach nach verfügbarer Zeit und nach Interesse folgen oder eben auch nicht, denn die Studierenden wurden von Rüttimann geprüft, wie sich aus einer Korrespondenz über die Ansetzung eines Prüfungstermins ergibt.[63]

Seinen Zuhörern machte er es offenbar nicht leicht. Seine Ausdrucksweise wird von seinem Biografen Albert Schneider, der sein Student gewesen war, wie folgt umschrieben:[64]

«Sein Vortrag war nicht was man glänzend nennt, von hinreissendem Fluss; vielmehr schien oft der Reichtum von Ideen, der sich ihm auf die Lippen drängte, das Aussprechen derselben zu hemmen; er sprach sehr rasch, etwas zerhackt, corrigierte eine Wendung, die ihm nicht ganz zu passen schien, schaltete Zwischenbemerkungen ein, und so erhielt der Student, wenigstens in unserer Zeit, nicht ein sogenanntes schönes Collegienheft. Und doch waren seine Vorlesungen ungemein anregend, die Deduktion äusserst klar und durchsichtig, nichts Halbes, nichts Mysteriöses oder Unentschiedenes darin, so wenig als Absprechendes gegenüber andern Meinungen; die Beispiele waren mitten aus dem Leben gegriffen; und die Vergleichungen mit dem fremden, namentlich dem römischen Recht, verrieten das reiche Wissen, das dem Zuhörer das behagliche Gefühl der Sicherheit in dem, was ihm vorgetragen wird, erweckt.»

Diese Vortragsweise schmälerte jedenfalls Rüttimanns Beliebtheit und Wertschätzung als Dozent keineswegs, kümmerte er sich doch, wie es hiess, um seine Studenten «in väterlicher Besorgnis».[65] Seine Vorlesungen am Polytechnikum wurden auch von Studenten der Universität besucht und wiesen nach jenen der Naturwissenschaftler, die Grundlagen für das Medizinstudium lehrten, die grösste Frequenz von dieser Seite auf.[66]

Kantons- und Bundespolitik

Das Rathaus Zürich, erstellt 1694–1698. Sitzungsort von Kantons- und Regierungsrat sowie des Gemeinderats der Stadt Zürich und kirchlicher Behörden.

Auch das Wirken Rüttimanns als Behördenmitglied und Richter war ausgesprochen breit angelegt. Es bezog sich auf die kantonale Ebene und auf jene des Bundes und umfasste alle Staatsfunktionen mit der Gesetzgebung, der Regierung und der später getrennt zu behandelnden Rechtsprechung.[1]

Jugendzeit in der Restauration

Rüttimanns Jugend fiel in die Zeit der Restauration, die zwar keine Rückkehr zum Ancien Régime vor 1798 mit den Dreizehn Alten Orten sowie ihren Verbündeten und Untertanengebieten brachte, aber in der Wertordnung und der Organisation rückwärtsgerichtet war.

Nach dem Scheitern des Experiments der Helvetik hatte Napoleon am 19. Februar 1803 der Schweiz 19 Kantonsverfassungen und eine recht kurze Bundesverfassung (mit 40 Artikeln) vermittelt – oder besser: auferlegt. Diese Mediation verlor nach der Niederlage Napoleons bei Leipzig am 18. Oktober 1813 – im Geburtsjahr Rüttimanns – ihre Bedeutung. Am 29. Dezember 1813 beschloss die eidgenössische Versammlung die Aufhebung der Mediationsakte,[2] und die Schweiz kehrte nach Spannungen unter den Kantonen und dem Eingreifen der Siegermächte zurück zum Bündnissystem.[3] Dieses beruhte nun aber auf einem einheitlichen, alle Kantone erfassenden Vertrag und war damit übersichtlicher als die Vielfalt der vorangehenden Bündnisse. Wie stark die Bevölkerung am Überkommenen festhielt, zeigte sich beispielsweise darin, dass sich Mairengo (die alte Heimatgemeinde des Autors) für die Rückkehr der Leventina zu Uri – freilich nicht mehr als Untertanengebiet – aussprach.[4]

Der Grosse Rat erliess am 11. Brachmonat (Juni) 1814 die «Staatsverfassung für den Eydsgenößischen Stand Zürich», die gleichentags in Kraft trat. Sie sicherte den Kantonsbürgern – aber eben nur ihnen – die gleichen Rechte und gewährleistete ihnen «in Absicht auf Gewinn und Erwerb die nämliche Freyheit».[5] Auch die politischen Rechte blieben den Kantonsbürgern vorbehalten und beschränkten sich auf kantonaler Ebene auf die Wahl von 82 der insgesamt 212 Mitglieder des Grossen Rats, der die übrigen 130 Mitglieder selbst ernannte. Um wählbar zu sein, musste das künftige Ratsmitglied unter anderem das 30. Altersjahr angetreten haben, wenigstens 10 000 (damalige!) Schweizer Franken als Vermögen versteuern und nicht vom Wahlrecht ausgeschlossen sein, das unter anderem denjenigen, die «in Kost und Lohn stehen», nicht zustand. Von politischen Rechten der Frauen war damals ohnehin nicht die Rede. Demokratie war das also nicht.

Durch den Wiener Kongress von 1815 und den abschliessenden Zweiten Pariser Frieden vom 20. November 1815 erhielt die Schweiz ihre definitive territoriale Gestalt.[6] Wallis, Neuenburg, das bis 1857 zugleich preussisches Fürstentum blieb, und Genf traten dem Bund bei, während das Gebiet des Bistums Basel im Jura sowie Biel und

Umgebung zur Hauptsache Bern, zu einem kleineren Teil Baselland und zum kleinsten Neuenburg zugewiesen wurde. Neue Grundlage der Eidgenossenschaft wurde der Bundesvertrag vom 7. August 1815 mit 15 Paragrafen, die sich im Wesentlichen auf Verteidigung, Schutz der Neutralität, gegenseitige Hilfe sowie Organisation bezogen und nur vereinzelte materielle Bestimmungen enthielten. Die Behördenstruktur entsprach jener vor 1798 mit der durch die Vertreter der Kantone gebildeten Tagsatzung und dem Vorort, als der Zürich, Bern und Luzern abwechselnd im Zweijahresrhythmus wirkten. Die Schweiz der Restauration hatte weder eine gemeinsame Rechtsordnung noch war sie intern ein offener Wirtschaftsraum. Die Gemeinschaft war also noch zu gestalten – und Rüttimann hatte später einen wesentlichen Anteil daran.

Aufnahme der politischen Tätigkeit in der Regeneration

Eine halbe Generation – 15 Jahre – später herrschte Aufbruchstimmung. In Paris kam es Ende Juli 1830 zur Revolution, die durch freiheitsbeschränkende Dekrete («ordonnances») ausgelöst worden war und zur Abdankung des Königs Charles X sowie zur Einsetzung von Louis-Philippe als «Bürgerkönig» führte. In der Schweiz setzte zugleich, ja gar etwas zuvor, die Wende zum liberalen Staat ein. Die Umorientierung war damit nicht einfach Folge der Entwicklung in Frankreich, sondern Ausdruck einer Neubesinnung, die sich im Zeitalter des Umbruchs in Gesellschaft, Wirtschaft und Besiedlung aufdrängte.[7] In Zürich galt es auch, die Stadt zur Landschaft hin zu öffnen – politisch durch Beseitigung der Privilegien der Stadt und ihrer Bewohner und physisch durch den Abbruch der Befestigungen.

Diese Neuausrichtung leitete in der Schweiz schon vor der Pariser Juli-Revolution als Erster der Kanton Tessin im Rahmen der «Riforma» ein durch Annahme der Kantonsverfassung am 23. Juni 1830.[8] Dort wurde in Artikel 4 die Rechtsgleichheit in einer gegenüber Artikel 3 der Bundesverfassung aus der Mediation etwas erweiterten Form gewährleistet, indem auch die Vorrechte des Stands und des Gerichtsstands ausgeschlossen wurden. Dafür stand dort nichts vom

Ausschluss der Untertanenverhältnisse, die bis 1798 im Kanton geherrscht hatten und die nun nicht mehr in Erinnerung gerufen werden sollten.[9] Die Version aus der Mediationsverfassung wurde in leichter Anpassung als Artikel 4 in die Bundesverfassung von 1848 übernommen und fand sich in Art. 4 Abs. 1 Satz 2 der Bundesverfassung von 1874 wieder in folgender Fassung: «Es gibt in der Schweiz keine Untertanenverhältnisse, keine Vorrechte des Orts, der Geburt, der Familien oder Personen.» Erst in Artikel 8 der Bundesverfassung vom 18. April 1999 wurde eine andere Formulierung gewählt.

Im Kanton Zürich kam es auf Veranlassung führender Persönlichkeiten aus Stäfa, Küsnacht und weiteren Seegemeinden am 22. November 1830 zur grossen Volksversammlung in Uster, die friedlich verlief und an der ein Memorial zuhanden der Kantonsregierung beschlossen wurde mit dem wesentlichen Anliegen der Gleichbehandlung der Bevölkerung von Stadt und Landschaft. Die Versammlung war Höhepunkt der Regeneration im Kanton Zürich. Im Rückblick wird dieses Ereignis, das die weitere Entwicklung entscheidend geprägt hat, je nach Standort der Betrachter unterschiedlich interpretiert. Am jährlichen Ustertag wird die Wende zum freiheitlichen Staat und zur Gleichberechtigung gefeiert, während in neueren historischen Werken die sozialpolitischen Aspekte stärker gewichtet werden im Sinn des Aufstands der in kargen Verhältnissen lebenden Kleinbauern, Handwerker und Heimarbeiter.[10] Zu diesen gehörten freilich die Initianten aus den Seegemeinden nicht. Dafür, dass Rüttimann an der Versammlung von Uster teilgenommen hätte, findet sich kein Hinweis.[11] Aber der 17-Jährige erlebte diese Neugestaltung des Staats zweifellos bewusst, amtete er doch damals schon als Substitut des Landschreibers – seines Vaters – in Regensberg.

Schon vier Monate danach, am 10. März 1831 wurde die nunmehr im demokratischen Verfahren erlassene *Staatsverfassung für den Eidgenössischen Stand Zürich* bei einer Stimmbeteiligung von 80 Prozent von 96 Prozent der Stimmenden angenommen.[12] Freilich: Stimmberechtigt waren nur die Kantonsbürger, und der Grosse Rat wählte danach noch immer 33 seiner 212 Mitglieder selbst.

Die Liberalen übernahmen die Führung. Rüttimann wirkte (wie erwähnt) von 1832 bis 1834 als Gerichtsschreiber in Regensberg und von 1834 bis 1838 zunächst als Verhörrichter und dann als Substitut des Staatsanwalts in Zürich. Für die Wahl in den Grossen Rat war er damals zu jung, denn er hatte das 30. Altersjahr noch nicht angetreten, was nach Paragraf 36 der Verfassung weiterhin Wahlvoraussetzung war. Den Ratsbetrieb lernte er zunächst als Berichterstatter für den *Schweizerischen Republikaner* kennen, wozu er 1836, kurz vor seiner Abreise nach London, die Zulassung erhielt.[13] Er wurde damit «Stellvertreter der Redaction», die von Ludwig Snell (1785–1854) geleitet wurde – dem emigrierten deutschen Liberalen, der von 1834 bis 1836 als Professor der Staatswissenschaften an der Universität Bern lehrte.[14] Von diesem stammte das «Küsnachter Memorial» von 1830, das anonym erschien und Grundlage für das Memorial von Uster wurde.[15] – 1837 wurde Rüttimann im Alter von 24 Jahren Sekretär des Grossen Rats.[16]

Diese Aufgabe entfiel mit dem «Züriputsch» vom 6. September 1839, der Zürcher Revolution, die durch den «Straussenhandel» um die Ernennung des umstrittenen Theologen David Friedrich Strauss ausgelöst worden war und 15 Todesopfer forderte.[17] Der liberale Fortschrittsglaube war bei den Konservativen, allgemein bei der Landbevölkerung und nach Auffassung verschiedener Autoren auch bei den wirtschaftlich gedrückten Kreisen auf Widerstand gestossen.[18] Die Konservativen übernahmen die Macht und Johann Caspar Bluntschli, der sich nicht am Putsch beteiligt hatte, wurde als massgebende Persönlichkeit des «Septemberregiments» Regierungsrat.[19] – Die Berufung von Strauss stand 1836 ein erstes Mal zur Diskussion und erfolgte 1838. Den Antrag hatte der Erziehungsrat in Abweichung von der Haltung der Fakultät gestellt. Anlass dazu gegeben hatten namentlich Interventionen von Hans Kaspar von Orelli und Friedrich Ludwig Keller. Dieser hatte schon anlässlich der ersten Debatte über Strauss am 30. Mai 1836 Rüttimann nach London geschrieben:[20]

«Wir streiten uns gegenwärtig über die Berufung von Strauss (Leben Jesu) an Rettig's Stelle. Bis jetzt sind wir in der Minderheit (nämlich die pro's), nur Orelli, Scherr, Ulrich und ich; und nach Niederer (der aber nicht kommt), auch Bleuler und Zehnder.»

Strauss wurde auf öffentlichen Druck hin noch vor seinem Amtsantritt pensioniert,[21] was aber den «Züriputsch» nicht mehr verhinderte. Der Biograf Rüttimanns hält fest, dass dieser zwar kein Kommando führte, aber ein entschiedener Anhänger der Partei war, die für die Berufung von Strauss und für die freie Forschung auf religiösem Gebiet eingetreten war.[22]

Die weiterhin herrschende revolutionäre Stimmung veranlasste die liberale Führung mit Einschluss von Rüttimann, sich nach dem Putsch vorübergehend aus dem Kanton Zürich zurückzuziehen und sich in Baden aufzuhalten.[23] Die Partei raffte sich aber wieder auf und beschloss am 22. November 1840 an der von Tausenden besuchten Erinnerungsfeier an die Versammlung von Uster von 1830 in Bassersdorf ein Programm.[24] «Es war der Tag der Wiedergeburt», wie es der nachmalige Bundesrat Jakob Dubs schilderte.[25]

In den Wahlen von 1842 begann sich das Blatt wieder zugunsten der Liberalen zu wenden, zu deren Elite Rüttimann und Alfred Escher gehörten. Sie wurden im Februar 1844 in den Grossen Rat gewählt – und Rüttimann im Dezember des gleichen Jahrs in den Regierungsrat.[26] Escher konnte im Grossen Rat Einsitz nehmen, nachdem das Mindestalter durch Revision von Paragraf 36 der Kantonsverfassung in der Abstimmung vom 4. Februar 1838 abgeschafft worden war.[27] Für den Regierungsrat aber war er (mit Jahrgang 1819) noch zu jung, da es hier bei der Beschränkung der Wählbarkeit auf das angetretene 30. Altersjahr nach Paragraf 53 der Verfassung geblieben war. Die Mitgliederzahl der Kantonsregierung war durch die in der Abstimmung vom 16. August 1840 angenommene Verfassungsrevision von 19 auf 13 reduziert worden.[28] Die Regierungsräte wirkten nebenamtlich, und Rüttimann – der daneben als Anwalt und später auch als Professor an der Universität Zürich tätig war – leitete abwechselnd die Direktion des Innern und die Justizdirektion. Damit beeinflusste er die Gesetzgebung massgebend, wie zu zeigen war. Er blieb Mitglied der Exekutive bis 1856 und trat dann zugunsten seiner Tätigkeit an den Hochschulen und wohl auch zugunsten jener als operativ tätiger Vizepräsident der Kreditanstalt zurück. Wenige Tage nach deren Gründung erwähnte er dies Escher gegenüber allerdings nicht, sondern schrieb ihm im Juli, er sehne sich nach der Zeit seines Rücktritts (als Regierungsrat), um sich ein wenig zu sammeln und sich mit literarischen Arbeiten zu beschäftigen.[29] Seine Entlassung aus der Kantonsregierung durch den Grossen Rat erfolgte am 27. Oktober 1856 «unter Anerkennung und bester Verdankung seiner geleisteten langjährigen ausgezeichneten Dienste».[30] Die politische Tätigkeit setzte er aber auch auf kantonaler Ebene fort und blieb Mitglied des Kantonsparlaments – selbst nach der von ihm nicht gebilligten Wende zur direkten Demokratie durch die Kantonsverfassung vom 18. April 1869[31] – bis 1872. Den Grossen Rat präsidierte er vor der Reform von 1869, durch die das Parlament in Kantonsrat umbenannt wurde, mehrmals.[32]

In der Regierung herrschte – trotz politischer Einheit – nicht immer bestes Einvernehmen. Bei Auseinandersetzungen wirkte Rüttimann als Mediator. Das traf namentlich 1847/48 zu im Konflikt zwischen Regierungsrat Melchior Esslinger (1803–1855) und dem damaligen Staatsschreiber Alfred Escher. Beide Parteien beschwerten sich bei Rüttimann über die jeweils andere. So warf Regierungsrat Rudolf Bollier (1815–1855), der als rechte Hand Alfred Eschers galt,[33] in einem Brief an Rüttimann Esslinger ein ganz verwerfliches Benehmen vor,[34] während Esslinger ebenfalls in einem Brief an Rüttimann über Eschers Verhalten schrieb: «Wenn das nicht Terrorismus ist, so weiss ich nicht, was man im Frieden so nennen kann.»[35] Offensichtlich nahm Rüttimann eine vermittelnde Haltung ein, was ihm vonseiten Esslingers den Vorwurf eintrug: «Du hättest A. Escher gegenüber entschiedener auftreten sollen.»[36] Esslinger trat zurück und liess sich bis zur Entlassung aus dem Amt beurlauben – was Escher zur Bemerkung veranlasste, er hätte durch sein Verhalten zu diesem Rücktritt keine Veranlassung gegeben.[37] Escher reichte seinerseits nach Rücksprache mit Rüttimann ein Entlassungsgesuch ein, das er eine Woche später aber zurückzog,[38] worauf Esslinger erklärte, dies habe Escher einigermassen befriedigt, ohne ihn selbst zu kompromittieren.[39] Rüttimann war von der Angelegenheit so angewidert, dass er im April 1848 seinerseits ein Rücktrittsschreiben verfasste. Dieses wurde aber nicht auf die Traktandenliste des Grossen Rats gesetzt und von Rüttimann nach Intervention beider Seiten und Dritter zurückgezogen.[40]

In den Konflikten auf Bundesebene
Auf Bundesebene galt auch während der Regeneration nach wie vor der restaurative Bundesvertrag von 1815. Der 1832 eingeleitete Versuch zur Aufstellung einer neuen «Bundesurkunde» scheiterte endgültig 1835. Dass das Ziel nicht erreicht werden konnte, zeigte sich allerdings schon 1833, als innerhalb eines Jahres die Tagsatzung eine erste Fassung beschloss, die Kantone diese aber ablehnten und die Tagsatzung auf den zweiten Entwurf nicht eintrat.[41]

Dem Bund fehlten nach dem Vertrag von 1815 nicht nur wesentliche Merkmale eines Staats; auch hinsichtlich der ideellen und der strukturellen Ausrichtung herrschte kein Konsens. So war der «Züriputsch» von 1839 keineswegs die einzige Auseinandersetzung zwischen Konservativen und Liberalen. Die entsprechend dominierten Kantone schlossen sich 1832 zu Bünden zusammen – zunächst die liberalen im «Siebner Konkordat», dann die konservativen im «Sarnerbund», die beide konfessionell gemischt waren.[42] Zürich gehörte zum «Siebner Konkordat», verliess es aber nach dem «Züriputsch» mit dem Sieg der Konservativen.[43]

Um 1840 wurde der Konflikt religiös geprägt – namentlich durch die Entwicklung im Wallis, im Aargau und in Luzern. Der Grosse Rat des Kantons Aargau beschloss am 20. Januar 1841 die Aufhebung der Klöster, stellte aber 1842 auf Intervention der Tagsatzung hin die Frauenklöster wieder her.[44] Mit Zustimmung des Grossen Rats vom 24. Oktober 1844 übertrug Luzern die theologische Ausbildung und die Seelsorge in der Stadt den Jesuiten. Dies führte zu den Freischarenzügen, ausgelöst am 8. Dezember 1844 – am Datum, an dem die Luzerner Liberalen noch heute ihren Parteitag durchführen.[45] An einer ausserordentlichen Tagsatzung vom Februar 1845 in Zürich wurde der Antrag zur Abberufung der Jesuiten gestellt, doch fand sich dafür keine Mehrheit.[46] Als sich die Lage durch die Bildung des Sonderbundes zuspitzte, beschloss die Tagsatzung am 3. September 1847, dass die Kantone die Jesuiten aus ihrem Gebiet zu entfernen hätten.[47] Luzern aber verweigerte den Vollzug.[48]

An einer Tagung vom 12. bis 14. September 1843 hatten führende Persönlichkeiten der drei Urkantone sowie von Luzern und Zug ein Manifest verfasst, das im Gegensatz zu einem Teil der gehaltenen Reden in versöhnlichem Ton verfasst war.[49] Freiburg und Wallis schlossen sich an. Daraus wurde zwei Jahre später ein politisches Bündnis – gegründet am 11. Dezember 1845 als «Schutzvereinigung».[50] Die Tagsatzung erklärte den nun «Sonderbund» genannten Zusammenschluss am 20. Juli 1847 als mit dem Bundesvertrag unvereinbar und für aufgelöst.[51] Beidseits kam es zu Truppenaufgeboten. So beschloss die Tagsatzung am 24. Oktober ein Aufgebot von 50 000 Mann.[52]

In dieses spannungsgeladene Umfeld entsandte der Grosse Rat des Kantons Zürich am 6. Februar 1845 die Regierungsräte Jonas Furrer und Rüttimann durch ihre Wahl zu den beiden Tagsatzungsabgeordneten des Kantons.[53] Sie wurden als zweiter und dritter Gesandter gewählt, weil Amtsbürgermeister Mousson als Erster die ausserordentliche Tagsatzung präsidierte, die im Zürcher Rathaus zusammentrat.[54] Die Baudirektion hatte die nötigen Vorkehrungen zu treffen «und dabei auch auf Einrichtung einer Anzahl reservierter Plätze für das diplomatische Korps u.s.w. Rücksicht zu nehmen».[55] Zur Debatte standen die Jesuitenfrage und die Freischarenzüge. Die Instruktion des Gossen Rats vom gleichen 6. Februar 1845 lautete dahin, dass bezüglich des Jesuitenordens ein Einschreiten des Bundes notwendig sei, dass aber der Einfall der Freischaren auf Luzerner Gebiet missbilligt werde.[56] Das entsprach der öffentlich bekundeten Auffassung Furrers, während sich Rüttimann, der knapp zwei Monate zuvor in den Regierungsrat gewählt worden war, offenbar noch zurückhielt, aber der Instruktion zustimmte.[57] Die Tagsatzung fasste jedoch 1845 noch keinen die Jesuiten betreffenden Beschluss.

Für die Auseinandersetzung im zweiten Halbjahr 1847 hatte

der Grosse Rat den Tagsatzungsabgeordneten am 22. Juni 1847 die Instruktion erteilt, dass sie für die Auflösung des Sonderbundes zu stimmen, für die Anwendung von Waffengewalt aber neue Instruktionen einzuholen hätten.[58] Hinsichtlich der Angelegenheit der Jesuiten wurde im gleichen Beschluss die Instruktion von 1845 erneuert mit der Erklärung, ein Einschreiten des Bundes sei notwendig geworden, wozu die Tagsatzung den erwähnten Beschluss fasste. Bei der Aargauer Klosterfrage hätten sich die Gesandten zu enthalten, weil der Gegenstand auf bundesgemässem Weg erledigt sei. Als Zürcher Vertreter wurden wieder Furrer und Rüttimann gewählt.[59] Dieser berichtete am 16. Juli 1847 seinem Regierungskollegen Bollier nach Zürich, wie die Verhandlungen verliefen. Er führte unter anderem aus: «Wie es weiter gehen soll, weiss der Himmel. Vor der Hand halte ich keine Vollziehungsmassnahmen für möglich.»[60] Am 21. September 1847 erteilte der Grosse Rat seinen Abgesandten dann – unter ausdrücklicher Billigung ihrer bisherigen Bemühungen und mit dem Dank dafür – die Instruktion, auch zu einer bewaffneten Exekution Hand zu bieten, wenn alle gütlichen Mittel nicht zum Ziele führen sollten.[61] Die beiden Zürcher Vertreter stimmten entsprechend und auch diesmal aus eigener Überzeugung.[62] Zu später Stunde unternommene Verständigungsversuche waren gescheitert, wie Escher Rüttimann am 23. Oktober nach der Regierungsratssitzung schrieb.[63] Die Haltung der Vertreter verschiedener Kantone schilderte umgekehrt Rüttimann in zwei Briefen an Escher.[64]

Die Nichtbeachtung des erwähnten Beschlusses über die Auflösung des Sonderbundes und die Truppenaufgebote veranlasste die Tagsatzung zum Handeln. Am 21. Oktober 1847 beschloss sie, eine Kommission einzusetzen, die die Vorschläge für die Besetzung der beiden obersten Stellen im eidgenössischen Heer zu unterbreiten habe. Die aus Rüttimann und zwei weiteren Mitgliedern bestehende Kommission arbeitete während eines Sitzungsunterbruchs den Vorschlag aus, Oberstquartiermeister Guillaume-Henri Dufour als Oberbefehlshaber und Oberst Friedrich Frey-Herosé zum Chef des Generalstabs zu wählen. Nach Wiederaufnahme der Sitzung vollzog die

Tagsatzung die Wahl in diesem Sinn.[65] Die Auflösung des Bündnisses «durch Anwendung bewaffneter Macht» beschloss die Tagsatzung am 4. November 1847, nachdem die militärischen Vorbereitungen getroffen waren.[66] Die Zürcher Vertreter Furrer und Rüttimann hatten dazu unter anderem erklärt, die Zeit des Handelns sei gekommen, «Zürich werde, wenn auch mit schmerzlichem Gefühle, zur Vollziehung stimmen, in dem ruhigen Bewußtsein, kein Mittel unversucht gelassen zu haben, um die Lösung der obschwebenden Fragen auf friedlichem Wege zu erzielen».[67] Am Tag danach erliess Dufour einen Tagesbefehl, durch den er sich nicht nur als Heerführer, sondern erst recht als Staatsmann qualifizierte.[68] Er ermahnte die Truppe zur Rücksichtnahme und führte unter anderem aus:[69]

«Soldaten! Ihr müsst aus diesem Kampfe nicht nur siegreich, sondern auch vorwurfsfrei hervorgehen; man muss von Euch sagen können: Sie haben tapfer gekämpft, wo es Not tat, aber sie haben sich menschlich und grossmütig gezeigt.»

Dank des umsichtigen Vorgehens Dufours konnte der Krieg ohne allzu grosse Opfer geführt und beendigt werden.[70] Er forderte etwa 100 Todesopfer.[71] Mit der Auflösung des Kriegsrats des Sonderbundes am 26. November 1847 und der Kapitulation des Wallis als letztem Kanton sechs Tage danach[72] endete die bisher und hoffentlich auch zukünftig letzte kriegerische Auseinandersetzung auf Schweizer Boden. Nach Thomas Maissen war es letztlich mehr ein politischer als ein konfessioneller Konflikt.[73]

Die Behörden sorgten sich um die aufgebotenen Milizen und um ihre Familien – auch mit dem Erlass entsprechender Vorschriften, wie Escher an Rüttimann nach Bern schrieb.[74] Den Ablauf der Ereignisse selbst schilderte Regierungsrat Rudolf Bollier in nicht weniger als 16 Briefen an seinen Kollegen Rüttimann nach Bern.[75] So wies er am 21. Oktober 1847 auf das Aufgebot gegen Schwyz hin. Zu diesen Truppen muss auch Moritz Hartung gehört haben, der in einem Brief vom 24. Oktober an seinen Stiefbruder Rüttimann einen Truppentransport von Zürich nach Richterswil und Wädenswil – also an die Grenze zu Schwyz – mit sieben Dampfschiffen schilderte, «die einen recht stattlichen Zug bildeten». Er selbst fuhr auf dem zwei Monate zuvor in Betrieb genommenen Dampfer «Gustav Albert» nach Wädenswil.[76] In einem zweiten Brief vom 13. November aus dem bernischen Roggwil beim Dreiländereck von Bern, Luzern und Aargau berichtete er über die Verlegung zunächst nach Brugg und dann in «8 Wegstunden» (offenbar im Fussmarsch) dorthin. Der Fall von Freiburg am 11. November veranlasste Rüttimanns Vater Jonas, in einem Brief an seinen Sohn seinem Jubel über diesen Erfolg der eidgenössischen Truppen Ausdruck zu geben.[77] Die Kapitulation von Zug, die entscheidenden Operationen beim luzernischen Gisikon und das Waffenstillstandsgesuch von Luzern bildeten wieder Gegenstand von vier Briefen, die Bollier in den drei Tagen vom 22. bis 24. November 1847 verfasst hat. So sind die Ereignisse durch die Korrespondenzen gut belegt.

Mitwirkung an Bildung und Aufbau des Bundesstaats

Der Weg zum 1848 gegründeten Bundesstaat war nicht so eindeutig vorgegeben, wie es aus dem Rückblick von der längst eingetretenen Konsolidierung aus scheinen mag. Dass der Bundesvertrag von 1815 keine zeitgemässe Lösung darstellte, war schon in den 1830er-Jahren erkannt worden und führte damals in elf Kantonen,[78] nicht aber auf Bundesebene zu einer Verfassungsänderung. Gegen Ende der 1840er-Jahre aber war die Zeit für einen Wechsel reif. Der wirtschaftliche und gesellschaftliche Wandel einerseits und die geschilderten Konflikte unter den Kantonen andererseits riefen nach einer Neubesinnung. Nachdem die Tagsatzung am 20. Juli 1847 den Sonderbund als mit dem Bundesvertrag unvereinbar und aufgelöst erklärt hatte, setzte sie am folgenden 16. August – also vor dem Kriegsausbruch – eine Bundesrevisionskommission ein, in der die zustimmenden 14 Kantone bzw. Halbkantone vertreten waren, der Kanton Zürich durch Regierungsrat Jonas Furrer.[79] Die Kommissionsmitglieder handelten dabei selbstständig und waren nicht an kantonale Instruktionen gebunden, sodass eine freie Beratung möglich war.[80] Der Sonderbundskrieg schloss den Dialog aber vorerst aus. Die Kommission konnte ihre Arbeit erst am 17. Februar 1848 aufnehmen und schloss sie schon am 8. April 1848 ab.[81] Noch am gleichen Tag übermittelte der Vorort den Entwurf den Kantonen zur Stellungnahme.[82] Nach Ausarbeitung von deren Haltung trat die Tagsatzung am 15. Mai 1848 zur Beratung zusammen und beschloss die Bundesverfassung am 27. Juni 1848. Obwohl nicht alle Kantone zugestimmt hatten, erklärte die Tagsatzung am 12. September 1848 die Bundesverfassung als angenommen.[83]

Rüttimann war nicht Mitglied der Revisionskommission, amtete aber mit Furrer zusammen als Tagsatzungsabgeordneter vor und während der Beratung der Bundesverfassung. Alfred Escher verfügte damals noch nicht über den dominanten Einfluss, den er kurz darauf ausspielen konnte, wie sein Biograf Joseph Jung schreibt. Vielmehr habe er den Vortritt Furrer und Rüttimann überlassen müssen. «Diese beiden Politiker waren es denn auch, welche hauptsächlich die Position des Kantons Zürich in die eidgenössischen Diskussionen einbrachten».[84]

Die Tagsatzung hatte sich 1848 ausser mit der Neugestaltung der Staatsgrundlagen mit einer Reihe internationaler Probleme zu befassen, insbesondere mit der Frage der Besetzung der sardischen Provinzen Chablais und Faucigny sowie den Flüchtlingsströmen und der Grenzsicherung infolge des Kriegs in der Lombardei und der März-Revolution in Deutschland.[85] Neben der Regierungstätigkeit wurde die Belastung damit zu gross, und Rüttimann gelangte zur Einsicht, dass er beide Aufgaben nicht mit der von ihm gepflegten und erwarteten Sorgfalt erfüllen könne. Daher ersuchte er um Entlassung als Tagsatzungsabgeordneter. Der Grosse Rat wollte aber nicht auf seine Mitwirkung an den eidgenössischen Beratungen verzichten und lehnte das Gesuch ab. Er entlastete ihn aber durch Wahl von Escher als Stellvertreter, wie dieser Rüttimann nach Bern schrieb.[86] Escher lehnte die Wahl ab, um an den Zürcher Beratungen der Bundesverfassung teilnehmen zu können, doch liess dies der Grosse Rat nicht gelten und beurlaubte ihn einfach zu diesem Zweck.[87] – Furrer, Rüttimann und Escher bildeten in der Folge die kantonale Kommission, die zur Vollziehung des Beschlusses der Tagsatzung über die Annahme der Bundesverfassung Antrag zu stellen hatte.[88]

Welche Bedeutung Rüttimann bei der Gestaltung des Bundesstaats mit dem Zweikammersystem zukam, war in der Literatur umstritten. Nach Albert Schneider und Edgar Bonjour waren Rüttimann, James Fazy aus Genf und Bluntschli die Hauptträger des Gedankens gewesen, das amerikanische Zweikammersystem auf die Schweiz zu übertragen.[89] Dem widersprach Anton Largiadèr in einer detaillierten Analyse der Äusserungen Rüttimanns und führte aus, dieser hätte zunächst einen Behördenaufbau nach dem Entwurf von 1833 befürwortet, dann andere Lösungen vorgeschlagen und erst in der Grossratsdebatte vom Mai 1848 auf das Vorbild der USA hingewiesen. Er gehöre deshalb zur späteren Gruppe der Befürworter der Ausrichtung auf die Institutionen der nordamerikanischen Union.[90] An erster Stelle zu nennen sei der Genfer James Fazy, der 1837 ein Zweikammersystem mit einem Senat von 44 Mitgliedern bei teils gebundenem Mandat und einer Repräsentantenkammer vorgeschlagen habe.[91]

Festzuhalten ist, dass Rüttimann früh für die Struktur der Schweiz als Bundesstaat mit einem parlamentarischen System eintrat, in dem die nationalen Tendenzen zum Ausdruck kamen, den Kantonen aber ein Mitwirkungsrecht zustand. Seine Folgerungen waren aber nicht jene eines reinen Wissenschaftlers, der unabhängig von öffentlichen Pflichten Neuerungen nach eigenen Vorstellungen postulieren konnte. Wohl hatte er die entsprechende Qualifikation und den Ideenreichtum, aber er war – anders als Fazy 1837 – in den politischen Entscheidungsprozess einbezogen und musste hier Lösungen vorschlagen, die sich verwirklichen liessen. Die dann getroffene Regelung lag keineswegs von Anfang an auf dem Tisch, wie aus der relativ schlanken Entscheidungsfolge geschlossen werden könnte. Die Wunden des erst wenige Wochen zuvor beendeten Sonderbundskriegs waren anfangs 1848 noch nicht vernarbt, und die Tendenzen gingen auseinander – mit dem Wunsch nach Zentralisierung auf der einen und nach grosser Eigenständigkeit der Kantone auf der anderen Seite. Der Umstand, dass in allen die Schweiz umgebenden

Staaten im ersten Halbjahr 1848 Revolutionen ausbrachen, die aber bald wieder zur Konsolidierung der Monarchien (in Frankreich erst Ende 1851) führten, trug nicht zur Ruhe bei. Wenn Rüttimann später in seinem Hauptwerk darlegte, dass den Schweizern das Zweikammersystem fremdartig war und nur als Ausgleich der Interessen der grösseren und kleineren Kantone akzeptiert worden sei,[92] sprach er aus eigener Erfahrung.

In Zürich vollzog sich die Meinungsbildung in zwei Etappen. In der ersten erbat Jonas Furrer, Mitglied der Bundesrevisionskommission, am 17. Januar 1848 «namens der Ehrengesandtschaft des Standes Zürich» – also für sich und Rüttimann – die Ansicht des Regierungsrats, dem ja beide selbst angehörten, zu den wesentlichen Punkten der Bundesrevision.[93] Die Stellungnahme vom 29. Januar lautete hinsichtlich der Staatsorganisation dahin, «der Regierungsrat könne sich der Hoffnung nicht hingeben, daß Änderungen in dem Stimmrechte der Kantone auf der Tagsatzung ermöglicht werden». Das System der Vororte solle beibehalten werden, allerdings mit einem Wechsel nur alle drei bis vier Jahre. Ein Bundesrat von sieben Mitgliedern sei als vorörtlicher Staatsrat vorzusehen mit drei durch den jeweiligen Vorort und vier durch die Tagsatzung ernannten Mitgliedern.[94]

Rüttimanns persönliche Haltung war wesentlich innovativer. Er verfasste in Bern, wo er als Tagsatzungsabgeordneter weilte, einen Artikel, der am 25. Januar 1848 in der *Neuen Zürcher Zeitung* erschien. Darin setzte er sich unter Hinweis auf die Vorschläge von Fazy für das Zweikammersystem ein – und widersprach damit ausdrücklich der Haltung der Redaktion, die sich in Anmerkungen dazu äusserte. Er fasste zusammen:

> «Kurz ausgedrückt: Über einen bloßen Staatenbund sind wir hinaus und für die Einheit sind wir noch nicht reif, somit handelt es sich darum, uns als Bundesstaat in angemessener Form zu konstituieren und in dieser Form die beiden Kräfte, die zentripetale und die zentrifugale, so zu binden und zu leiten, daß sie, anstatt in gerade entgegengesetzter Richtung sich gegenseitig aufzuheben, vielmehr beide zum Wohle des Vaterlandes zusammenwirken.»

Allerdings zweifelte er angesichts der Haltung seines Zürcher Umfelds an der Akzeptanz des Zweikammersystems nach dem Modell von Fazy und schlug eine Modifikation in dem Sinn vor, dass ein gewähltes nationales Parlament (der Grosse Rat) vorzusehen wäre, das als Repräsentant der Nation handeln würde. Die Beschlüsse würden aber zu einem Teil der Zustimmung einer Kommission jenes Rats unterstellt, in der jeder Kanton einen Vertreter hätte. Dazu aufgefordert, seine Ansichten ausführlicher mitzuteilen, publizierte er am 8. Februar in der gleichen Zeitung einen zweiten Artikel. Darin hielt er erneut fest, dass er die von Fazy vorgeschlagene Lösung persönlich für richtig halte. Für den Fall, dass man nicht so weit gehen wolle, schlug er ein gewähltes nationales Parlament vor mit Sitzen der Kantone nach Einwohnerzahl, das aus zwei Kammern bestehen würde: In der ersten Kammer hätte jeder Kanton zwei Stimmen (die Halbkantone eine), wobei die Abgeordneten teilweise nach Instruktion zu stimmen hätten. In der zweiten hätten alle Abgeordneten (offenbar auch jene der ersten Kammer) eine Stimme und würden ohne Instruktion stimmen. Zum Erlass eines Gesetzes wäre die Zustimmung beider Kammern nötig. Damit wollte Rüttimann offensichtlich der Mehrheit der Kantone ein Vetorecht gegenüber den Beschlüssen des gewählten nationalen Parlaments einräumen.

Nach Abschluss der Arbeiten der Revisionskommission drehte bei den Zürcher Behörden der Wind. An die Stelle der Zweifel, ob überhaupt eine grundlegende Änderung möglich sei, trat nun der Wunsch nach mehr Zentralisation, als es die Revisionskommission vorschlug. Der Regierungsrat beantragte am 22. April 1848, die Tagsatzungsabgeordneten zu beauftragen, für ein Einkammersystem auf Bundesebene zu stimmen, wobei aber gewisse Beschlüsse (Staatsverträge, Militärangelegenheiten, Münzfuss, öffentliche Anstalten und Werke sowie Verfassungsrevisionen) zusätzlich dem Entscheid der Kantone unterworfen gewesen wären.[95] Die Kommission des Grossen Rats übernahm diese Lösung, erlaubte der Gesandtschaft aber in einer «Escape-Klausel», in der Tagsatzung einer anderen Regelung zuzustimmen. «Insbesondere kann sie nöthigenfalls jedem andern

System der Organisation der obersten Bundesbehörden beitreten, welches neben der nationalen Vertretung den Kantonen eine angemessene Mitwirkung für ihre wichtigern Interessen zusichert.» Furrer erläuterte diesen Vorschlag in der Debatte des Grossen Rats,[96] und dieser erhob ihn am 12. Mai 1848 zu seinem Beschluss.[97]

Die Option für ein Einkammersystem entsprach der Haltung der liberalen Elite in Zürich, die für eine starke Nation mit weitgehenden Kompetenzen und effizienten Entscheidungswegen eintrat und einem parlamentarischen System mit zwei gleichgeordneten Kammern wenig geneigt war. In seiner Eröffnungsrede als Präsident des Grossen Rats bekräftigte Escher am 11. Mai 1848 seinen Zielpunkt der möglichsten Zentralisation und der politischen Gleichstellung aller Schweizer Bürger.[98] Einer bloss teilweisen Zentralisation fehle die Grundsätzlichkeit, sie bringe arge Selbsttäuschungen und führe zu offenbaren Ungerechtigkeiten. Das vorgeschlagene Zweikammersystem mit der gleichen Vertretung kleiner und grosser Kantone in einer der Kammern führe zur Ungleichbehandlung der Bürger. Er anerkannte freilich, dass Extrempositionen nicht zum Ziel führten. Aber er sprach sich für das von der Kommission des Grossen Rats beantragte Einkammersystem aus – mit einer nach Kopfzahl gewählten obersten Bundesbehörde und einem Veto der Kantone nur bei Eingriff in deren Finanzen. Furrer hielt in der Debatte des Grossen Rats vom 12. Mai 1848 zunächst fest, der Entwurf der Bundesrevisionskommission, in der er mitgewirkt hatte, enthalte bedeutende Fortschritte. Ein ideales Gebilde auszuarbeiten sei nicht ihre Aufgabe gewesen, es gehe nicht darum, die Schweiz gleichsam aus der Taufe zu heben.[99] Das System des Einheitsstaats enthalte Konsequenz und Schärfe. Diese gehe aber auch dem Bundesstaat nicht ab: Der Regierungsrat schlage sich zu diesem, wohl mit der grossen Mehrheit des Schweizervolks. Das Zweikammersystem sei (offenbar von der Bundesrevisionskommission) als eigentliche Notbrücke der Zeit betrachtet worden und sei als solche auch empfehlenswert. Als Bürgermeister (Regierungspräsident) die Haltung der Kantonsregierung erläuternd, erklärte er, der Grund für das Einkammersystem sei, dass der Verfassungsentwurf dem Bund erweiterte Kompetenzen zuweise. Auch die Redaktion der *Neuen Zürcher Zeitung* hielt konsequent an der Befürwortung des Einkammersystems fest.[100]

Anders war naturgemäss die Haltung der ehemaligen Sonderbundskantone, die eine erhebliche Selbstständigkeit und ein Mitbestimmungsrecht der Gliedstaaten in Bundesangelegenheiten anstrebten. Namentlich die Innerschweizer setzten sich für eine möglichst gleiche Behandlung kleiner und volksreicher Kantone ein. In diesem Sinn war das Eintreten des Luzerner Radikalen Ignaz Paul Vital Troxler (1780–1866) für den Bundesstaat mit dem Zweikammersystem nach amerikanischem Vorbild eine vermittelnde Lösung.[101] Sein Biograf Daniel Furrer bezeichnet ihn, der eine Generation älter war als Rüttimann, denn auch als einen der Gründerväter des Bundesstaats, der aber aus dem Hintergrund gewirkt habe,[102] und kommt zum Ergebnis: «Der Entscheid der Tagsatzung für das Zweikammersystem ist nicht der Triumph einer Person, sondern der Sieg einer Idee.»[103]

Diese vertrat auch Rüttimann, der damit von der Haltung seines eigenen Kreises abwich. In der Debatte des Grossen Rats vom 12. Mai 1848 berief er sich auf das amerikanische Vorbild und sprach sich für die Struktur der Schweiz als Bundesstaat und für das parlamentarische Zweikammersystem aus.[104] Der Bundesstaat sei eine Vereinigung von Staaten zu höheren Zwecken, der Einheitsstaat eine solche von Individuen zu gleichen Zwecken. Es sei notwendig, dass die Kantone in der gesetzgebenden Gewalt Spielraum und Organ hätten – der Verschiedenheit der Interessen der einzelnen Staaten wegen. An den Vereinigten Staaten habe man ein so treffliches Muster des Zweikammersystems, dass die Verteidigung des Letzteren keiner Entschuldigung bedürfe.

Seine Stellungnahme konnte er in der Folge in die Tagsatzungsdiskussion einbringen, weil der Grosse Rat bei Befürwortung des Einkammersystems diese Möglichkeit offengehalten hatte.[105] Der Antrag der Revisionskommission lautete dahingehend, dass die oberste Gewalt im Bund durch die Bundesversammlung ausgeübt werde, die aus dem Nationalrat und dem Ständerat bestehe.[106] Die Zürcher Gesandtschaft vertrat demgegenüber im Sinn der erhaltenen Instruktion zunächst die Auffassung, «dass nur eine Kammer oder nur ein Rath angenommen würde»[107] und stellte den Antrag «für einen Nationalrat, dessen Beschlüsse teilweise dem Veto der Kantone unterliegen sollten»,[108] wie es Rüttimann zur Überbrückung der Abneigung Zürichs gegen das Zweikammersystem zur Diskussion gestellt hatte. In der Abstimmung aber machte die Zürcher Delegation von der ihr erteilten Möglichkeit Gebrauch und stimmte der Lösung mit den zwei Kammern zu.[109]

Die Bundesverfassung wurde am 27. Juni 1848 von der Tagsatzung beschlossen und nach Abstimmungen oder Parlamentsbeschlüssen in den Kantonen von ihr am 12. September 1848 feierlich als angenommen erklärt, obwohl ihr nur 15½ von 22 Kantonen zugestimmt hatten.[110] Sie verwirklichte die Bundesstaatslösung mit dem parlamentarischen Zweikammersystem, wie wir es kennen.

Als sich der Kanton Zürich mit der Organisation und der Zusammensetzung der Listen für die Wahl in den Nationalrat befasste, legte Rüttimann Wert auf ausgeglichene Vertretungen und erklärte in einem Brief an Escher: «Daß die Conservativen ganz ausgeschlossen werden sollen, gefällt mir je länger je weniger. Es scheint mir weder recht, noch billig, noch klug zu sein.»[111] Diese ersten Wahlen fanden nicht in den Gemeinden, sondern in den Zünften statt, die damals Wahlkreise bildeten, was sich nach Ansicht Rüttimanns ungünstig auf die Wahlen auswirken konnte, weil die Weinlese in vollem Gang war.[112]

Am 6. November 1848 trat die Bundesversammlung erstmals in Bern als Sitz des damaligen Vororts zusammen.[113] In den Ständerat hatte der Grosse Rat die beiden bisherigen Tagsatzungsabgeordneten Rüttimann und Jonas Furrer delegiert. Damit setzte der Kanton einerseits auf Kontinuität und mass andererseits durch Delegation von zwei Regierungsmitgliedern dem Ständerat Gewicht zu – obwohl dieser anfänglich als weniger einflussreich galt als der Nationalrat.[114] Rüttimann hatte sich schon vor der ersten Bestellung der Räte gegen diese Sichtweise gewandt und erklärt, der Ständerat sollte nicht als blosses Anhängsel des Nationalrats behandelt werden. Die Wahl in den Ständerat solle nicht zweitrangig sein, «vielmehr soll der Grosse Rath sich bemühen, tüchtige Repräsentanten des Kantons Zürich in den Ständerat aus zu mitteln».[115] Um durch Regierungsmitglieder in beiden Räten vertreten zu sein, stand zur Diskussion, Furrer oder Rüttimann dem Nationalrat «vor zu behalten», wie Rüttimann Escher schrieb.[116] Darauf wurde jedoch verzichtet, weil – gemäss dem gleichen Brief Rüttimanns – Furrer eine Wahl in den Nationalrat abgelehnt hätte und ausschliesslich für den Ständerat zur Verfügung stand. Schon am 16. November wurde Furrer zum Bundesrat und zum ersten Bundespräsidenten gewählt.[117] Zum Modus der Bundesratswahl hatte sich Rüttimann kurz zuvor Escher gegenüber dahingehend geäussert, dass er, je länger er darüber nachdenke, umso weniger dem Listen-Skrutinium Geschmack abgewinnen könne, weil leicht ein Ergebnis herauskommen könne, das der Versammlung sehr unerwartet wäre.[118] Die Regierungsmitglieder werden in diesem Sinn nach wie vor einzeln gewählt. Nach Vereidigung des Bundesrats übergab diesem der bisherige Vorort die Amtsgeschäfte.[119]

Am 28. November 1848 entschied sich die Bundesversammlung für Bern als «Bundesort».[120] Das enttäuschte die Zürcher, die sich darum beworben hatten. Rüttimann hatte in einem Brief an Escher seine Vorstellungen über die Leistungen der Stadt zum Ausdruck gebracht, wonach Zürich einen schönen Platz hinter dem (damaligen) Stadthaus zur Verfügung gestellt,[121] hässliche Gebäude abgebrochen und Geldbeträge geleistet hätte. Er fügte bei: «Natürlich kann es Zürich Bern nicht gleichtun, weil die Stadt Bern enorm reich ist, die Stadt Zürich eher arm u. durch den Betrag von 20 000 Kr. für die Universität beengt ist.»[122] Nach diesem Konzept wäre der Sitz von Parlament und Regierung in Zürich in jenem Bereich erstellt worden, in dem sich heute die Nationalbank und der Kappelerhof befinden. Im selben Brief wies Rüttimann «confindentiell» darauf hin, dass der liberale Ludwig Snell (früher Professor an der Universität Bern) Furrer aufgefordert hatte, alles aufzubieten, um Zürich zur Bundesstadt

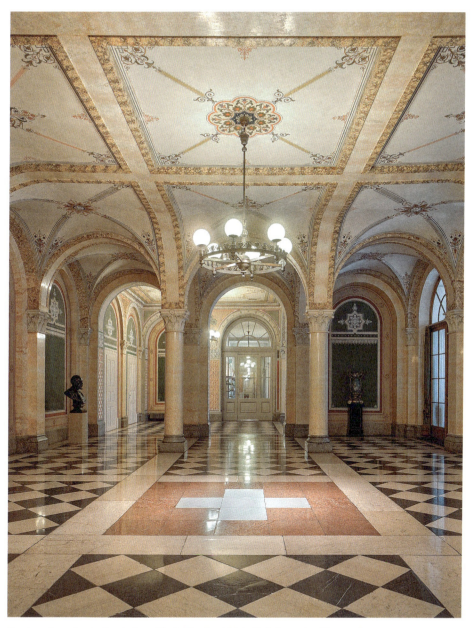

Bundesrathaus (heute Bundeshaus West). Die abgebildete Halle im ersten Obergeschoss vor den Räumen des Bundesrats war zur Zeit Rüttimanns die Wandelhalle des Parlaments.

zu erheben. Vertraulichkeit war geboten, weil bei Bekanntgabe von Snells Haltung dessen Sicherheit in Bern gefährdet gewesen wäre. Zürich wurde nicht Hauptstadt, erhielt aber einige Jahre danach den Sitz des Polytechnikums und wurde damit langfristig für die Nichtbeachtung bei Vergabe des Bundessitzes aus der Sicht des Autors gut entschädigt.

Rüttimann präsidierte den Ständerat im zweiten Halbjahr 1850. Anfänglich erfolgte eine solche Wahl für jede Session neu (nach Art. 71 der Bundesverfassung «für jede ordentliche oder ausserordentliche Sitzung»),[123] denn der präsidiale Einjahresrhythmus wurde erst später eingeführt. – Sein Wirken auf Bundesebene unterbrach Rüttimann am 3. Dezember 1854, um sich verstärkt seiner wissenschaftlichen Arbeit und der Lehre an den Hochschulen zu widmen. Nach Konsolidierung dieser Aufgabe und nach dem Rücktritt aus dem Regierungsrat trat er am 13. Januar 1862 eine zweite Amtszeit im Ständerat an, den er vom Juli 1865 bis Ende Februar 1866 erneut präsidierte und dem er bis am 1. Juni 1869 angehörte.[124]

In der ersten Periode der Mitgliedschaft Rüttimanns im Ständerat tagte dieser in dem 1728 erbauten «Rathaus zum Äusseren Stand» an der Zeughausgasse, in dem sich früher das altbernische Jugendparlament versammelt hatte, denn die Bundesbehörden verfügten damals noch nicht über eigene Räume.[125] Das änderte sich 1857 mit der Einweihung des Bundesrathauses (dem heutigen Bundeshaus West), das Sitz von Bundesversammlung und Regierung war, mit dem Bundesrat im mittleren Teil, wo er nach wie vor tagt, dem Nationalrat im Westflügel und dem Ständerat im Ostflügel.[126] Die beiden Kammern blieben dort bis 1902, als das heutige Parlamentsgebäude bezogen wurde. Selbst das Bundesgericht – damals noch kein ständiger Gerichtshof – hielt seine Sitzungen im Bundesrathaus ab.[127] Der «Bundesort» hatte die Gebäude für die Bundesbehörden und die Verwaltung zur Verfügung zu stellen.[128] Durch Vertrag von 1875 kaufte sich die Stadt Bern von dieser Verpflichtung los durch unentgeltliche Abtretung des Bundesrathauses und durch Entrichtung einer Ablösungssumme an die Eidgenossenschaft.[129]

Im frühen Bundesstaat: internationale Bezüge und Verfassungsrevision 1866

Die Aufgaben im neu gebildeten Bundesstaat waren vielseitig. Es galt, die Bundesgesetzgebung aufzubauen, an deren Gestaltung Rüttimann im geschilderten Rahmen wesentlich Anteil hatte. Er wirkte auch mit an der Bereinigung von Konflikten sowohl in seiner Eigenschaft als Ständerat als auch in jener als Bundesrichter, wie später darzulegen sein wird.

Gleich in den ersten Jahren kamen Aufgaben mit internationalen Aspekten hinzu. Damit hatte sich zuvor die Tagsatzung parallel zu ihrer Beratung der Bundesverfassung zu befassen. Danach war die Aussenpolitik Aufgabe der Bundesbehörden. Schon bald nachdem die Bundesverfassung als angenommen erklärt worden war, äusserte sich Rüttimann dahingehend, die Leitung der Aussenpolitik sei Aufgabe des Bundesrats und nicht der Bundesversammlung: «Denn eine Sprache, wie sie in parlamentarischen Verhandlungen häufig geführt wird, um Popularität zu erwerben, muß nothwendig die freundschaftlichen Beziehungen zwischen Nachbarstaaten stören.»[130] Rüttimann selbst nahm kein Blatt vor den Mund, wenn er sich im engeren Kreis über seine Einschätzung der Vorgänge und der (unzureichenden) Kompetenz der Behörden anderer Staaten sowie über ihre Haltung äusserte. So erklärte er beispielsweise nach einer Note des deutschen Reichsaussenministeriums, man habe es mit einer Regierung zu tun, «die ebenso putzig u. jung ist, wie unsere eigene Diplomatie», und äusserte sich über die Haltung der Deutschen gegenüber der Schweiz.[131]

Zu den internationalen Geschäften, die 1848 vor Bestellung der Bundesbehörden noch von den Kantonsdelegierten zu behandeln waren, gehörten die Folgen der Ausrufung der Zweiten Französischen Republik am 25. Februar 1848. Genf drang auf die Besetzung der Provinzen Chablais und Faucigny südlich des Genfersees, die zum Königreich Sardinien gehörten. Befürchtet wurden nicht französische Gebietsansprüche, sondern die Besetzung durch Österreich nach einem allfälligen Sieg über Sardinien-Piemont. «Dann wäre unsere Neutralität verletzt und wir schwer kompromittirt», wie die Genfer Tagsatzungsabgeordneten erklärten.[132] Die Zürcher Behörden wollten dazu offenbar zunächst nicht Stellung nehmen, was Escher als Staatsschreiber dem Tagsatzungsabgeordneten Rüttimann gegenüber am 9. April 1848 als Mangel bezeichnete.[133] Das zeigte Wirkung. Fünf Tage später beschloss der Grosse Rat eine Instruktion an die Tagsatzungsabgeordneten, die nach der Formulierung wohl von den Adressaten Furrer und Rüttimann selbst verfasst worden war. Darin wurde festgehalten, dass die Schweiz, gestützt auf die Akte des Wiener Kongresses, «ein Recht, durchaus aber nicht die Pflicht zu dieser Besetzung» habe, dass der von der Eidgenossenschaft von jeher beobachtete Grundsatz der Neutralität als Richtschnur zu nehmen sei und dass zurzeit kein Grund bestehe, die sardischen Provinzen zu besetzen. Die Eidgenossenschaft werde nötigenfalls erklären, sie habe von jeher das Selbstkonstituierungsrecht aller Staaten anerkannt.[134] Die Tagsatzung beschloss am 17. bzw. 18. April 1848, den Vorort deswegen nicht mit ausserordentlichen Vollmachten auszustatten.[135] Die Schweizer Aussenpolitik hat offensichtlich Konstanten.

Eine weitere internationale Herausforderung betraf die Militärkapitulationen, die nach der Bundesverfassung von 1848 (Art. 11) nicht mehr abgeschlossen werden durften. Die noch bestehenden Verträge verschiedener Kantone mit Neapel (dem Königreich beider Sizilien), wo 1849 vier Schweizer Regimenter stationiert waren, galten aber weiter.[136] Schon 1846 hatte der Kanton Tessin der Tagsatzung beantragt, die Kantone zum Verzicht auf die Erneuerung der Militärkapitulationen einzuladen, da diese «mit der gegenwärtigen Zeit und den Institutionen der schweizerischen Nation» unvereinbar seien. Jedoch blieb er damit ohne Erfolg.[137] Rüttimann gehörte zur Mehrheit der von seinem Freund Blumer präsidierten Ständeratskommission, die auf einen Antrag von Genf und auf verschiedene Petitionen[138] hin 1849 die Lage prüfte, bei aller Ablehnung des Kriegsdiensts für fremde Staaten aber zum Ergebnis kam, dass der Bund nicht befugt sei, von den Kantonen abgeschlossene Verträge aufzuheben und auf die grossen finanziellen Lasten – namentlich für die Ruhegehälter der zurückberufenen Söldner – hinwies.[139] Der Ständerat folgte dieser Auffassung und trat auf den Genfer Antrag und die Petitionen nicht ein.[140] Demgegenüber beschloss der Nationalrat, den Bundesrat mit Verhandlungen und zugleich mit der Auflösung der Militärkapitulationen zu betrauen und ausserdem die Anwerbung zu verbieten.[141] Die beiden ersten Aufträge waren nicht gerade kongruent, weshalb der Ständerat dem Antrag von Blumer und Rüttimann folgte, den Bundesrat mit Unterhandlungen zu betrauen und die Anwerbungen zu verbieten.[142] Dies wurde zum Inhalt des Bundesbeschlusses vom 20. Juni 1849.[143] Die Verhandlungen mit Neapel führten aber zu keinem Ergebnis. Neue Truppen wurden aufgestellt, und die Werbung sowie die Rekrutierung dauerten mangels Sanktionen an.[144] Zur Verhinderung der Weiterreise neuer Söldner führten die Tessiner Behörden Kontrollen durch. Diese sollen verschiedene Klagen ausgelöst haben, weil der Verkehr dadurch behindert worden sei[145] – eine frühe Art des Staus am Gotthard! Die fehlende Beachtung des Verbots veranlasste die Behörden, am 30. Juli 1859 ein neues Gesetz mit Strafbestimmungen zu erlassen.[146]

In den Jahren 1848 und 1849 hatten sich die Behörden auch mit Flüchtlingsproblemen zu befassen. An der Südgrenze waren im Zusammenhang mit den Kämpfen um die Herrschaft von Oberitalien, die Piemont (Königreich Sardinien) und Österreich gegeneinander austrugen, mehr als 4000 Personen aus der Lombardei in den Kanton Tessin geflüchtet.[147] Die militärischen Flüchtlinge planten vom Tessin aus Aktionen und führten diese aus, indem sie beispielsweise auf Schweizer Gebiet eines der beiden Dampfschiffe auf dem Lago Maggiore kaperten, um nach Italien zu gelangen. Rüttimann zeigte sich keineswegs erstaunt über die Schilderung «der kriegerischen Fuorusciti;[148] man kann nach Allem was geschehen ist, nichts Anderes von ihnen erwarten».[149] Dieses Verhalten war mit der Neutralität des Gastlands nicht vereinbar und führte zu Sperrmassnahmen des österreichischen Feldmarschalls Radetzky gegenüber der Schweiz. Rüttimann äusserte sich zu möglichen Repressalien oder Interventionen und war froh, als die Sperre wieder aufgehoben wurde.[150] Die Tagsatzung sah sich veranlasst, Truppen aufzubieten und die Flüchtlinge in andere Teile des Landes zu verlegen.[151] Die Sorge galt nicht ausschliesslich der Südgrenze. Vielmehr zeigte der Vorort den Ständen an, dass «zu Folge welcher durch vermehrte Aufstellung östr. Truppen das Gebiet der östlichen Schweiz bedroht sei», die Tagsatzung auf den 11. Mai 1848 wieder einberufen werde.[152] In der Folge hatten sich die Bundesbehörden mit den Beziehungen zu den Kriegführenden, mit dem Verhalten der Flüchtlinge und mit ihrem Schicksal zu befassen.[153] Dabei ergaben sich Spannungen zwischen den Tessiner Behörden – die Verständnis für die lombardischen Flüchtlinge hatten – und jenen des Bundes, die zur Wahrung der Neutralität härter einschritten. Zu diesem Spannungsfeld von Gesinnung und staatlichem Handeln wies der Bundesrat auf die Sympathien der Behörden und der Bevölkerung im Tessin «für die italienische Sache» hin und fügte bei: «Diese Sympathien sind auch die unsrigen, allein die Pflicht gebietet uns, dieselben höheren Rücksichten unterzuordnen.»[154]

An der Nordgrenze waren nach der deutschen Märzrevolution von 1848 Angehörige des bürgerlich-liberalen Aufstands in die Schweiz geflüchtet, was zur Umschreibung der Flüchtlingspolitik noch durch die Tagsatzung und zu ihrer Übernahme durch den Bundesrat führte. Dieser hielt fest, die Schweiz werde ihre Unabhängigkeit wahren, aber auch ihren völkerrechtlichen Verpflichtungen Genüge tun; sie wolle jedoch nicht zum Tummelplatz auswärtiger Parteien werden.[155] Die Lage im Herbst 1848 schilderten die Grenzkantone in ausführlichen Berichten. Diese und die Tatsache, dass einzelne Flüchtlinge von der Schweiz aus ins Geschehen in Baden eingriffen oder ruhestörerisch wirkten, gaben dem Bundesrat Anlass, keine solche Flüchtlinge «innerhalb sechs Stunden von der deutschen Grenze zu dulden».[156] – Nach den Mai-Aufständen 1849 im Zusammenhang mit der Reichsverfassungskampagne spitzte sich die Lage im Sommer desselben Jahrs wieder zu. Die Besetzung von Büsingen durch Truppen aus Hessen unter Verletzung der schweizerischen Gebietshoheit, grosse Truppenbewegungen in Baden und der Grenzübertritt von bewaffneten Flüchtlingskolonnen[157] führten zu einem massiven Truppenaufgebot der Schweiz.[158] Zum zweiten Mal wurde General Dufour zum Oberbefehlshaber ernannt.[159] Insgesamt sollen über 11 000 Flüchtlinge aus Deutschland in die Schweiz, die damals knapp 2,4 Millionen Einwohner zählte, übergetreten sein.[160] Höchst erwünscht waren hier die Gelehrten, die sich zunächst in andere Staaten begeben hatten und später im Hinblick auf die anhaltende Lage in Deutschland für schweizerische Hochschulen gewonnen werden konnten.[161] – Am 8. August 1849 erteilte die Bundesversammlung dem Bundesrat die Vollmacht, unter anderem Verhandlungen über die Rückkehr der Flüchtlinge in ihre Heimat zu führen.[162] Den Bericht der Kommission des Ständerats verfasste Rüttimann.[163] Auf dessen Antrag hatte der Zürcher Regierungsrat schon 1846 Regeln beschlossen, die den Aufenthaltsbewilligungen für politische Flüchtlinge beizulegen waren, wonach eine Aufenthalts- oder Niederlassungsbewilligung unter anderem zurückgezogen werde, «insofern der Betreffende [...] das gute Vernehmen zwischen dem Canton Zürich und andern Cantonen der Schweiz oder fremden Staaten stört».[164] Im Bericht der Ständeratskommission hielt Rüttimann fest, dass

> «der Bundesrath politischen Flüchtlingen jeder Kategorie, welche dem Lande nicht zur Last fallen, einen bleibenden Aufenthalt nicht verwehren werde, so lange sie sich nicht durch ihr Betragen des Asyls unwürdig beweisen».

Ein Staatsvertrag wurde in der Folge nicht abgeschlossen. Vielmehr ergriffen die einzelnen deutschen Staaten und die Schweiz einseitige Massnahmen. Dabei gingen unsere Behörden weniger rücksichtsvoll vor, als es heute üblich ist. So hielt Bundesrat Druey in einem Kreisschreiben unter anderem fest, «dass, wenn sie [die Flüchtlinge] auch bei ihrer Rückkehr einige Wochen Gefangenschaft auszustehen hätten, dies kein hinlänglicher Grund sei in der Schweiz zu bleiben».[165]

Ganz anderer Art war die Aufgabe Rüttimanns, zusammen mit Johann Conrad Kern als eidgenössische Kommissäre mit dem Grossherzogtum Baden über den Grenzverlauf bei Diessenhofen (Thurgau) zu verhandeln. Sie schlossen am 20. bzw. 31. Oktober 1854 mit Baron Ferdinand von Dusch als grossherzoglich badischem Abgeordneten, mit dem Rüttimann auch im Zusammenhang mit einer grenzüberschreitenden Eisenbahn korrespondierte, den Grenzbereinigungsvertrag, den die Bundesversammlung am 20. Dezember 1854 genehmigte.[166] Danach verläuft die Grenze in diesem Abschnitt des Rheins auf der Mittellinie und nicht längs des Talwegs, wie der Grenzverlauf an der tiefsten Stelle im Völkerrecht genannt wird.[167] Rüttimann war mit diesen Fragen vertraut, weil er der zürcherischen Grenzkommission angehört hatte, die sich mit der Grenzbereinigung gegenüber Nachbarkantonen und Baden zu befassen hatte.[168] Der Vertrag von 1854 ist das letzte noch in Kraft stehende Dokument, das Rüttimann unterzeichnet hat.

Die Bundesverfassung von 1848 garantierte die Niederlassungsfreiheit «allen Schweizern, welche einer christlichen Konfession angehören» (Art. 41), beschränkte die Kultusfreiheit auf die anerkannten christlichen Konfessionen (Art. 44) und verpflichtete die Kantone nur, alle Schweizer Bürger christlicher Konfession in Gesetzgebung und Gerichtsverfahren gleich zu behandeln wie die eigenen (Art. 48). Damit waren namentlich die Juden Bürger zweiter Klasse, denen allerdings nach Auffassung der Bundesbehörden die politischen Rechte (Art. 42) und die übrigen verfassungsmässigen Rechte mit Einschluss jenes des Handels über die Kantonsgrenzen hinweg (Art. 29) zustanden.[169] Das führte zu innerstaatlichen Konflikten. So schloss etwa Luzern 1849 aargauische Israeliten vom Markt aus, bis der Bundesrat ihre Zulassung anordnete und die Bundesversammlung die dagegen gerichtete Luzerner Beschwerde in einem von Rüttimann als Ständeratspräsident mitunterzeichneten Beschluss abwies.[170] Im Aargau ergaben sich 1863 hinsichtlich der politischen Rechte und des Ortsbürgerrechts in Lengnau und Endingen Probleme, die den Bund zum Einschreiten veranlassten und an deren Lösung Rüttimann als Mitglied der ständerätlichen Kommission mitwirkte.[171] Auch international wurde diese Regelung angefochten. Die französische Gesandtschaft in der Schweiz beschwerte sich 1851 über die Behandlung französischer Israeliten in Basel. Der Bundesrat antwortete 1852 in einer Note unter anderem, die Franzosen würden gleich wie die Schweizer behandelt und in der Beschränkung der Niederlassung liege keine religiöse Intoleranz, sie beruhe vielmehr «auf vielfachen bittern Erfahrungen über die Art und Weise, wie diese Leute ihre Industriezweige auszuüben pflegen und wie sie es verstanden, zur Verarmung ganzer Gegenden wesentlich beizutragen».[172] Dass dies für die damaligen Adressaten glaubwürdiger war als für die heutigen Leser, ist kaum anzunehmen. Vom gleichen intoleranten Geist getragen war die schon 1848 in der Bundesrevisionskommission gemachte unverständliche Aussage, besonders der Bezirk Regensberg (also die Heimat Rüttimanns) sei durch die Juden aus den benachbarten Gemeinden Lengnau und Endigen «torturiert und durch Wucher ausgesaugt» worden.[173]

Beseitigt wurde die Ungleichbehandlung zunächst im Niederlassungsvertrag mit Frankreich vom 30. Juni 1864.[174] Massgebenden Anteil am Vertragswerk hatte Johann Conrad Kern, der zu jener Zeit Gesandter in Paris war. Nach der Leitung des Schulrats als Oberbehörde der ETH (damals Polytechnikum) war er in den diplomatischen Dienst getreten.[175] Der Bundesrat und die Kommissionen beider Räte befürworteten die Niederlassungsfreiheit der Israeliten bei gleichzeitiger Betonung, dass sich eine Verfassungsrevision aufdränge,[176] damit «die Schweiz ein System aufgebe, das weder mit ihren sonstigen freisinnigen Institutionen im Einklang steht, noch ohne grosse Nachtheile fernerhin aufrecht erhalten werden kann», wie die Kommission des Ständerats unter Mitwirkung von Rüttimann festhielt.[177] – Der Staatsvertrag führte ein Jahr später zu einem Kompetenzkonflikt mit Basel-Landschaft. Die Kommission der Vereinigten Bundesversammlung legte in ihrem Bericht dar, dass sich die Staatsvertragskompetenz des Bundes nicht auf die in seine Gesetzgebungshoheit fallenden Materien beschränke, sondern umfassend sei, wie dies «in der unsern staatlichen Zuständen am nächsten verwandten amerikanischen Union gleichfalls vollgültig anerkannt ist». Sie dokumentierte dies mit einem (übersetzten) Zitat aus der Unionsverfassung.[178] Das Hauptwerk Rüttimanns mit dem Vergleich der Institutionen beider Länder wurde erst zwei Jahre danach publiziert, stand aber wohl damals schon in Arbeit oder mindestens in Planung. Ob es zu dieser Aussage Anlass gab, ist offen. Jedenfalls entsprach diese Rüttimanns Auffassung, der in seiner Präsidialrede zum Sessionsschluss am 24. Februar 1866 unter anderem erklärte:[179]

«Die äussere Politik der Eidgenossenschaft ist in ihrem ganzen Umfange zentralisirt, und es ist gut, dass es so ist. Und was speziell die Staatsverträge anbetrifft, so ist die Befugniß zum Abschlusse derselben unbedingt und ohne allen Vorbehalt der Bundesversammlung eingeräumt worden.»

Die Lage musste auf Verfassungsstufe bereinigt werden. Dazu Bericht und Antrag zu erstatten, beauftragte die Bundesversammlung den Bundesrat im Beschluss über die Genehmigung des Staatsvertrags mit Frankreich.[180] Die Regierung folgte dieser Aufforderung mit ihrer Botschaft vom 1. Juli 1865.[181] Die Beratungen im Ständerat leitete Rüttimann, der am 3. Juli 1865 wieder zum Präsidenten gewählt worden war.[182] Er war gleichzeitig Mitglied der vorberatenden Kommission, die von Johann Jakob Blumer präsidiert wurde, während Alfred Escher jener des Nationalrats vorstand. Die Anträge des Bundesrats bezogen sich sowohl auf die Beseitigung der Ungleichbehandlung der Juden als auch auf eine Anzahl weiterer Gesichtspunkte. In den Kommissionen und in den Räten waren der Kreis der einzubeziehenden Verfassungsartikel und die Gruppierung der Abstimmungsvorlagen umstritten.[183] Das Ergebnis der Beratungen war das *Bundesgesetz über die Revision der Bundesverfassung* vom 19. November 1865, das neun Vorlagen enthielt, die einzeln Volk und Ständen zur Entscheidung vorzulegen waren.[184] Die Abstimmung fand am 14. Januar 1866 statt. Angenommen wurde mit einer Zustimmung von 53,2 Prozent der Stimmenden und durch 12½ (der 22) Kantone einzig der Beschluss über die Revision des Artikels 41 der damaligen Bundesverfassung mit der Ausdehnung der Niederlassungsfreiheit auf alle Schweizer Bürger (also mit Einschluss der Juden) und des Artikels 48 über die Verpflichtung der Kantone zu deren Gleichbehandlung in Gesetzgebung und Gerichtsbarkeit. Die Kultusfreiheit auch für andere als christliche Glaubensbekenntnisse dagegen wurde mit 50,8 Prozent Nein-Stimmen verworfen bei gleicher Anzahl befürwortender und ablehnender Kantone – also ohne Zustimmung durch deren Mehrheit. Am Ständemehr scheiterten die Vereinheitlichung von Mass und Gewicht und die damit beabsichtigte Einführung des metrischen Systems in der ganzen Schweiz, dies bei Annahme durch 50,4 Prozent der Stimmenden, aber Ablehnung durch 12½ Kantone. Die sechs weiteren Vorlagen erzielten negative Resultate bei den Volks- und bei den Standesstimmen.[185] Die Ermittlung der Letztgenannten erfolgte damals noch nicht einheitlich, indem in verschiedenen Kantonen nicht das Ergebnis der Volksabstimmung zur Bundesvorlage massgebend war, sondern auf andere Weise Beschluss gefasst wurde.[186] In seiner Präsidialrede zum Sessionsschluss am 24. Februar 1866 gab Rüttimann seinem Bedauern über das Scheitern verschiedener Vorlagen Ausdruck, hielt aber einleitend zu weiteren Ausführungen über die Stellung der jüdischen Bevölkerung fest:[187]

> «Immerhin aber erblicke ich in der Umgestaltung der Artikel 41 und 48 einen sehr bedeutenden Fortschritt. Dass im Jahr 1848 den Israeliten eine Reihe von Garantien, welche von hoher Wichtigkeit sind, vorenthalten wurden, war eine arge Anomalie. Indem das schweizerische Volk dieselbe beseitigte, und damit ein altes Unrecht an einer schwachen, schutzlosen Minderheit gut machte, hat es einen schönen Sieg, einen Sieg über seine eigenen Vorurtheile erfochten.»

Die Abordnung des Kantons Zürich – gebildet durch Furrer und Rüttimann – hatte schon 1848 bei der Beratung der Bundesverfassung durch die Tagsatzung auf die Ungleichbehandlung der Juden hingewiesen und konsequenterweise beantragt, den ersten Satz im Gleichheitsartikel selbst, nämlich «Alle Schweizer sind vor dem Gesetze gleich», zu streichen, weil er nicht zutraf.[188] Sie blieb damit allerdings in der Minderheit. Umso mehr zeigte sich Rüttimann befriedigt über das Ergebnis der Abstimmung von 1866 im Kanton Zürich, wo die Niederlassungsfreiheit aller Schweizer mit 93,7 Prozent der Stimmen angenommen wurde.[189] Kurz vor der Rede in Bern führte er in Zürich als Präsident des Grossen Rats bei der Eröffnung der Sitzung vom 12. Februar 1866 unter anderem aus:[190]

«Freudig haben wir die Haltung des zürcherischen Volkes begrüßt, welches in vollkommenem Einklange mit den obersten Behörden des Kantons und der Eidgenossenschaft sozusagen wie ein Mann für die vorgeschlagenen Verbesserungen eingestanden ist.»

Im Übergang zur direkten Demokratie

Die dominierende Stellung Alfred Eschers in Zürich war nicht unumstritten. Gewiss: Er hatte sich tatkräftig für die liberale Staatsordnung auf Kantons- und Bundesebene eingesetzt und auf beiden Stufen massgebend Einfluss ausgeübt. In der Wirtschaft war er die treibende Kraft bei den Finanzdienstleistungen und beim Eisenbahnbau. Aber er hatte sich durch sein Auftreten und Handeln nicht nur Freunde gemacht. So kam es zu einer individuellen Anfechtung und zu einem kollektiven Richtungswechsel.

Angegriffen wurde das «System Escher» durch Friedrich Locher (1820–1911), den Juristen, der mütterlicherseits aus der Gerichtsherrenlinie der Familie von Muralt stammte und der von 1866 bis 1872 eine Vielzahl umfangreicher Pamphlete in Umlauf setzte, die später in sieben Teilen im Buchhandel unter dem Sammeltitel *Die Freiherren von Regensberg – Pamphlete eines schweizerischen Juristen*[191] erschienen – vorerst ohne namentliche Nennung des Verfassers.[192] Die Ortsbezeichnung scheint auf den mit Escher eng verbundenen und von dort stammenden Rüttimann hinzudeuten. Doch der Ansatzpunkt war ein anderer. Locher bezog sich in den ersten Pamphleten auf alte und neuere Lokalereignisse von dort, um seine Beanstandungen über das liberale Regime in Zürich auszudrücken. Seine Hauptkritik galt der Zürcher Rechtspflege, bei der sich Locher benachteiligt fühlte. Rüttimann wurde vor allem im Pamphlet *Der Princeps und sein Hof*[193] erwähnt und dies bei ironischem Unterton mit einem gewissen Respekt, den Locher beispielsweise dem Schulratspräsidenten Kern in einer beissenden Kritik nicht zollte. Nachdem Rüttimann in einer Serie von Artikeln in der *Neuen Zürcher Zeitung* geantwortet hatte, die dann auch als kleiner Band unter dem Titel *Über die Freiherren von Regensberg*[194] erschienen, führte Locher im genannten Pamphlet aus, Rüttimann hätte «eine gediegene Arbeit veröffentlicht mit der Tendenz, das System zu rechtfertigen und das Pamphlet zu widerlegen. Jedes Ding hat seine zwei Seiten und ich muss gestehen, dass Herr Rüttimann der Kehrseite allen Vortheil abzugewinnen gewusst hat.»[195] An anderer Stelle bezeichnete er Rüttimann als den Arzt und zwei Oberrichter als dessen Patienten und kritisierte die Durchführung der Schwurgerichtsverhandlungen an verschiedenen Orten als eine etwas groteske Nachahmung englischer Sitten.[196] Rüttimann wehrte sich namentlich gegen Lochers Kritik an der Kreditanstalt, wobei er auch die Bezüge der Verwaltungsräte offen darlegte.[197] Aber die nüchternen Entgegnungen waren natürlich weniger spannend als die angriffigen Pamphlete und fanden deshalb auch weniger Beachtung.[198]

Eine politische Neuausrichtung brachte die demokratische Bewegung aus Winterthur, in die Locher nicht[199] (oder jedenfalls nicht voll) integriert war, auch wenn er seinerseits von dort stammte. Sie war äusserlich gegen das liberale Regime und damit auch gegen die Person Alfred Eschers sowie gegen die Dominanz der Stadt Zürich gerichtet. Bei der Analyse der Ursachen und der Postulate der demokratischen Bewegung werden in der Literatur die Akzente je nach Haltung des Autors unterschiedlich gesetzt. So wird erklärt, dass die demokratische Bewegung auf viele und verschiedenartige Gründe in komplexer Verbindung miteinander zurückzuführen sei,[200] dass sie sich gegen die rücksichtslos ausgeübte Parlamentsherrschaft der Liberalen gerichtet habe,[201] dass die Errungenschaften des Nationalstaats nicht denjenigen überlassen werden sollten, die im freien Spiel der wirtschaftlichen Kräfte die besten politischen Karten besassen,[202] dass in der destabilisierenden Wirkung des wirtschaftlichen Wandels die Zeitgenossen die sich ergebenden Verteilungsprobleme und Umschichtungsvorgänge erkannt hätten[203] – oder auch dass die negativen Seiten der kapitalistischen Entwicklung und der liberalen Marktwirtschaft von breiten Bevölkerungskreisen wahrgenommen worden und auf Kritik gestossen seien – und dass diese eine massenweise Entfaltung erfahren habe.[204] Im Wesentlichen wird man zum Ergebnis gelangen, dass der Paternalismus der Elite mit dem gesellschaftlichen Wandel nicht mehr vereinbar war und dass die sozialen Probleme, die sich aus der Industrialisierung ergaben – jedenfalls aus heutiger Sicht –, unzureichend angegangen worden waren. Hinzu kamen bestimmte Ereignisse, die zur Auslösung der Bewegung beitrugen. Dazu gehörten eine Epidemie, die Agitation und die Wirtschaftskrise.[205] Die Anliegen waren einerseits politischer Art mit dem Übergang zur direkten Demokratie und dem Zugang aller Bürger zur aktiven Teilnahme am Staat. Andererseits galten sie der sozialen Besserstellung der Bevölkerungskreise, die trotz strenger Arbeit ein höchst bescheidenes Dasein führten.[206]

Ihre Promotoren traten zunächst wenig in Erscheinung und übernahmen dann Programme, die von Johann Jakob Treichler entwickelt worden waren. Dieser war ursprünglich Sozialist, wurde 1850 Mitglied des Grossen Rats und 1852 des Nationalrats, bekannte sich 1856 zum Liberalismus und wurde in mehrfacher Beziehung Nachfolger Rüttimanns.[207] Der spätere Bundesrat Jakob Dubs (1822–1879) setzte sich 1854 in einer Streitschrift mit dem damals neuesten Programm Treichlers auseinander und übte daran – und damit an den Demokraten – scharfe Kritik.[208] Zu den Anliegen gehörte der Übergang zur direkten Demokratie. Eingeführt werden sollten Initiative und Referendum, die direkte Wahl des Grossen Rats sowie die Volkswahl des Regierungsrats und der Bezirks- und Gemeindebehörden. Das veranlasste Dubs zum Ausruf: «Diese mit lauter Zerstörungsmitteln ausgerüstete Demokratie soll die Demokratie der Zukunft sein!» Ebenso streng ins Gericht ging er mit den materiellen Programmpunkten, zu denen die Errichtung einer Volksbank und eine andere Verteilung der Lasten gehörten. Dubs bekämpfte selbst die unentgeltliche Ausrüstung und Bewaffnung der Soldaten. Dies sollte nach den Promotoren zusammen mit dem unentgeltlichen Schulbesuch und anderen Massnahmen dazu beitragen, breiteren Schichten die Teilnahme im Staat zu ermöglichen.[209] Dubs Haltung dürfte schon damals nicht zeitgemäss gewesen sein. Jedenfalls entwickelte sich die demokratische Bewegung. Die Lage spitzte sich am 15. Dezember

1867 zu, als in Zürich, Winterthur, Uster und Bülach Volksversammlungen durchgeführt und trotz misslicher Witterungsverhältnisse von einer grossen Zahl von Bürgern besucht wurden.

Rüttimann war seinerseits kein Freund der direkten Demokratie. In seinem Hauptwerk mit dem Vergleich der nordamerikanischen mit den schweizerischen Institutionen erklärte er:[210]

> «Das Veto [das fakultative Referendum] sowohl als das Referendum [das obligatorische] sind eher ein Hemmschuh als ein Förderungsmittel für die Fortbildung der öffentlichen Zustände, und es zeigen die in Amerika sowohl als in der Schweiz gemachten Erfahrungen hinlänglich, dass die repräsentative Demokratie die fraglichen Zutaten sehr wohl entbehren kann.»

Ausführlicher äusserte er sich ein Jahr vor Erscheinen des Werks in seiner Eröffnungsrede vom 12. Februar 1866 als Präsident des Grossen Rats des Kantons Zürich.[211] Ausgehend vom Lob der repräsentativen Demokratie in den Vereinigten Staaten, führte er aus, dass die entsprechenden Einrichtungen in ihrer Gesamtheit den Volkswillen ebenso rein und voll zur Geltung brächten und ebenso gut gegen Anarchie schützen würden wie die Form der reinen Demokratie oder eine Zwitterform. Das Abberufungsrecht, das Veto und das Referendum hätten rein negative Funktionen, indem sie wohl schädliche Rechtsnormen, aber eben auch den wünschbaren Fortschritt verhindern könnten. Den Bürgern fehlten der Überblick und die Möglichkeit der landesweiten Diskussion. «Wenn es sich so mit der Abstimmung über einzelne Verfassungsartikel verhält; welch Labyrinth würde sich nicht erst eröffnen, wenn es sich um ein voluminöses Gesetz und die Annahme desselben in Bausch und Bogen handeln würde», liess er verlauten sowie: «Auch Diejenigen, welche das Veto oder Referendum als ein gutes kantonales Institut betrachten, sollten sich doch davon überzeugen können, dass es für die Eidgenossenschaft wahrlich nicht taugte.»

Seinem engen Glarner Freund Johann Jakob Blumer gelang es nicht, ihn vom Gegenteil zu überzeugen. Blumer schrieb Escher am 1. Februar 1868:[212]

«Ich weiss jedoch, dass Du u. Rüttimann diese meine Ansichten nicht teilen, dass ihr an der repräsentativen Demokratie, wie sie einmal ist, festhalten wollt.»

Rüttimann blieb aber im Gegensatz zu Dubs massvoll, stellte sich dem Dialog und akzeptierte die Entwicklung, indem er sich an der Reform der Kantonsverfassung beteiligte und für die Revision der Bundesverfassung eintrat. Als in deren ersten – am 12. Mai 1872 abgelehnten – Fassung Initiative und Referendum für Gesetze eingeführt werden sollten, erklärte er gelassen:[213]

«Zurzeit gehört zur Gültigkeit eines Gesetzes Übereinstimmung zwischen National- und Ständerat. Das bleibt auch im Entwurf; ja es kommt noch ein neues Hinderniß hinzu; 5 Kantone oder 50 000 Stimmen können ans Schweizervolk appellieren; dadurch wird das Erheben eines Gesetzes zum Bundesbeschluß wesentlich erschwert. Die Appellation ans Volk ist nicht zu fürchten, sie verzögert, und eine Verzögerung kann ich mir schon gefallen lassen.»

Schon zuvor hatte er ein durchaus entspanntes Verhältnis zu den Institutionen der direkten Demokratie entwickelt. Dies kam etwa darin zum Ausdruck, dass er 1870 fast innert Monatsfrist – freilich vergeblich – zwei Anträge stellte: den Beschluss des Kantonsrats über die Verlegung des Bezirkshauptorts von Regensberg nach Dielsdorf und jenen über die Kapitalbeschaffung durch die Kantonalbank der Volksabstimmung zu unterstellen.[214]

Ihren institutionellen Niederschlag fand die demokratische Bewegung im Kanton Zürich in zwei Schritten. Am 15. Oktober 1865 hiessen die Stimmberechtigten sieben Teilrevisionen der Kantonsverfassung gut, die sich auf die Gemeindeorganisation, das Gerichtswesen (in zwei Vorlagen), die Art der Verfassungsrevision, die Wahl der Bezirksbehörden, die Handels- und Gewerbefreiheit sowie das Stimmrecht bezogen.[215] Die Wahl der Kantonsregierung und der Ständeräte dagegen blieb in der Zuständigkeit des Grossen Rats. Die Verfassungsänderungen waren vom Regierungsrat vorgeschlagen[216] und vom Grossen Rat beschlossen worden. Rüttimann war an ihrer Ausarbeitung beteiligt, zunächst als Mitglied der mit der Prüfung des

Entwurfs der Justizdirektion betrauten Expertenkommission, dann der Kommission des Grossen Rats.[217] Als Ratsmitglied nahm er an den Beratungen und Beschlüssen des Plenums teil und unterschrieb zum Schluss noch als Ständeratspräsident den Bundesbeschluss über die Genehmigung.[218]

Bei den Gemeinden ging es um den Übergang von der Bürgergemeinde zur Einwohnergemeinde. Damit erhielten auch auf kommunaler Ebene die niedergelassenen Schweizer Bürger die vollen politischen Rechte.[219] Die zuvor bestehende Beschränkung auf die Gemeindebürger war mit der Bundesverfassung von 1848 vereinbar, weil diese einen entsprechenden Vorbehalt enthielt (Art. 41 Ziff. 4). Umgesetzt wurde die neue Regelung im *Gesetz betreffend das Gemeindewesen* vom 25. April 1866,[220] an dessen Vorbereitung Rüttimann als Mitglied der Expertenkommission beteiligt gewesen war.[221]

Die Vorlage über das Stimmrecht in kantonalen Angelegenheiten diente der formellen Anpassung an das Bundesrecht. Vor 1848 konnten die niedergelassenen Schweizer Bürger im Kanton Zürich in kantonalen Angelegenheiten nur bei Gegenrecht des anderen Kantons stimmen. Die Bundesverfassung aber garantierte die politischen Rechte auf Bundes- und Kantonsebene allen Schweizer Bürgern, weshalb der Kanton schon 1849 – zunächst durch Verordnung und dann durch Gesetz – die Ausdehnung des Wahlrechts als des damals einzigen politischen Rechts auf alle Schweizer Bürger mit Wohnsitz im Kanton ausgedehnt hatte.[222] Nachträglich wurde die Verfassung entsprechend angepasst und ein kurzes Gesetz dazu erlassen.[223]

Den Weg zur weiteren Entwicklung öffneten die neuen Bestimmungen über die Revision der Kantonsverfassung mit der Einführung der Volksinitiative auf Totalrevision als allgemeine Anregung. Bei Einreichung einer solchen Initiative hatten die Stimmberechtigten zunächst den doppelten Entscheid zu treffen, ob das Verfahren einzuleiten und ob die Aufgabe dem Grossen Rat oder einem vom Volk zu wählenden Verfassungsrat zu übertragen sei.

Von dieser Möglichkeit wurde Ende 1867 Gebrauch gemacht. Knapp zwei Wochen nach den erwähnten vier parallelen grossen

Volksversammlungen wurde am 27. Dezember 1867 eine Volksinitiative auf Revision der Kantonsverfassung mit 26 349 Unterschriften eingereicht.[224] Nach dem geschilderten Verfahren wurde am 26. Januar 1868 darüber abgestimmt, ob eine Revision einzuleiten und der neue Verfassungstext vom Grossen Rat oder von einem neu zu wählenden Verfassungsrat auszuarbeiten sei. Die Stimmenden befürworteten mit grosser Mehrheit die Revision und die Einsetzung eines Verfassungsrats.[225] Rüttimann wurde in diesen gewählt und gehörte dort der Kommission an, die mit der Ausarbeitung der neuen Kantonsverfassung betraut war.[226] Dieses Gremium legte am 14. August 1868 einen neuen Verfassungstext vor,[227] der in der Folge vom Verfassungsrat beraten und am 18. April 1869 vom Volk mit 61 Prozent der gültigen Stimmen bei einer Stimmbeteiligung von 89 Prozent angenommen wurde.[228] Die neue Verfassung sei «charakterisiert durch eine möglichst weitgehende Umwandlung der Repräsentativrepublik in eine unmittelbare Volksgesetzgebung», hielt der Bundesrat in der Botschaft zu ihrer Genehmigung fest.[229] Sie entsprach den Postulaten der Demokraten mit dem Übergang zur direkten Demokratie. Initiative und Referendum fanden fortan Anwendung auf Verfassungsänderungen, Gesetze und Finanzbeschlüsse über einen gewissen Betrag. Hinzu kam die Volkswahl der Regierungsräte und der Zürcher Ständeräte. Garantiert wurden die verfassungsmässigen Rechte und festgelegt die volks- und staatswirtschaftlichen Grundsätze mit jenen über die Steuererhebung und über die Errichtung einer Kantonalbank. Diese erfüllte auch die Funktionen der von Rüttimann 1856 und 1866 in zwei Varianten vorgeschlagenen Hypothekarkasse.[230] Die Kantonsverfassung von 1869 wurde in der Folge vielfach geändert und nach 136 Jahren durch jene vom 27. Februar 2005 abgelöst.

Im Mai 1869 kandidierte Rüttimann nicht mehr für die Wahl in den Ständerat[231] und trat damit auf den 1. Juni jenes Jahrs daraus zurück. Der Volkswahl hatte er sich zuvor weder für diese Aufgabe noch für die Mitwirkung in der Kantonsregierung zu stellen, sondern ausschliesslich für die Abordnung ins kantonale Parlament, das nun die Bezeichnung Kantonsrat trug und in das er wiedergewählt wurde.

Dort hätte er in der Gesetzgebungskommission mitwirken sollen, die mit der Umsetzung der Verfassungsrevision auf der Gesetzesstufe betraut war. Dies lehnte er aber ab.[232] Im Plenum dagegen beteiligte er sich an der Debatte und stellte Anträge zu einer breiten Palette von Gesetzen. Als Beispiele seien genannt: für 1870 das Geschäftsverkehrsgesetz des Kantonsrats, das Steuergesetz und das Zürcher Strafgesetzbuch, für 1871 das Gesetz über die Organisation des Regierungsrats sowie das Wasserbaugesetz und für 1872 das Unterrichtsgesetz.[233] Er liess sich davon auch nicht entmutigen, wenn er für seine Anträge keine Mehrheit fand. Mit dem Ablauf der Amtsdauer im Mai 1872 zog er sich aber nach 28 bewegten Jahren auch aus dem kantonalen Parlament zurück.

Auf Bundesebene waren direktdemokratische Entscheidungswege 1848 nur für die Verfassungsstufe eingeführt worden, indem Revisionen der Bundesverfassung dem obligatorischen Referendum mit dem erforderlichen doppelten Mehr von Volk und Ständen unterstellt wurden und eine Volksinitiative auf Totalrevision eingereicht werden konnte (Art. 113/114). Die Erweiterung der Volksrechte erfolgte durch die neue Bundesverfassung von 1874. Rüttimann stand der Entwicklung positiv gegenüber, erlebte aber die Einführung der Initiative auf Partialrevision der Verfassung 1891 nicht mehr. Dass er vom heutigen Gebrauch dieses Instituts auch für kaum verfassungswürdige Anliegen begeistert gewesen wäre, darf bezweifelt werden.

Die Totalrevision der Bundesverfassung von 1872/1874 tendierte nach fünf Richtungen: zur Erweiterung der politischen Rechte der Bürger, zur Vereinheitlichung des Privatrechts mit der Umgestaltung des Bundesgerichts zum ständigen Gerichtshof, zum einheitlichen Wirtschaftsraum mit der Handels- und Gewerbefreiheit, zur Reorganisation des Militärwesens und zur Erweiterung verschiedener Bundeskompetenzen. Die bundesrechtliche Regelung der Fabrikarbeit als sozialpolitisches Anliegen wurde dabei nur zögerlich angegangen.[234]

Den ersten Schritt hatte die Petition des Schweizerischen Juristenvereins vom November 1868 gebildet mit dem Wunsch, die Revision einzuleiten, «in dem Sinne, dass dem Bunde das Recht eingeräumt werde, über einzelne Theile des Civilrechtes und Civilprozesses für die ganze Schweiz verbindliche Gesetze zu erlassen».[235] Rüttimann war damals noch Mitglied des Ständerats und gehörte der Kommission an, die zur Eingabe Stellung zu nehmen hatte.[236] Auf ihren Antrag wurde die Eingabe im Dezember 1868 zur Prüfung an den Bundesrat überwiesen,[237] der sie indessen am 22. Februar 1869 abwies.[238] Da Rüttimann auf den 1. Juni 1869 aus dem Ständerat zurücktrat, war er an der weiteren parlamentarischen Debatte nicht mehr beteiligt.

Nachdem zusätzliche Vorstösse und Eingaben eingereicht worden waren, erteilte die Bundesversammlung Ende 1869 dem Bundesrat den Auftrag zu Bericht und Antrag über die Anpassung der Bundesverfassung an die Zeitbedürfnisse.[239] Das erfolgte mit Botschaft vom 17. Juni 1870[240] und führte zum Beschluss der Bundesversammlung für eine neue Bundesverfassung vom 5. März 1872 mit einer an die Bürger gerichteten Proklamation vom 8. April.[241] Die Vorlage scheiterte aber in der Volksabstimmung vom 12. Mai 1872 am knappen Volks-Nein (50,5 Prozent) bei Ablehnung durch 13 (von 22) Kantonen.[242] Negativ war das Ergebnis namentlich in der Innerschweiz und in der Westschweiz: Dem Nein von Uri mit 96,4 Prozent stand das Ja von Schaffhausen mit 93,5 Prozent gegenüber. Zwei der vorgeschlagenen Neuerungen seien hervorgehoben: die umfassende Zuständigkeit des Bundes zur Gesetzgebung über das Zivilrecht mit Einschluss des Verfahrens sowie die Gesetzesinitiative und das fakultative Gesetzesreferendum.

Erst der abgeschwächte Gehalt – mit der Begrenzung der Gesetzgebungskompetenz im Privatrecht auf die Handlungsfähigkeit, das Obligationenrecht, das Urheberrecht und das Betreibungsverfahren, mit der Beschränkung der Mitwirkung der Bürger an der Rechtsetzung der Gesetzesstufe auf das fakultative Referendum (ohne die Initiative) und mit dem Verzicht auf gewisse weitere Neuerungen – führte am 29. Mai 1874 zur Zustimmung von Volk und Ständen.[243] Der Erfolg war nicht allein auf die Reduktion der Vorlage zurückzuführen, sondern auch auf den verstärkten Einbezug der Bürger in den Reformprozess, indem namentlich grosse Volksversammlungen organisiert wurden[244] Die damals beschlossene Bundesverfassung wurde in der Folge vielfach geändert und auf den 1. Januar 2000 abgelöst durch die geltende vom 18. April 1999.

Rüttimann hatte sich schon für die weitergehende Fassung von 1872 eingesetzt. In öffentlichen Vorträgen vor zahlreichem Publikum war er dafür eingetreten und hatte die Vorlage unter Hinweis auf alle Neuerungen ausführlich erläutert. Seine Folgerung lautete: «Ich empfehle nun von ganzem Herzen die Annahme des Entwurfs.»[245] In ihrem Aufruf «An das Zürchervolk» als Leitartikel vom 10. Mai 1872 berief sich die *Neue Zürcher Zeitung* zur Begründung ihres befürwortenden Standpunkts allein auf Rüttimann als einen «der ersten Kenner des schweizerischen und nordamerikanischen Staatsrechtes».

Rechtspflege

Rechtspflege durch die Bundesversammlung

Die Bundesverfassung von 1848 wies der Bundesversammlung nicht nur die Gesetzgebung in abschliessender Kompetenz (also ohne Referendumsmöglichkeit) zu, in Artikel 74 vielmehr im Rahmen weiterer Aufgaben auch solche der Rechtspflege. Zu beurteilen waren dabei staats- und verwaltungsrechtliche Beschwerden. Den Hintergrund dazu bildeten aber (wie sich an den Beispielen zeigen wird) vielfach privatrechtliche Auseinandersetzungen – etwa aus den Bereichen des Familien-, Erb- und Obligationenrechts, des Konkursrechts und auch des Strafrechts. Über Fragen dieser Art zu befinden, war nicht Aufgabe eines Parlaments. Das war auch die Auffassung der Behörden, wie es der Bundesrat 1870 zum Ausdruck brachte, indem er erklärte: «Für Klagen über Rechtsverletzungen ist in aller Welt der Richter als natürliche Entscheidungsinstanz angesehen, nicht die Regierung und nicht der gesetzgebende Körper.»[1] Die Belastung durch dieses «Rekurswesen» gab schon bald nach der Aufnahme der Tätigkeit durch die Bundesbehörden Anlass zu Kritik.[2] Solange diese Aufgaben aber beim Parlament verblieben, war es von grossem Wert, dass sich ihnen in der Bundesversammlung kompetente Persönlichkeiten wie Rüttimann, Blumer und andere widmeten.

Als erste und einzige Instanz hatte die Bundesversammlung nach der Verfassung (Art. 74 Ziff. 17) Kompetenzstreitigkeiten zu beurteilen und über entsprechende Konflikte zwischen Bund und Kantonen sowie zwischen Bundesrat und Bundesgericht zu entscheiden. Aktuell wurde diese Aufgabe gleich nach der Bundesstaatsgründung beim Entscheid über die Gültigkeit der ersten Nationalratswahlen im Kanton Freiburg. Dieser hatte nur jene Bürger als wahlberechtigt erklärt, die die neue Bundesverfassung beschworen hatten. Auf eine Beschwerde eines patriotischen Vereins hin kassierte der Nationalrat die Wahl mit der Begründung, die Umschreibung des Rechts zur

Bericht

der

Rekurs-Kommission des Ständerathes über den von dem Nationalrathe gefaßten Beschluß in Sachen der Kinder Guex-Perey von Coſſonay gegen die Kinder Schellenberg von Pfäffikon.

(Vom 7. Februar 1862.)

In diesem Sinne trägt die Kommission darauf an, an dem frühern Beschlusse des Ständerathes fest zu halten. *)

Mit vollkommener Hochachtung.

Bern, den 7. Februar 1861.

Für die Kommission, **)
Der Berichterstatter:
Dr. J. Rüttimann.

Ausschnitte aus dem Bericht zum Verfahren Guex-Perey.

Wahl des Nationalrats richte sich ausschliesslich nach Bundesrecht. Dagegen erhob der Staatsrat des Kantons Freiburg Beschwerde. Rüttimann verfasste dazu ein Gutachten, wonach die Vereinigte Bundesversammlung über solche Kompetenzkonflikte zu entscheiden hatte. Damit drang er durch, nicht aber mit seinem Antrag, die Wahl in Anwendung von Bundesrecht für ungültig zu erklären. Die Vereinigte Bundesversammlung hiess die Freiburger Beschwerde gut und hob am 20. November 1848 entgegen Rüttimanns Meinung den Beschluss des Nationalrats über die Ungültigkeit der Wahl auf und billigte damit das Vorgehen des Kantons.[3] – Abgelehnt wurde dagegen im gleichen Verfahren 1865 die Beschwerde des Kantons Basel-Landschaft, der sich einem Bundesratsbeschluss widersetzte, wonach der Kanton französische Juden gemäss Staatsvertrag zur Niederlassung zuzulassen hatte.[4]

Keinen Kompetenzkonflikt erblickte die Kommission des Ständerats unter massgeblicher Mitwirkung Rüttimanns in der Beschwerde der Stadt Biel gegen den Kanton Bern. Sie wich damit von der ursprünglichen Haltung des Nationalrats ab. Anlass war die Weigerung des Kantons Bern, Biel eine Kompensation für den Wegfall der Zolleinnahmen zu entrichten, die durch Zuweisung der Stadt an den Kanton weggefallen waren. In ihrem Bericht legte die ständerätliche Kommission dar, dass nach bernischem Recht Streitigkeiten über Enteignungen und damit auch in Zollentschädigungssachen vom Zivilrichter zu beurteilen seien, weshalb auf die Beschwerde nicht einzutreten sei. Der Ständerat und dann der Nationalrat – im Gegensatz zur Mehrheit seiner Kommission – beschlossen getrennt in diesem Sinn am 22. Juli bzw. am 13. August 1851.[5]

Da die Zuständigkeit zur Beurteilung von Kompetenzkonflikten generell formuliert war, befasste sich die Bundesversammlung auch mit solchen unter Kantonen. Dabei herrschte anfänglich eine gewisse Unsicherheit bezüglich der Behandlung. In einer interkantonalen Erbschaftsstreitigkeit erklärte die Vereinigte Bundesversammlung 1850 in Übereinstimmung mit dem Bundesrat diesen zur Behandlung zuständig, behielt aber den Rekurs an die Räte vor, die getrennt zu entscheiden hätten. In der Folge wies der Bundesrat die Beschwerde ab mit der Begründung, es liege kein Kompetenzkonflikt vor, weil der Beschwerdeführer diese Frage den Gerichten nicht vorgelegt habe.[6] – Als die Zuständigkeit von Kantonen in einer weiteren Erbstreitigkeit[7] sowie bei einer Alimentenklage aus Vaterschaft[8] umstritten war, erwog die Bundesversammlung die Überweisung der Beschwerden an das Bundesgericht. Das wäre sinnvoll gewesen, doch war dies nach der Verfassung (Art. 105) nur möglich, wenn die Verletzung verfassungsmässiger Rechte geltend gemacht wurde. Da dies im betreffenden Fall nicht zutraf, musste die Bundesversammlung entscheiden. In der Folge wurden solche Beschwerden immer zunächst vom Bundesrat behandelt, dessen Beschlüsse an die Bundesversammlung weitergezogen werden konnten. In solchen Fällen entschieden die beiden Parlamentskammern getrennt.

Direkt beteiligt war Rüttimann als Berichterstatter der ständerätlichen Kommission an der Regelung eines Kompetenzkonflikts in Sachen Guex-Perey gegen Schellenberg, auf den sich die Illustration bezieht. Der Streit um die Zuständigkeit ergab sich daraus, dass die Kinder eines Verstorbenen sowohl an ihrem Waadtländer Wohnort als auch an ihrem Zürcher Heimatort unter Vormundschaft gestellt worden waren und sich die Zürcher Gerichte weigerten, ein Waadtländer Urteil über eine Forderungsklage gegen sie aus einer Bürgschaft zu vollstrecken. Mangels Einigung der getrennt beschliessenden Räte kam es 1862 zu keinem Entscheid. Fünf Jahre später beschlossen beide Kammern, dass das Waadtländer Urteil in Zürich zu vollstrecken sei, wie es Rüttimann schon 1862 beantragt hatte.[9]

Bei der Beurteilung des Gerichtsstands für Ehrverletzungsprozesse vertrat Rüttimann als Berichterstatter der ständerätlichen Kommission in Abweichung vom Bundesrat die Auffassung, massgebend sei auch für die Schadenersatzforderung als Gerichtsstand der Ort der Tat («forum delicti commissi») und nicht wie bei Forderungsklagen der Wohnort des Beklagten («forum domicilii»). Die beiden Räte folgten dieser Auffassung im Juli 1862 und erklärten den Kanton Waadt als zuständig, wo der Angeklagte die Verleumdung ausgesprochen hatte, und nicht seinen Wohnsitzkanton Freiburg.[10] Elf Jahre später berief sich die Kommission des Ständerats in einem anderen Verfahren darauf und erklärte, im vorgenannten Fall hätte Rüttimann «ein feststehendes, seither von Bundesrath und Bundesversammlung immer beachtetes Präcedens in's Leben gerufen».[11] – Keinen Erfolg hatte Rüttimann dagegen 1867, als er für einen einheitlichen Konkursort eintrat. Entgegen seiner Auffassung waren Bundesrat und Bundesversammlung der Ansicht, neben dem Konkurs am Domizil des Schuldners in Winterthur sei ein Separatkonkurs am Spezialdomizil in Basel zulässig. Rüttimanns Haltung entsprach jener des Kantons Zürich, der sich auf ein Gutachten von Bluntschli stützte.[12]

Zuständig war die Bundesversammlung nach der Bundesverfassung auch zu Massregeln, die den Schutz der durch den Bund gewährleisteten Rechte zum Zweck hatten (Art. 74 Ziff. 8). An sie gerichtete Beschwerden über die Verletzung der durch die Bundesverfassung garantierten Rechte konnte sie aber an das Bundesgericht weisen (Art. 105). Das geschah nach Darstellung des Bundesrats von 1870 nur ein Mal.[13] Dabei muss es sich um die Beschwerde der Gattin eines Konkursiten gehandelt haben, der bestraft, aber durch Dekret des Grossen Rats des Kantons Freiburg rehabilitiert worden war. Er erhielt damit wieder das Verfügungsrecht über das Frauengut seiner Gattin, die nun befürchtete, ihr Vermögen werde zur Deckung der Schulden des Gatten verwendet. Sie beschwerte sich bei der Bundesversammlung über die Verletzung ihrer verfassungsmässigen Rechte. Dem Antrag des Bundesrats folgend, trat der Nationalrat zunächst nicht auf die Beschwerde ein, während der Ständerat sie an das Bundesgericht überweisen wollte, wozu der Nationalrat auf Antrag seiner Kommission am 11. August 1851 zustimmte.[14] Das Bundesgericht kassierte mit Urteil vom 3. Juli 1852 das kantonale Dekret wegen Verletzung der durch die Freiburger Kantonsverfassung garantierten Gewaltenteilung durch Eingriff des Grossen Rats in die Kompetenz der Gerichte.[15] Wieweit Rüttimann den Beschluss des Ständerats beeinflusst hatte, ist leider nicht dokumentiert.

Im Fall des Luzerner Journalisten, der das Obergericht seines Kantons angegriffen hatte und in zweiter Instanz vom gleichen Gericht dafür hart bestraft wurde, wies der Bundesrat den Kanton Luzern an, die Beurteilung durch ein anderes Gericht anzuordnen. Darüber beschwerte sich der Kanton beim Parlament. Die Kommission des Ständerats beantragte unter Mitwirkung Rüttimanns, die Luzerner Beschwerde gutzuheissen und den Beschluss des Bundesrats aufzuheben, weil der Betroffene zunächst die ihm auf kantonaler Ebene zustehenden Rechte voll hätte ausnützen sollen. Die Räte folgten 1862 dieser Auffassung.[16] – Keinen Erfolg hatten auch die zwölf Beschwerdeführer, die sich gegen die Feiertagsregelung im Kanton Freiburg wandten und verlangten, dass das beanstandete Dekret nicht auf Protestanten angewendet werde. Anlass dazu war die einem protestantischen Berner Bauern auferlegte Busse, der wegen eines herannahenden Gewitters an Fronleichnam auf freiburgischem Gebiet Heu «eingeheimset» hatte. Der Bundesrat lehnte die Beschwerde 1860 ab. In dem von Blumer unterzeichneten Bericht der Kommission des Ständerats wurde unter anderem festgehalten, der Wortlaut von Artikel 44 Bundesverfassung über die Religionsfreiheit sei ziemlich elastisch und es würde der Natur unseres Föderativstaats widersprechen, wenn der Bund von seinem Interventionsrecht einen allzu weiten Gebrauch machen würde. Die Bundesversammlung lehnte die Beschwerde Ende 1863 in Bestätigung des Bundesratsbeschlusses ab.[17]

Über diese Aufgaben hinaus wirkte die Bundesversammlung auch generell als Rechtsmittelinstanz gegen Verfügungen des Bundesrats (Art. 74 Ziff. 15 Bundesverfassung). Damit war der Bogen nun wirklich überspannt. Die Bundesversammlung wehrte sich dagegen, indem sie unter Mitwirkung von Rüttimann nur Beschwerden gegen Verfügungen zulassen wollte, die der Bundesrat gestützt auf die Verfassung traf, nicht aber gegen jene, die nach Bundesgesetz in seine Zuständigkeit fielen.[18] So wurde 1862 auf die Beschwerde gegen einen Enteignungsentscheid des Bundesrats nicht eingetreten. Das war freilich kein Musterbeispiel für die Unvoreingenommenheit der Urteilenden. Es handelte sich um die Beschwerde eines Weinschenks und zweier weiterer Personen in Aussersihl bei Zürich, die von einer Massnahme der Nordostbahn (NOB) betroffen waren, die damit Partei war. Mitglied der Kommission des Ständerats, die den Antrag stellte, war Rüttimann, Verwaltungsrat der NOB, und den Bundesbeschluss unterzeichnete Escher, Direktionspräsident der NOB, als Vizepräsident des Nationalrats.[19] – Unabhängiger äusserte sich Rüttimann zur Beschwerde betreffend den Ursulinenfonds, der aus der Aufhebung eines Klosters hervorgegangen und 1862 durch Beschluss des Grossen Rats des Kantons Luzern von der Ortsbürgergemeinde Luzern an die Einwohnergemeinde übertragen worden war. Weder Bundesrat noch Bundesversammlung sahen darin ein unzulässiges Vorgehen und wiesen die dagegen erhobene Beschwerde ab. Rüttimann hob in seinem Bericht hervor, der Entscheid sei politischer Natur gewesen und verletze weder die Eigentumsgarantie noch das Prinzip der Gewaltenteilung.[20]

Nebenamtliches Bundesgericht
Als dritte Gewalt sah die Bundesverfassung von 1848 in Artikel 94 und den folgenden das Bundesgericht vor, das aus elf Mitgliedern nebst Ersatzmännern bestand. Während Bundesräte und Bundesbeamte nicht wählbar waren, bestand kein solcher Ausschluss für Mitglieder der Bundesversammlung. Von den elf am 17. Dezember 1848 gewählten Richtern waren denn auch sechs (also die Mehrheit) National- oder Ständeräte – unter ihnen nebst Rüttimann auch Blumer und Kern.[21] Dass die personelle Gewaltenteilung nicht durchgeführt wurde, hing mit den begrenzten Kompetenzen des Gerichtshofs zusammen und auch mit dem Umstand, dass sich die Gewalten nicht gegenseitig kontrollierten. Das Gericht war bis 1874 kein ständiger Gerichtshof, sondern hielt die Sitzungen jeweils vor der Session in Bern ab und von 1857/58 an, als Rüttimann dem Gericht nicht mehr angehörte, im Bundesrathaus (heute Bundeshaus West),[22] am Sitz von Parlament und Regierung. Die Bundesassisen allerdings tagten in ihren regionalen Zuständigkeitsbereichen.

Die Kompetenzen des Bundesgerichts waren schon in der Verfassung (Art. 94–107) recht detailliert geregelt und wurden näher umschrieben im *Bundesgesetz über die Organisation der Bundesrechtspflege*, das Rüttimann ausgearbeitet hatte und von der Bundesversammlung am 5. Juni 1849 erlassen worden war.[23] Es sah eine Gliederung nur für die Strafgerichtsbarkeit vor, während für die Staats- und die Zivilrechtspflege das Gesamtgericht zuständig war, sodass alle Richter Gelegenheit hatten, an solchen Verfahren mitzuwirken. Allerdings mussten sie nicht vollzählig anwesend sein, denn das Gericht verhandelte und entschied in Besetzung von sieben Richtern oder Ersatzmännern.[24] Für Klagen wegen Verletzung verfassungsmässiger Rechte, die ihm von der Bundesversammlung überwiesen wurden, tagte das Bundesgericht in Neunerbesetzung, doch erfolgte eine solche Übertragung (wie geschildert) nur in einem Fall.

Als Zivilgericht war das Bundesgericht zuständig für Klagen nicht staatsrechtlicher Art zwischen den Kantonen und zwischen Bund und Kantonen, aber auch für solche von Privaten gegen den

Bund bei einem Streitwert von wenigstens 3000 Franken sowie über Heimatlose, deren Stellung damals ein heikles Problem war.[25] Hinzu kam die Möglichkeit der Prorogation: Bei einem Streitwert von ebenfalls mindestens 3000 Franken konnten die Parteien den Rechtsstreit dem Bundesgericht unterbreiten. Davon wollte der Kanton bei einer Forderung der Stadt Zürich wegen Aufhebung der Kaufhausgebühren 1851 nach einem Gutachten Rüttimanns keinen Gebrauch machen.[26] Das Organisationsgesetz ermächtigte sodann die Kantone, im Einverständnis mit der Bundesversammlung weitere Streitfälle durch Gesetz der Bundesgerichtsbarkeit zu übertragen. Insgesamt aber waren die Kompetenzen des Bundesgerichts auf dem Gebiet des Zivilrechts – und nicht nur dort – beschränkt. Namentlich war es nicht möglich, Urteile kantonaler Gerichte in den Bereichen des Familien- und Erbrechts, zu Streitigkeiten über Rechte an Grundstücken oder beweglichen Sachen und solche über Forderungen aus Verträgen an das Bundesgericht weiterzuziehen, selbst wenn sie einen gewissen Streitwert überstiegen. Das lag daran, dass das Privatrecht zur Zeit Rüttimanns in der Kompetenz der Kantone blieb.

In diesen Zivilprozessen und bei Beschwerden wegen Verletzung verfassungsmässiger Rechte entschied das Bundesgericht «in pleno». Entsprechend der beschränkten Kompetenzen hielt sich die Geschäftslast des Gesamtgerichts in Grenzen. In zwei Jahren (von Juli 1851 bis Juli 1853) wurden insgesamt acht Prozesse geführt: drei unter Kantonen (betreffend Bürgerrecht und Aufhebung eines Klosters), einer eines Privaten gegen den Bund (über die Zahlung an einen Invalidenfonds), zwei wegen Heimatlosigkeit, einer gestützt auf Prorogation und einer wegen Verletzung eines verfassungsmässigen Rechts.[27]

Mit der Strafgerichtsbarkeit waren die Anklagekammer, die Kriminalkammer und als zweite Instanz das Kassationsgericht betraut. Während die Struktur durch das erwähnte Organisationsgesetz festgelegt wurde, bildete das Verfahren Gegenstand des *Bundesgesetzes über die Bundesstrafrechtspflege* vom 27. August 1851, das nicht von Rüttimann verfasst, aber von ihm wesentlich beeinflusst worden war.[28]

Erstinstanzliche Entscheide wurden von den Assisen getroffen, die für fünf gesetzlich umschriebene Assisenbezirke gebildet wurden. Sie setzten sich zusammen aus der Kriminalkammer mit drei Bundesrichtern und aus zwölf Geschworenen. Diese entschieden über die Schuld und das allfällige Vorliegen mildernder Umstände, während die Strafe durch die Kriminalkammer festgesetzt wurde oder diese bei Nichtschuld den Freispruch aussprach. Die Verhandlungen und die Beratung der Kriminalkammer waren öffentlich, nicht aber jene der Geschworenen, und das Verfahren war mündlich, wie es Rüttimann in seinen Schriften und Entwürfen vorgeschlagen hatte.[29] Zuständig waren die Assisen zur Beurteilung der schwersten vom *Bundesgesetz über das Bundesstrafrecht* von 1853 erfassten Straftaten, nämlich Hochverrat, Aufruhr und Gewalttat gegen die Bundesbehörden, Verbrechen und Vergehen gegen das Völkerrecht sowie Straftaten im Zusammenhang mit einer eidgenössischen Intervention. Die anderen von diesem Bundesgesetz erfassten Delikte wurden in der Regel der kantonalen Strafgerichtsbarkeit überlassen, doch konnte sie der Bundesrat im Einzelfall den Bundesassisen zuweisen.[30] Weitere Kompetenzen ergaben sich aus anderen Bundesgesetzen oder im Einverständnis der Bundesversammlung aus dem kantonalen Recht. In zwei Jahren (von Juli 1851 bis Juli 1853) beurteilten die Assisen fünf Straffälle.[31]

Die Urteile der Assisenhöfe konnten mit dem Rekurs an das Kassationsgericht weitergezogen werden, dem aber nur die Rechtskontrolle zustand. Es konnte also über die Verletzung von Verfahrensregeln oder die nicht richtige Anwendung der Strafbestimmungen durch die Kriminalkammer, nicht aber über den Schuldspruch der Geschworenen entscheiden. Auch hier waren die Verhandlungen sowie die Beratung des Gerichts und seine Entscheidung öffentlich. Angerufen werden konnte das Kassationsgericht auch bei Bestrafung wegen Verletzung fiskalischer und polizeilicher Bundesgesetze nach einem Gesetz, das zur einheitlichen Ahndung des Schmuggels erlassen worden war.[32] Insgesamt hatte sich das Kassationsgericht vom Juli 1851 bis Juli 1853 mit sechs Fällen zu befassen, die alle Zollvergehen betrafen, während kein Urteil eines Assisenhofs weitergezogen wurde.[33]

Rüttimann gehörte dem Kassationsgericht sowie der Kriminalkammer in zwei Assisenbezirken an. Die eine Kriminalkammer war zuständig für die Innerschweiz und die Nordostschweiz, die andere für die Ostschweiz. Im Kassationsgericht wirkte ein Richter selbstverständlich nicht in Verfahren über jene Urteile der Kriminalkammer mit, an denen er beteiligt gewesen war.[34] Rüttimann präsidierte das Gesamtgericht 1853/54 und trat auf den 1. Juli 1854 zugunsten seiner wissenschaftlichen Tätigkeit als Präsident und als Mitglied zurück.[35]

Zürcher Rechtspflege

Seine ersten juristischen Erfahrungen sammelte Rüttimann in jungen Jahren als Gerichtsschreiber im Bezirk Regensberg und dann in der Strafrechtspflege als Verhörrichter und Adjunkt des Staatsanwalts des Kantons Zürich. Zuerst als Kantonsprokurator und ab 1838 als Kantonsfürsprech wirkte er als Rechtsanwalt (im geschilderten Rahmen) in Zivil- und Strafprozessen – namentlich vor Obergericht und in Verwaltungsverfahren.

Als Regierungsrat hatte er sich mit einer grossen Zahl von Beschwerden und Rekursen zu befassen, da Verfügungen von Verwaltungsbehörden nicht an Gerichte oder unabhängige Rekurskommissionen weitergezogen, sondern nur bei vorgesetzten Verwaltungsbehörden bis zur Exekutive angefochten werden konnten. Zu beurteilen waren dabei Entscheide über Bewilligungen und Konzessionen, über Steuern und andere Abgaben, über den Umfang von Enteignungen, über Bürgerrechtsangelegenheiten und über die Durchführung von Wahlen.[36] Der Regierungsrat umfasste zur Zeit Rüttimanns 13 Mitglieder, die sich nicht alle gründlich mit den eingegangenen Rekursen befassen konnten. So wurde jeweils eine Zweier- oder Dreierdelegation des Rats mit der Prüfung des Falls, der Erstattung eines Berichts und der Vorlage eines Antrags betraut. Zu ihnen gehörte häufig Rüttimann, dessen juristische Kompetenz geschätzt und auch in diesen Verfahren gern in Anspruch genommen wurde. Dabei wurde recht zügig entschieden. So beschwerte sich beispielsweise ein Grundeigentümer, der für den Bau der Seestrasse in Meilen Land hatte abtreten müssen und als Kompensation die Bewilligung für eine Landanlage am See erhalten hatte, über die auferlegte Recognition (Konzessionsabgabe) von 240.30 Franken. Die Beschwerde wurde am 31. März 1851 erhoben; schon am 19. April lehnte sie der Regierungsrat, dem Antrag der Regierungsräte Rüttimann und Müller entsprechend, mit ausführlicher Begründung ab.[37] Die Verfahrenskosten betrugen 3 Franken.

Anders als auf Bundesebene konnten im Kanton Zürich Entscheide der Regierung nicht an das Parlament weitergezogen werden, denn die Oberaufsicht bezog sich auf die Akteneinsicht, die Staatsfinanzen und die Errichtung öffentlicher Unternehmen, nicht aber auf die generelle Überprüfung von Einzelentscheiden.[38] So konnte 1872 auf die Beschwerde eines Dissidenten über die Auferlegung von Steuern für Zwecke der Landeskirche nicht eingetreten werden, weil es sich nicht um einen Kompetenzkonflikt handelte, wie es Rüttimann dargelegt hatte.[39] Der Rat beschloss aber in der gleichen Sitzung, den Regierungsrat einzuladen, «dem Kantonsrathe mit möglichster Beförderung zu Regulierung der in Frage stehenden Angelegenheit einen Gesetzentwurf zu hinterbringen».[40]

Begnadigungen gehören nicht zur Rechtspflege, sondern bilden Entscheide der politischen Behörden. Bei entsprechenden Gesuchen hatte Rüttimann gelegentlich in dem dazu zuständigen Grossen Rat den Antrag des Regierungsrats zu vertreten. Das traf beispielsweise im Fall eines Münzfälschers zu, der zu acht Jahren Zuchthaus verurteilt worden war, von denen ihm aber auf dem Weg der Begnadigung sechs Jahre erlassen wurden.[41]

Als Richter amtete Rüttimann in seinem Heimatkanton Zürich nur in seinem letzten Lebensjahr. Er wurde an das auf Jahresbeginn 1875 neu geschaffene Kassationsgericht als oberstes Zürcher Zivil- und Strafgericht berufen. Sein Tod am 10. Januar 1876 beendete jedoch frühzeitig diese Aufgabe.[42]

Militärjustiz

An der Militärstrafrechtspflege war Rüttimann in doppelter Weise beteiligt: einerseits als Gesetzesredaktor und Gesetzgeber, andererseits als Richter.

Die Schweiz verfügte schon während der Geltung des Bundesvertrags von 1815 über eine Militärjustiz. Im jungen Bundestaat musste sie aber neu gestaltet werden. Rüttimann verfasste als Gesetzesredaktor das *Bundesgesetz über die Strafrechtspflege für die eidgenössischen Truppen*.[43] Dieses wurde am 28. August 1851 von der Bundesversammlung unter Mitwirkung Rüttimanns als Ständerat beschlossen und ordnete sowohl das materielle Strafrecht als auch die Organisation und das Verfahren.[44] In Kraft stand das Gesetz während der Grenzbesetzung im Neuenburger Handel von 1856/57 und während jener von 1870/71 zur Zeit des Deutsch-Französischen Kriegs. Auf Beginn von 1890 wurde es hinsichtlich der Gerichtsorganisation abgelöst durch die *Militärstrafgerichtsordnung* vom 28. Juni 1889.[45] Für das materielle Strafrecht galt das Gesetz von 1851 aber auch während des Ersten Weltkriegs weiter, bis es 1928 durch das *Militärstrafgesetz* von 1927 abgelöst wurde.[46]

Zu den Strafen nimmt man gern zwei Sätze aus der Botschaft von 1851 zur Kenntnis, die wohl wie der Entwurf selbst von Rüttimann

Justizstab.

Oberauditor mit Oberstrang.
1833 1844 Blösch, Eduard. Biel. Burgdorf.

Justizbeamte mit Oberstrang.
1838 1842 Pfyffer, Kasimir. Luzern.
—   —   Kern, Joh. Konrad. Berlingen.
—   1846 Rüttimann, Joh. J. Regensberg. Zürich.

Justizstab 1849.

verfasst worden war: «Die barbarischen Strafen, welche vor hundert Jahren noch an der Tagesordnung waren, würden heut zu Tage jedes menschliche Herz empören; [...] Die Erfahrung wird zeigen, dass die Kettenstrafe ebenso entbehrlich ist, als die körperliche Züchtigung.»[47] Die im Entwurf in alle Einzelheiten reichende Regelung des Vollzugs der Todesstrafe (durch Enthauptung bei Mord, durch Erschiessen bei Verräterei[48]) mit der Festlegung auch der ganzen Inszenierung[49] erweckt beim heutigen Leser dagegen ein Schaudern und Unverständnis, weil ein solches Vorgehen dem Wesen und Denken Rüttimanns widersprach. Wenn der Vorschlag wirklich aus seiner Hand kam, wollte er damit möglicherweise die Anwendung oder jedenfalls den Vollzug der Todesstrafe gerade vermeiden, wandte er sich doch gegen barbarische Strafen. Dass während der Geltung des Gesetzes je eine Todesstrafe ausgesprochen worden wäre, ist nicht belegt.

Die Gerichtsorganisation von 1851 sah Kriegsgerichte (wie die Militärgerichte damals auch in Friedenszeiten genannt wurden) als Geschworenengerichte vor. Bei der Ausgestaltung des Verfahrens liess sich Rüttimann offensichtlich von seinen Studien in London im Jahr 1836 leiten. Dem Grossrichter aus dem Justizstab waren zwei Richter beigegeben, die aber nur bei Todesurteilen am Entscheid Anteil hatten und anwesend sein mussten. In den übrigen Fällen konnten sie mit beratender Funktion an der Sitzung teilnehmen. Als Geschworene amteten vier Offiziere, zwei Unteroffiziere und zwei Korporale oder Soldaten, die alle durch das Los bestimmt wurden und sich als Jury über die Schuld auszusprechen hatten. Die Strafe setzte der Grossrichter fest; über die Todesstrafe entschied er und die beiden Richter. Ankläger war als Auditor ein Offizier aus dem Justizstab. Der Gerichtsschreiber wurde in der Regel aus dem Kreis der im Dienst befindlichen Militärpersonen vom Grossrichter bezeichnet. Dabei handelte es sich nicht um eine feste Organisation. Vielmehr wurden die Gerichte von Fall zu Fall eingesetzt. So ernannte der Bundesrat beispielsweise für die Militärschulen auf den Waffenplätzen Colombier und Bière am 2. Mai 1855 ein solches Gericht für jenes Jahr.[50] – Bewährt hat sich die Struktur allerdings nicht, weil «wir in einem Ernstfalle kaum im Stande wären, die Geschworenengerichte gehörig funktionieren zu lassen», wie in der Botschaft zum neuen Gesetz festgehalten wurde.[51] Darin lag der Grund für die Neuordnung von 1889, die durch eine Expertenkommission ausgearbeitet wurde, der auch Albert Schneider, der Schüler und Biograf Rüttimanns, angehörte.[52]

Rüttimann war schon 1846 durch die Tagsatzung zum Obersten im Justizstab ernannt worden[53] und amtete als Grossrichter des Kriegsgerichts der eidgenössischen Truppen, das Delikte zu beurteilen hatte, die während des Sonderbundskriegs begangen worden waren.[54] Dass es sich dabei nicht um eine Abrechnung der Sieger mit den Unterlegenen handelte, ergibt sich daraus, dass sich die Zuständigkeit gar nicht auf die Sonderbundstruppen bezog. Auch tönt die Bezeichnung martialischer, als das Kriegsgericht tatsächlich war, hatte dieses doch beispielsweise am 14. Januar 1848 über eine einfache Körperverletzung und einen Diebstahl zu urteilen.[55]

Nach der Bundesstaatsgründung wirkte Rüttimann weiter als Oberst im Justizstab. In dieser Funktion wurde er am 10. September 1852 vom Bundesrat bestätigt, der ihn am 23. März 1853 als Grossrichter eines Kriegsgerichts ernannte, das für einen Militärunterrichtskurs im Raum Zofingen eingesetzt wurde.[56] Auf sein Gesuch hin entliess ihn der Bundesrat durch Beschluss vom 12. Februar 1855 aus dem Justizstab. Es war das Jahr, in dem er neben seiner Tätigkeit an der Universität jene am Polytechnikum aufnahm.[57] Mit ihm trat Kern, Präsident des Schweizerischen Schulrats, als Justizoberst zurück.

Neben den Kriegsgerichten für die eidgenössischen Truppen bestanden kantonale Kriegsgerichte. Rüttimann amtete 1852 auch als Grossrichter des zürcherischen Gerichts und wurde 1854 aus dieser Funktion entlassen.[58]

Damit war Rüttimann während der Grenzbesetzung 1856/57 nicht mehr in der Militärjustiz tätig, als der König von Preussen mit einer militärischen Intervention drohte und entsprechende Truppenzusammenzüge anordnete, um seine Hoheit über das Fürstentum Neuenburg durchzusetzen.[59] Der Bundesrat bot Truppen auf. Die

Bundesversammlung beauftragte ihn am 30. Dezember 1856 mit weiteren Massnahmen und wählte General Dufour zum dritten Mal zum Oberbefehlshaber der Armee.[60] Als Kuriosum sei angemerkt, dass Bundesrat Frey-Herosé auf seinen dringenden Wunsch hin als eidgenössischer Oberst wie 1847 (damals aber ohne Regierungsmitglied zu sein[61]) zum Chef des Generalstabs ernannt wurde, ohne als Bundesrat in den Ausstand zu treten.[62] Die Ernennung Dufours war ein grosser Vertrauensbeweis, der auch darin zum Ausdruck kam, dass ihm am 13. Januar 1857 in Zürich vor dem Hotel Baur «bei einem massenhaften Zulauf» die Harmonie ein Ständchen darbrachte, worauf gemeinsam die Nationalhymne («Rufst Du mein Vaterland») gesungen wurde und der General eine Ansprache hielt, in der er unter anderem sagte: «Es ist erhebend, die Einmuth zu sehen, welche gegenwärtig die ganze Nation beherrscht.»[63] Der Genfer Philosoph Henri-Frédéric Amiel dichtete und komponierte das mitreissende Lied «Roulez tambours», das heute vielleicht nicht mehr als politisch ganz korrekt gilt. Rüttimann nahm starken Anteil am Geschehen. In einem Brief an Alfred Escher vom 26. Dezember 1856 erläuterte er die Sammelaktion für die Sozialhilfe an die aufgebotenen Wehrmänner und ihre Familien und führte aus: «Dieß ist nun wohl die wichtigste Bundesversammlung, welche je Statt gefunden hat.»[64] In einem weiteren Brief vom 20. Mai 1857 gab er seiner Erwartung Ausdruck, dass Preussen den Beschlüssen der internationalen Konferenz über die Beilegung des Konflikts zustimmen werde, was dann auch geschah und zum Vertrag von Paris vom 26. Mai 1857 führte.[65]

Eisenbahnen, Wirtschaft und Währung

Lokomotive NOB, gebaut 1856 von Maffei, München, und Escher-Wyss, Zürich.

Rüttimann wirkte auch mit bei der wirtschaftlichen Entwicklung der Schweiz, einerseits im Eisenbahnwesen, andererseits bei den Finanzdienstleistungen – dies bei Gründungen und dann als aktiver Verwaltungsrat. Keinen Erfolg hatte er dagegen mit der Vertretung des Zürcher Standpunkts zur Münzordnung und nur einen zeitlich begrenzten bei den Banknoten.

Eisenbahnen und Kommunikation

Bei den Verkehrsinfrastrukturen war das Strassennetz schon vor der aktiven Zeit Rüttimanns ausgebaut und durch Erstellung von Alpenübergängen namentlich in den 1820er-Jahren ergänzt worden.[1] Noch bestanden aber Lücken. So fehlte die Axenstrasse als Landverbindung zum Gotthard (eröffnet 1864), für die die Kredite im Rahmen des Programms für den Ausbau der militärischen Alpenstrassen 1861/62 bewilligt wurden.[2] Im Rückblick erstaunt die damalige Einschätzung, dass dieser Strasse im Hinblick auf den Bau der Eisenbahn bis Luzern und die Verbesserung der Dampfschifffahrt nur noch geringe volkswirtschaftliche Bedeutung zukomme.[3] Der Aufwand für den Strassenbau war beachtlich, reichte aber nicht für die Transportbedürfnisse, die sich aus der Industrialisierung, der wirtschaftlichen Entwicklung im Allgemeinen und den veränderten Lebensgewohnheiten ergaben. Der Gütertransport mit Pferdefuhrwerken war nicht leistungsfähig genug, und für den Personenverkehr war die Postkutsche zu langsam, dauerte doch 1850 beispielsweise die Fahrt über den Gotthard von Flüelen (wohin man mit dem Schiff aus Luzern gelangte) nach Camerlata (bei Como mit Eisenbahnanschluss an Mailand) 23 Stunden.[4] Rüttimann benötigte für die Fahrt nach Bern 1852 über 12 Stunden reine Fahrzeit – nämlich 45 Minuten mit der Bahn von Zürich nach Baden und von dort im Tageseilkurs 11 Stunden und 20 Minuten nach Bern[5] –, während heutige Parlamentarier die Strecke in 56 Minuten zurücklegen.

Bei der schriftlichen Kommunikation dagegen entsprach die Postzustellung schon heutigen Massstäben. Wie sich aus den Poststempeln der Korrespondenz zwischen Rüttimann und Escher ergibt, wurde damals ein am Nachmittag in Zürich aufgegebener Brief am folgenden Morgen in Bern zugestellt. Nach Lugano beanspruchte der Versand bei den geschilderten Verbindungen zwei Tage, nach Wien drei. Für die raschere Übermittlung stand 1853 in der Schweiz ein Telegrafennetz von 2500 km zur Verfügung, nachdem dafür durch Gesetz von Ende 1851 ein Bundesmonopol errichtet worden war.[6] Rüttimanns Stiefbruder Moriz Hartung wirkte daran als projektierender Ingenieur und seit 1852 als Inspektor (Leiter) des zweiten Telegrafenkreises mit.[7]

Für den Personen- und den Güterverkehr bot sich als neues Mittel die in England entwickelte Eisenbahn an. Die Schweiz war hier nicht Pionierin, sondern gegenüber anderen Staaten im Rückstand.[8] Bei der Bundesstaatsgründung gab es nur zwei Linien, nämlich den Anschluss von Basel an das französische Netz (erstellt 1844)[9] und die Schweizerische Nordbahn Zürich–Baden, die nach dem auf diesem

Weg beschafften Badener Spezialgebäck, das in Kistchen aus dünnem Holz geliefert wurde, «Spanisch-Brötli-Bahn» genannt wurde. Sie hatte ihren Betrieb am 9. August 1847 aufgenommen.[10]

Um den Eisenbahnbau voranzutreiben, beauftragte der Bundesrat, gestützt auf einen Bundesbeschluss von Ende 1849,[11] zwei Expertengruppen mit Untersuchungen. Mit solchen wurden einerseits die Engländer Robert Stephenson (der Mitglied des Parlaments war und seinen Vater George beim Bau der legendären Lokomotive «The Rocket» unterstützt hatte) und Henry Swinburne[12] sowie andererseits Ratsherr Carl Geigy von Basel und Ingenieur Melchior Ziegler von Winterthur betraut.[13]

Sein erstes Eisenbahngesetz erliess der Bund am 28. Juli 1852 nach einer Auseinandersetzung über die Rolle des Staats bei der Entwicklung des Netzes.[14] In einem ausführlichen Brief, den er seinem Freund Escher schrieb, bevor der Bundesrat seine Botschaft vorlegte, führte Rüttimann mit etwas Schalk aus, er habe ordentlich das Eisenbahnfieber gehabt und sei in seinen «Lucubrationen»[15] zum Ergebnis gelangt, dass die Eidgenossenschaft weder selbst bauen noch Zinsen garantieren könne. Sie müsse sich darauf beschränken, ein Expropriationsgesetz für bestimmte, von ihr festzusetzende Linien zu erlassen.[16] Es folgen Überlegungen zu den zu bauenden Strecken. Der ausführliche Brief war keineswegs schriftlicher Small Talk unter Freunden, sondern eine Stellungnahme mit Folgen, denn Rüttimanns Ansichten waren für die eisenbahnpolitischen Grundoptionen Eschers von grosser Bedeutung, wie dessen Biograf Joseph Jung festhält.[17] Rüttimanns Haltung im Ständerat ist nicht dokumentiert, dürfte aber jener im Brief entsprochen haben. Die Entscheidung des Gesetzgebers ging dahin, die Initiative zu Bau und Betrieb den Kantonen und Privaten zu überlassen, die auch das Risiko trugen. Die Erstellung und der Betrieb wurden von einer kantonalen Konzession abhängig gemacht, die der Genehmigung durch die Bundesversammlung unterlag. Da die Verfassung dem Bund keine entsprechende Gesetzgebungskompetenz einräumte, stütze sich der Gesetzgeber auf die Befugnis des Bundes zur Errichtung und Unterstützung öffentlicher Werke,[18] obwohl sich die Eidgenossenschaft eben gerade nicht an der Aufgabe beteiligte. Die beschränkten Kompetenzen des Bundes verstand die Regierung jedoch nicht in der bloss nachträglichen Zustimmung des Parlaments zu den Entscheiden der Kantone. Vielmehr gab der Bundesrat seinem Wunsch Ausdruck, schon vor Erteilung von Konzessionen durch die Kantone Einsicht in die entsprechenden Entwürfe zu erhalten, um rechtzeitig die Interessen des ganzen Landes geltend machen zu können.[19] – Durch das zweite Eisenbahngesetz von 1872, dessen Anwendung Rüttimann nicht mehr als Behördenmitglied erlebte, wurde die Konzessionshoheit auf den Bund mit Zuständigkeit der Bundesversammlung übertragen.[20]

Der Gesetzgebung folgte der Bau eines Eisenbahnnetzes in erstaunlichem Rhythmus. Weniger als einen Monat nach dem Erlass des ersten Gesetzes fasste die Bundesversammlung 1852 Beschlüsse über die Genehmigung von Konzessionen in fünf Kantonen.[21] Im Jahr darauf stimmte die Bundesversammlung 34 kantonalen Konzessionen zu, die sich allerdings zum Teil auf die gleichen, kantonsüberschreitenden Linien bezogen und von denen nicht alle ausgeführt wurden (beispielsweise die Lukmanierbahn).[22] Dieses «Eisenbahnfieber» mit der Projektierung und dem Bau neuer Linien in rascher Folge beruhte auf weitsichtigen unternehmerischen Entscheiden, die nicht frei von finanziellen Risiken für die privaten Investoren wie auch für die am Kapital beteiligten Kantone und Gemeinden waren. Rüttimann befasste sich in drei Funktionen mit dem Geschehen, nämlich als Behördenmitglied, durch Übernahme unternehmerischer Aufgaben und als juristischer Experte. Diese Wirkungsbereiche waren nicht immer klar getrennt, was schon im Zusammenhang mit einem Enteignungsfall beleuchtet wurde.[23] Noch ausgeprägter war diese Überlagerung von Zuständigkeiten bei Escher, der 1853 den Vertrag mit dem Kanton über die neue Zürcher Konzession für die Linie Zürich–Baden–Aarau in unterschiedlichen behördlichen und unternehmerischen Funktionen gleich viermal unterschrieb.[24]

Die staatlichen Aufgaben oblagen bei der geschilderten Zuständigkeitsordnung in den Jahren, in denen Rüttimann öffentliche

Ämter bekleidete, in erster Linie den Kantonen. Mit der Wahl in den Grossen Rat 1844 und der zusätzlichen Übernahme von Regierungsverantwortung gegen Ende desselben Jahrs war Rüttimann in die Entscheide einbezogen. Der Regierungsrat delegierte ihn 1852/53 teils mit Escher, teils mit Regierungsrat Benz zusammen zu Verhandlungen über die Zürich-Bodensee-Bahn (Zürich–Winterthur–Frauenfeld–Romanshorn), an deren Gründung und Finanzierung er selbst beteiligt war. In derselben Funktion verhandelte er ferner über die direkte Verbindung Zürich–Basel über den Bötzberg sowie über die Linien Winterthur–Wil–St. Gallen, Winterthur–Schaffhausen und Wallisellen–Uster (Glatttalbahn).[25] Zeitweise war er Mitglied der regierungsinternen Kommission für Eisenbahnfragen,[26] wirkte 1852 und 1855 als Referent des Regierungsrats zu den Beschlüssen des Grossen Rats über die Zürcher Teile der Bodenseebahn und die Linie Winterthur–St. Gallen[27] und übernahm weitere Aufgaben.[28] Im Grossen Rat war er Mitglied verschiedener Kommissionen, die sich mit Eisenbahnfragen zu befassen hatten. Als Vizepräsident leitete er die Verhandlungen über die Bahn durch das Knonaueramt – als erste Verbindung von Zürich nach Zug und Luzern –, über jene am linken Zürichseeufer auf Zürcher Gebiet und über die Glatttalbahn. Die entsprechenden Konzessionen vom 3. Juli 1857 trugen seine Unterschrift.[29] Noch in den letzten Jahren seiner parlamentarischen Tätigkeit auf kantonaler Ebene nahm er mit Voten und Anträgen teil an Debatten über Eisenbahnprojekte.[30]

Die unternehmerische Tätigkeit Rüttimanns im Bahnbereich bezog sich auf die Nordostbahn (NOB). Er wirkte bei der Gründung und der Finanzierung massgebend mit und war später im Verwaltungsrat aktiv engagiert.[31] Dabei überschnitten sich diese Aufgaben teilweise auch mit jenen als operativ tätiger Vizepräsident der Kreditanstalt. Die NOB entstand durch Fusion der Schweizerischen Nordbahn mit der Zürich-Bodensee-Bahn. Nachdem die beiden Verwaltungsräte dem Zusammenschluss am 7. Mai 1853 zugestimmt hatten, wurden die Statuten von der Generalversammlung der neuen Gesellschaft am 12. September 1853 beschlossen und vom Regierungsrat am folgenden 17. Oktober genehmigt.[32] Schon zuvor waren 1852 und 1853 in rascher Folge unternehmerische und staatliche Entscheide zu der nachstehend darzustellenden Entwicklung getroffen worden.[33]

Zur Linie der Schweizerischen Nordbahn von Zürich nach Baden (der erwähnten «Spanisch-Brötli-Bahn») hatte der Kanton Zürich erste Entscheide 1838/39 gefällt.[34] Gebaut wurde die Bahn gestützt auf eine von Bluntschli als Grossratspräsident unterzeichnete Konzession von 1845 und eröffnet am 7. August 1847.[35] Die Bahn hatte dazu Polizeivorschriften vorgeschlagen, die vom Kanton erlassen wurden.[36] Danach durften (wie heute in anderer Diktion) Fussgänger, Reiter und Fuhrwerke die Bahn nur an bezeichneten Stellen und nach Öffnen der Barrieren durch die Bahnbediensteten überschreiten. Auch mussten die Lokomotivführer und die «Oberkondükteure» ins Handgelübde genommen werden. Im Januar 1846 hatte sich Rüttimann mit einer diese Linie betreffenden Rechtsfrage zu befassen, weil Aktien der Gesellschaft schon eineinhalb Jahre vor Eröffnung der Bahn nicht mehr auffindbar waren und er zur Lösung des Problems durch Ungültigerklärung der Titel beigezogen wurde.[37] Im Hinblick auf die bevorstehende Gründung der NOB erteilte der Kanton Zürich dem entsprechenden Ausschuss durch Vertrag vom 17. Juni 1853 eine neue Konzession. Diese wurde nach Zustimmung des Grossen Rats zusammen mit der aargauischen Konzession am 4. August 1853 von der Bundesversammlung genehmigt.[38] Die Linie bis Aarau wurde 1858 eröffnet.[39]

Für eine Bahn von Zürich über Winterthur und Frauenfeld an den Bodensee war Persönlichkeiten aus Winterthur und dem Thurgau 1846 eine Konzession erteilt worden. Dabei war die Spurweite auf 4 Fuss und 8½ Zoll englischen Masses festgelegt worden, wie sie Kontinentaleuropa aus England übernommen hatte.[40] Zur Ausführung gelangte das Projekt aber nicht. Als neuer Ansatz wurde an einer Versammlung in Baltenswil vom 5. Oktober 1852 ein Ausschuss unter dem Vorsitz von Escher gebildet, der das Vorhaben in Gang setzen sollte. Die Regierungsräte Rüttimann und Benz wurden beauftragt, für den Kanton mit diesem Ausschuss Verhandlungen aufzunehmen und Vorschläge für die Bildung einer aus Mitgliedern des Grossen Rats bestehenden Kommission vorzulegen, die noch vor dem Antrag des Regierungsrats das Vorhaben prüfen sollte.[41] Anfangs Dezember 1852 schlossen die Kantone Zürich und Thurgau einen Vertrag über die Linie von Zürich über Winterthur und Frauenfeld nach Romanshorn.[42] Die weiteren Entscheide wurden innerhalb von vier Tagen (mit Einschluss eines Sonntags), nämlich vom 18. bis 21. Dezember 1852, getroffen: Der Regierungsrat beschloss seine Weisung – der Grosse Rat setzte die Kommission zur Prüfung der Vorlage mit Escher und Rüttimann als Mitgliedern ein – und das Parlament beschloss in geheimer Beratung die Genehmigung des Vertrags mit dem Kanton Thurgau sowie die Erteilung der Konzession für die Zürcher Strecke bis zur Kantonsgrenze bei Gundetswil.[43] Die Konzession wurde dem von Escher präsidierten Ausschuss für die Bodenseebahn erteilt und auch von ihm als Präsident des Grossen Rats unterzeichnet!

Sogleich wurden die Bemühungen um die Finanzierung aufgenommen. Rüttimann hatte daran einen wesentlichen Anteil, indem er an zahlreichen Veranstaltungen mitwirkte; man würde heute von «road shows» sprechen.[44] Kapital wurde auch im Ausland gesucht. Rüttimann liess dabei seine Beziehungen zu finanzkräftigen Kreisen in Deutschland spielen und reiste zu diesem Zweck nach Berlin und Köln. Ein durchschlagender Erfolg war dies offenbar nicht, denn Rüttimann schrieb Escher anschliessend in einem Brief aus Bern unter anderem, die Börsen in Berlin und Paris seien für das Vorhaben nicht günstig, in Deutschland betrachte man die schweizerischen Eisenbahnen mit Misstrauen, «man finde viel Unklarheit in diesem ganzen Thun & Treiben, es werde zu viel gebaut», die Pflicht zur Einzahlung von 20 Prozent schrecke ab.[45] Dennoch gelang die Finanzierung, zeigte doch die im Frühjahr 1853 gegründete Gesellschaft[46] dem Regierungsrat im März jenes Jahrs an, dass vom Aktienkapital von 15 Millionen Franken 12 Millionen gezeichnet und davon 20 Prozent einbezahlt worden seien, dass täglich bedeutende neue Aktienzeichnungen erfolgten und mit dem Bau des Wipkinger-Tunnels und der Anlagen in Romanshorn begonnen worden sei.[47] Durch die Fusion der

Bodenseebahn mit der Nordbahn zur Nordostbahn gingen die Anlagen im Herbst 1853 auf diese über. Eröffnet wurde die Linie in Etappen bis Ende 1855.[48]

Für eine Eisenbahn von Winterthur über Andelfingen nach Schaffhausen war die Initiative von Nationalrat Johann Friedrich Peyer im Hof (1817–1900) ergriffen worden. Mit ihm führten Rüttimann und Escher gemäss einem Ende 1852 erteilten Auftrag des Zürcher Regierungsrats Gespräche in Winterthur.[49] Die Ergebnisse waren anfangs 1853 ein unter den Kantonen Zürich und Schaffhausen abgeschlossener Vertrag und die Erteilung der Zürcher Konzession.[50] Die Gesellschaft wurde im August 1853 gegründet.[51] Noch vor der Betriebsaufnahme im Mai 1857 übernahm die NOB die Rheinfallbahn.[52] Schwierigkeiten bot der Anschluss an das badische Netz. Rüttimann führte darüber Gespräche mit Ferdinand von Dusch, dem Grossherzoglichen Geschäftsträger in Bern, und schilderte Escher in einem Brief das fehlende Entgegenkommen der anderen Seite. Die Bemühungen führten aber im August 1857 doch zu einem Vertrag der NOB mit der Badischen Eisenbahnverwaltung.[53]

Eine erhebliche Erweiterung des Netzes brachte die Linie von Zürich durch das Knonaueramt nach Zug und Luzern, die von 1864 bis zur Eröffnung der Linie Thalwil–Zug 1897 die Verbindung Zürichs mit Luzern und dem Gotthard (ab 1882 mit der Eisenbahn) bildete.[54] Dazu wurde die Eisenbahnunternehmung Zürich-Zug-Luzern gegründet.[55] Die Anlagen wurden aber durch die NOB erstellt und gehörten dieser Gesellschaft,[56] die auch die Bahn betrieb. An der Finanzierung beteiligten sich die drei Kantone, die gemeinsam die Hälfte des Kapitals stellten, sowie – am Zürcher Anteil – die Gemeinden des Knonaueramts, die Stadt Zürich und die (damals selbstständige) Gemeinde Aussersihl. Dazu stellte die Eisenbahnunternehmung Zürich-Zug-Luzern Obligationen aus, die später durch solche der NOB ersetzt wurden.

Das Projekt hatte eine Vorgeschichte. Im Mai 1857 hatte die NOB eine Verständigung mit den Gemeinden des Bezirks Affoltern angestrebt, die eine grosse Verhandlungsbereitschaft, selbst über eine Baldernbahn, zeigten.[57] In der Folge wurde eine erste Konzession am 3. Juli 1857 an Persönlichkeiten aus dem Knonaueramt erteilt. Rüttimann, der mit der NOB verbunden war und dann ihrem Verwaltungsrat angehörte, leitete als Vizepräsident die Sitzung des Grossen Rats. Dieser hatte am Vortag unter Leitung Rüttimanns und mit seinem Stichentscheid beschlossen, dieses Projekt vor jenem über die Glatttalbahn zu behandeln, an der die NOB nicht beteiligt und Rüttimann damit weniger interessiert war.[58] Heutige Ratspräsidenten pflegen mehr Zurückhaltung zu üben. – Das Projekt gelangte jedoch erst mit einer neuen Trägerschaft zur Ausführung. Am 14. Dezember 1861 schlossen die Kantone Zürich, Luzern und Zug einen Vertrag über den Bau der Linie mit Festlegung der beschriebenen Beteiligungs- und Eigentumsverhältnisse. Der Grosse Rat genehmigte am 6. Januar 1862 diesen Vertrag, erteilte die Konzession (unter Vorbehalt des Verzichts der bisherigen Konzessionäre) und stimmte den im Dezember 1861 gefassten Gemeindebeschlüssen über deren finanzielle Beteiligung zu.[59] Vorberaten worden waren diese Geschäfte durch eine Kommission, der wieder Escher und Rüttimann angehörten.[60] Die Einweihung erfolgte am 30. Mai 1864.[61] Im Hinblick auf die nunmehr zur Debatte stehende Gotthardbahn wurde der Vertrag unter den drei Kantonen am 19. Mai 1866 geändert, wobei Rüttimann den Beschluss des Grossen Rats zu dieser Vertragsänderung als Ratspräsident unterzeichnete.[62]

Das Netz der NOB reichte damit vom Bodensee und von Schaffhausen bis in die Innerschweiz. Weitere Linien wurden von anderen Gesellschaften gebaut und betrieben. Auch wenn die Anschlüsse bestanden, war das Netz keine Einheit. Um diese herzustellen, wurden in den Jahren 1856 und 1857 Verhandlungen über Fusionen geführt. Beraten wurde zunächst ein Zusammenschluss der NOB mit der St. Gallisch-Appenzellischen Eisenbahn als Konzessionärin der Strecke Winterthur–Wil–St. Gallen und mit der damaligen Südostbahn (SOB) mit dem geplanten Anschluss über Walenstadt nach Chur. Involviert war offenbar unter anderen das Bankhaus Rothschild. In einem an Escher gerichteten undatierten Brief, der sich auf diese Fusion zu beziehen scheint, bezeichnete Rüttimann den vorgesehenen Vertrag mit dem ausländischen Investor als Machwerk, warnte vor dem Verhalten von «H.v.R.» (gemeint wohl Rothschild) und schrieb: «Die genaue Kenntniß des Geschehenen hat mich wirklich in eine gereizte Stimmung versetzt.» Abschliessend gab er seinem Bedauern Ausdruck, Escher nicht besseren Rat geben zu können.[63] Ob gestützt darauf oder von sich aus: Escher vollzog eine Kehrtwendung und legte im Juni 1856 sein Veto zu diesem Zusammenschluss ein.[64] Drei Monate später bildeten die St. Gallisch-Appenzellische Eisenbahn, die Glatttalbahn (Wallisellen–Uster) und die SOB die Vereinigten Schweizer Bahnen (VSB).[65] Im folgenden Jahr pflegten Escher und Rüttimann über Mittelsmänner Kontakte in Hinblick auf eine Fusion der NOB mit den VSB, doch kam es nicht zum Zusammenschluss, weil das Interesse von Escher als Direktionspräsident der NOB an St. Gallen schwand, als sich abzeichnete, dass die Alpentransversale nicht über den Lukmanier, sondern durch den Gotthard gebaut würde.[66] Rüttimann hatte in einem weiteren Brief an Escher auf die Schwierigkeiten der Verhandlungen mit den «Matadoren der östlichen Bahnen»[67] hingewiesen.

Zur einheitlichen Betreibung einer Ost-West-Transversale wäre ein Zusammenschluss der NOB mit der Schweizerischen Centralbahn (SCB) erforderlich gewesen, die ihren Sitz in Basel und ihren Kernpunkt in Olten hatte. Dazu äusserte sich Rüttimann wiederum in einem Brief an Escher positiv und hielt fest, «es sei im höchsten Intereße der Nordostbahn & der Centralbahn sich ohne allen Verzug zu einigen».[68] Die Centralbahn lehnte jedoch die Fusion im April 1857 ab,[69] worauf Rüttimann Escher gegenüber der Befürchtung Ausdruck gab, durch einen Verband von Westbahn und Centralbahn könnte die NOB in die Klemme genommen werden.[70] – Der grosse Zusammenschluss zu den Schweizerischen Bundesbahnen (SBB) erfolgte längst nach Rüttimanns Wirken 1902/03 gestützt auf Verträge, die nach dem Verstaatlichungsgesetz von 1897 mit den Unternehmungen abgeschlossen worden waren.[71] NOB und SCB gingen am 1. Januar 1902 auf den Bund über. Wenige Minuten nach Mitternacht fuhr an jenem Tag der erste Zug der SBB festlich ausgestattet von Basel und Zürich kommend in Bern ein.[72]

Als die Bundesversammlung über das Jahrhundertwerk der Gotthardbahn durch Genehmigung der kantonalen Konzessionen am 22. Oktober 1869 entschied, war Rüttimann nicht mehr Mitglied des Ständerats. Auch der Bericht der ständerätlichen Kommission stammt aus der Zeit nach seinem Rücktritt.[73] Dasselbe gilt für den am 15. Oktober 1869 abgeschlossenen und am 22. Juli 1870 von der Bundesversammlung genehmigten Vertrag mit Italien[74] und die anderen internationalen Vereinbarungen. Den Durchschlag am 29. Februar 1880 sowie die Betriebsaufnahme am 1. Juni 1882 erlebte Rüttimann nicht mehr. So bezieht sich seine Beteiligung allein auf die Vorarbeiten und die Finanzierung sowie auf die dabei eingeschlagene Richtung.

Dass die Alpen an dieser Stelle überquert – oder besser: unterfahren – werden sollten, stand nicht von Anfang an fest. Für den Bau einer Lukmanierbahn, für die die Zürcher Behörden und Escher zunächst optiert hatten[75] und für die schon 1853 die kantonalen Konzessionen durch die Bundesversammlung genehmigt worden waren,[76] sprachen die topografischen Gegebenheiten: Es handelt sich bei der Passhöhe von 1915 Metern über Meer um den einzigen vollen Alpenübergang in der Schweiz mit einem Scheitel unter 2000 Meter. Der Splügen, für den sich die Ostschweiz einsetzte, war vor der Kanalisierung des Verkehrs über und durch den Gotthard ein bedeutender Übergang. Die Strasse war einige Jahre älter als jene über den Gotthard. Sie war von Österreich als Verbindung zu der von diesem Staat beherrschten Lombardei gebaut worden und hatte erhebliche Bedeutung für den Transit. So wurden noch 1873 deutlich mehr Seidenballen aus Italien über den Splügen als über den Gotthard nach Norden transportiert, wobei die Mengen erstaunlicherweise im Winter über die tief verschneiten Strassen beider Pässe (wohl mit Schlitten) nicht geringer waren als jene im Sommer.[77] Für den Gotthard sprach die zentrale Lage, auf die Rüttimann 1863 im Ständerat mit der weiteren Bemerkung hinwies, sie sei gerade für Zürich die beste.[78] Da es sich verkehrspolitisch wie finanziell nicht um ein rein schweizerisches

Vorhaben handelte, war die Haltung der Nachbarstaaten mit den Zufahrtsstrecken von grosser, ja entscheidender Bedeutung. Dies galt namentlich für jene des Königreichs Italien, das sich schon 1866 für den Gotthard und nur für diesen ausgesprochen hatte. In einer Note vom 31. März 1870 bestätigte es nachdrücklich seinen Standpunkt.[79] Im Rückblick hielt der Bundesrat 1878 fest, die Lösung für den Gotthard sei durch Italien herbeigeführt worden.[80]

Ein besonderes Problem bildeten die Tessiner Talbahnen mit der Linie von Chiasso nach Biasca als Anschlusspunkt an eine Gotthard- oder Lukmanierbahn und mit einer Abzweigung Bellinzona–Locarno. Dafür war 1863 einem englischen Konsortium eine Konzession erteilt worden, wofür dann die European Central Railway Company gegründet wurde.[81] Die Arbeiten kamen aber nicht voran, weshalb die Bundesversammlung den Bundesrat 1865 beauftragte, eine Untersuchung darüber anzuordnen.[82] Den Beschluss unterzeichnete Rüttimann als Ständeratspräsident. In der Debatte mahnte er, diese Konzession in den Händen jener unsoliden Gesellschaft sei ein unübersteigliches Hindernis für das Zustandekommen jeder Alpenbahn.[83] Nach verschiedenen weiteren parlamentarischen Beratungen und bundesrätlichen Entscheiden wurde die Konzession 1869 auf die Gotthardbahn übertragen.[84]

Dem aus der ersten Gotthardkonferenz von 1853 sich entwickelten Gotthardkomitee, dem Zürich anfänglich fernblieb, gehörte Rüttimann offenbar auch später nicht an.[85] Auch liessen sich keine Hinweise finden, dass er an der Ausarbeitung der Statuten der am 6. Dezember 1871 gegründeten Gotthardbahn-Gesellschaft[86] beteiligt gewesen wäre oder dass er beratend mitgewirkt hätte, als die Gotthardbahn am 7. August 1872 den von Escher als Direktionspräsident unterzeichneten Vertrag mit Louis Favre abschloss. Das sechsseitige, in deutscher Handschrift verfasste Dokument betraf den Bau des 15 Kilometer langen Scheiteltunnels, den Favre als Einzelunternehmer (später als einziges voll haftendes Mitglied der Kommanditgesellschaft) zu erstellen sich verpflichtete. Er unterzeichnete diesen Vertrag, ohne dessen Text selbst lesen zu können, da er kein Deutsch sprach.[87] Zur sonst üblichen engen Zusammenarbeit mit Escher kam es hier (soweit erkennbar) nicht, was auf eine gewisse Zurückhaltung Rüttimanns dem Gotthardprojekt gegenüber hindeuten mag.

Diese bezog sich auf die Finanzierbarkeit. Schon im März 1850 erklärte Rüttimann in einem Brief an Escher, die Route nach Italien sei wohl sehr wichtig, aber eine Bahn über die Alpen koste enorm und könne keine 2 Prozent ertragen.[88] Ihn als Bremser zu bezeichnen, der dem Impetus Eschers entgegengewirkt habe, würde indessen die Lage nicht erfassen. Anlass zu seiner Feststellung war nämlich nicht das Gotthardprojekt, sondern jenes über St. Gallen und Graubünden (Lukmanier oder Splügen). Auch Escher selbst äusserte sich fast zehn Jahre später in ähnlicher Weise, indem er Bundesrat Furrer Ende 1859 schrieb: «Und hier scheint mir die größte Behutsamkeit Noth zu thun. Das Unternehmen der Alpenbahn an u. für sich wird auf jeden Fall ein finanziell ungünstiges werden.»[89] Zu dieser Vorsicht mahnte Rüttimann wieder, als er 1863 im Ständerat ausführte, er sei der Ansicht, dass eine Alpenbahn sehr wichtig sei, halte es aber für bedenklich, dass der Bund sich bei einer Unternehmung engagiere, die man um jeden Preis ausführen müsse. Ein solches Unternehmen erfordere ungeheure Kräfte, und es werde noch lange dauern, bis eine Privatgesellschaft komme und sage: «Da wollen wir jetzt bauen.»[90]

Nach den internationalen Vereinbarungen sollten an die geschätzten Kosten des Vorhabens von 187 Millionen Franken Subventionen von 20 Millionen durch die Schweiz, 45 Millionen durch Italien und 20 Millionen durch deutsche Staaten geleistet werden.[91] Am Schweizer Beitrag beteiligte sich der Bund mit keinem Rappen. In einem Brief an den Kanton Zürich erklärte der Bundesrat anfangs 1870: «Die von der Schweiz übernommenen finanziellen Verbindlichkeiten können, wie der Bundesrath dieß nicht näher auseinanderzusetzen brauche, nicht von dem eidg. Fiskus getragen werden.»[92] Sie gingen zulasten von Kantonen, Gemeinden und Eisenbahngesellschaften. Der Kanton Zürich hatte schon 1865 in einem von Rüttimann als Vizepräsident unterzeichneten Beschluss des Grossen Rats einen Beitrag von 1,5 Millionen Franken beschlossen.[93] Nach den Entscheiden auf Bundesebene bewilligte der Zürcher Kantonsrat diese Summe 1870 mit einer Beteiligung der Gemeinden von 350 000 Franken nach Beratung durch eine Kommission, der Escher, nicht aber Rüttimann angehört hatte.[94] In der eingehenden Debatte, an der sich Rüttimann mit einem ausführlichen befürwortenden Votum beteiligte,[95] stand zur Diskussion, ob der Kredit an die Bedingung geknüpft werden solle, dass der Kanton Zürich die gleichen Privilegien erhalte wie die subventionierenden Staaten, was in einer Abstimmung unter Namensaufruf und mit der Stimme Rüttimanns abgelehnt wurde, der dies auch für die Industrie nicht für nötig hielt.[96] Der Kredit unterlag gemäss Kantonsverfassung von 1869 nunmehr dem Finanzreferendum und wurde in der Volksabstimmung vom 22. Mai 1870 mit Zweidrittelsmehr bewilligt.[97]

Für die von der Gotthardbahn-Gesellschaft selbst zu beschaffenden Mittel von 102 Millionen Franken wurden Aktien und Obligationen ausgegeben. Daran beteiligt waren eine schweizerische, eine deutsche und eine italienische Gruppe mit je 34 Millionen Franken.[98] An der Beschaffung dieser Mittel wirkte Rüttimann aktiv mit. Im September 1871 legte er Escher dar, welche Probleme sich aus den Begehren des italienischen und des deutschen Konsortiums ergäben: zum einen hinsichtlich Provisionen, zum anderen im Zusammenhang mit dem Übernahmepreis der Konsortien und dem Kurs bei der Abgabe an die Anleger.[99] Bei den Obligationen äusserte er Zweifel, ob sie zu den vorgesehenen Konditionen auszubringen seien. Zum Schluss hielt er fest: «Das Gotthard-Comité wird jedenfalls darüber wachen müssen, dass der [sic] Syndikat, indem er dem Publikum die Aktien und Obligationen anbietet, demselben nicht Sand in die Augen streut, sondern das Verhältnis klar und wahr darstellt.» Im Dezember 1871 gratulierte er Escher zur Übernahme des Direktionspräsidiums und schrieb, es müsse «die gerechte Befriedigung sein, ein so schwieriges & wichtiges Unternehmen ins Leben gerufen & sicher gestellt zu haben».[100] – Die Zusatzfinanzierung nach dem Bundesgesetz von 1878, das mit 70 Prozent Zustimmung in der Volksabstimmung angenommen wurde, erlebte Rüttimann nicht mehr. Daran beteiligte sich der Bund mit 4,5 Millionen Franken – dem einzigen Betrag, den er für das Werk in seiner ursprünglichen Konfiguration aufbrachte.[101]

Als juristischer Experte, der durch seine behördliche Tätigkeit und seine Mitwirkung in Unternehmen mit den Realitäten bestens vertraut war, verfasste Rüttimann 1870 ein umfangreiches, publiziertes *Rechtsgutachten über die Frage: In wie weit durch die Eisenbahn-Konzessionen der Schweiz. Kantone und die Beschlüsse der Schweiz. Bundesversammlung betreffend die Genehmigung derselben für die betheiligten Gesellschaften Privatrechte begründet worden seien.*[102] Von seinen Folgerungen sei aus der zentralen dritten der erste Absatz mit folgendem Wortlaut hervorgehoben: «Die durch die kantonalen Konzessionen und dieselben genehmigenden Bundesbeschlüsse begründeten Befugnisse und Verbindlichkeiten der Eisenbahngesellschaften sind privatrechtlicher Natur. Dieselben hängen nicht von dem jeweiligen einseitigen Willen des Staates ab, sondern sie sind durch den vereinbarten Willen genau und fest bestimmt.» Bei der Beurteilung von Rüttimanns Überlegungen gilt es zweierlei zu bedenken: Erstens wurden die Bahnen damals durch privatrechtliche Aktiengesellschaften gebaut und betrieben. Und zweitens galten Rechtsverhältnisse aus Verträgen oder zweiseitigen Rechtsgeschäften im Allgemeinen durchwegs als privatrechtlicher Natur.

Was nach viel Juristerei tönt, waren keine Überlegungen aus der stillen Gelehrtenstube. Rüttimann äusserte sich zu den Rechtsverhältnissen der Eisenbahngesellschaften auch in einer Artikelserie in der *Neuen Zürcher Zeitung*, was darauf hindeutet, dass diese Fragen einen weiteren Kreis beschäftigten. Dass dabei auf die Verhältnisse in anderen Staaten hingewiesen wurde, bestätigt das Interesse Rüttimanns an der Rechtsvergleichung. Namentlich legte er die Lage in Frankreich mit Zitaten in der Originalsprache dar.[103] Die Zeitung rechnete damals noch mit Französischkenntnissen ihrer Leser.

Kreditanstalt und Rentenanstalt

Die Schweizerische Kreditanstalt (heute Credit Suisse) entstand im Zug der Bankengründungen von Genf bis St. Gallen ab 1853 nach

Hauptgebäude der heutigen Credit Suisse (CS) am Paradeplatz in Zürich, erstellt durch die Schweizerische Kreditanstalt und bezogen 1876.

dem französischen Vorbild des Crédit Mobilier, das in Deutschland Nachahmer gefunden hatte.[104] Gründe waren die Entwicklung der Industrie mit ihrem Kreditbedarf, der Handel mit dem Zahlungsverkehr über Wechsel mit ihrer Diskontierung durch eine Bank und der Bau der Eisenbahnen, der in der Schweiz (wie geschildert) in hohem Tempo erfolgte und die Bereitstellung grosser Kapitalien bedingte, was durch und über die Banken erfolgte und ein wichtiges Motiv für die Gründung der Kreditanstalt war.

Auch hier war die treibende Kraft Alfred Escher. Er stützte sich dabei einmal mehr auf seinen Freund Rüttimann, der mit seiner anerkannt hohen juristischen Kompetenz an der Gründung massgebend mitwirkte und sich dann an der operativen Führung beteiligte. Die Statuten der zu gründenden Gesellschaft wurden von Escher und Rüttimann verfasst[105] und durch das Gründungskomitee von neun Persönlichkeiten, unter denen Escher als erstes und Rüttimann als zweites Mitglied genannt wurden, am 28. Juni 1856 dem Regierungsrat zur Genehmigung eingereicht, wie es das zürcherische Privatrechtliche Gesetzbuch in Paragraf 22 vorschrieb.[106] Die Bestimmungen über die Aktiengesellschaft in den Paragrafen 1342 bis 1365 waren ein Jahr zuvor in Kraft getreten.[107] Die Kantonsregierung erteilte die Genehmigung am 5. Juli 1856 nach einer Beratung, bei der die Regierungsräte Rüttimann und Hüni als Unterzeichner des Gesuchs in Ausstand getreten waren.[108] Hier wurde also – anders als bei Entscheiden über Bahnen – allfälligen Interessenkonflikten vorgebeugt.

Unumstritten war das Projekt keineswegs. Neben der positiven Beurteilung – namentlich durch die *Neue Zürcher Zeitung* – fehlte es nicht an kritischen Stimmen in der Presse, in der auch gehässige Artikel erschienen. Misstrauen wurde geäussert und Befürchtungen kamen zum Ausdruck, Geld werde ins Ausland abfliessen und für inländische Vorhaben dem Mittelstand entzogen. Dazu kamen ideologische Vorbehalte aus konservativen und anderen Kreisen.[109] In drei Briefen an Escher hielt Rüttimann kurz nach der Genehmigung der Statuten fest, das Intelligenzblatt bediene die Gründer regelmässig jeden Tag mit Nadelstichen, «die Zungen (nicht bloß die conservativen)» über ihre Anstalt und über sie seien in nicht sehr wohlwollender Bewegung. Es werde behauptet, dass die Anstalt dem Land schaden, den Kredit verteuern und nur die Gründer bereichern werde. Rüttimann sicherte zu, eine Entgegnung zu schreiben.[110] Durch die Haltung seiner Gründer und durch ihre Tätigkeit bewies das Unternehmen in der Folge, dass die negative Beurteilung durch gewisse Kreise verfehlt war.

Ihren Sitz hatte die Kreditanstalt in ihren Anfangsjahren sukzessive im kleinen Tiefenhof, in der alten Post (an der heutigen Poststrasse) und dann im hinteren Tiefenhof, bis sie am 25. September 1876 ihren heutigen Hauptsitz am Paradeplatz beziehen konnte.[111] Rüttimann war acht Monate zuvor gestorben, hatte aber wesentlich Anteil an der Wahl des definitiven Standorts und am Erwerb der dortigen Liegenschaft zum Feldhof. Als Vizepräsident leitete er in Abwesenheit Eschers, dem er anschliessend darüber berichtete, im Dezember

1871 die Sitzung des Verwaltungsratsausschusses. An dieser wurde besprochen, ob und gegebenenfalls mit wem zusammen das Angebot der Regierung zum Kauf der Liegenschaft angenommen werden sollte.[112] Das Areal des alten Zeughauses wurde im Jahr 1872 mit Beteiligung von Baumeister Fürst erworben, der einen Teil der Liegenschaft übernahm.[113] Die heute noch gültige Baulinie war vom Regierungsrat Ende 1871 neu festgesetzt worden, «um dem Paradeplatz eine etwas gefälligere Form zu geben».[114]

Rüttimann war Stellvertreter des Gründungskomitee-Präsidenten gewesen, wurde dann Vizepräsident des Verwaltungsrats und blieb in dieser Funktion bis zu seinem Tod.[115] Das war keine Sinekure mit nur wenigen gut honorierten Sitzungen im Jahr. Vielmehr war es eine operative Aufgabe mit wesentlicher Einflussnahme auf die Beschaffung des Aktienkapitals, mit Entscheiden über Kapitalanlagen und Kreditvergaben, mit der Regelung von Personalfragen und selbst mit der Erledigung auch von kleinen Aufgaben.[116] Wie eng Rüttimann eingebunden war, zeigt sich auch daran, dass er anfänglich eine der drei Personen war, die über einen Schlüssel zur Kasse verfügten, in der alle hinterlegten Wertschriften aufbewahrt wurden.[117] Er verfasste den Bericht über das erste Geschäftsjahr – wobei er die Lage offen darlegte mit Hinweis auf wichtige Engagements der Bank und die dabei aufgetretenen Probleme. Damit hielt er sich im Geschäftsleben an den gleichen Grundsatz der Offenlegung, der ihn bei der Ausgestaltung des Verfahrensrechts geleitet hatte. Die *Neue Zürcher Zeitung* berichtete darüber ausführlich in zwei Ausgaben an prominenter Stelle und wies in einer dritten auf das positive Echo in einer deutschen Zeitung hin. In dieser wurde festgehalten, die «Zürcher Kreditanstalt» hätte den Beweis geliefert, dass die Verwaltung einer Kreditbank ungeschminkt und unverschleiert ihren Aktionären und der Welt gegenübertreten könne, während andere ihre Aktionäre im mystischen Halbdunkel abzuspeisen pflegten.[118] Corporate Governance fand schon damals Beachtung.

Zunächst ging es um die Beschaffung des Aktienkapitals von 30 Millionen Franken. Für die erste Hälfte wurden in einer Bekanntmachung vom 5. Juli 1856 – der Tag der Statutengenehmigung durch den Regierungsrat – zunächst 3 Millionen zur öffentlichen Zeichnung ausgeschrieben, zu denen später jene 1,5 Millionen kamen, die dem Kanton Zürich vorbehalten worden waren. Dieser verzichtete aber auf eine Beteiligung. 3 Millionen wurden dem Gründungskomitee überlassen und 7,5 Millionen von der Allgemeinen Deutschen Kreditanstalt in Leipzig übernommen.[119] Rüttimann kündigte am 10. Juli 1856 in einem Brief an Escher einen am folgenden Tag erschienenen Artikel in der Neuen Zürcher Zeitung an, hielt dazu aber fest: «Um Banquier-Anzeigen zu redigieren, fehlt mir alles Geschick u. Lust.»[120] Das änderte aber nichts am Erfolg der Ausschreibung. Der öffentlich aufgelegte Teil wurde innert kürzester Frist mehrfach überzeichnet, wie es Rüttimann vorgesehen hatte. Am 15. Juli 1856 hielt er fest: «Unterzeichnungen wird es regnen.» Drei Tage danach schrieb er an Escher: «Es wird ganz unsinnig gezeichnet; es wird leicht möglich, dass die Gesamtsumme auf 120 Millionen ansteigen wird.» Tags darauf hielt er fest: «Die Zeichnungen scheinen die Summe von 200 Millionen zu übersteigen. Die Reduction wird ein schweres Stück Arbeit sein».[121] Diese oblag Rüttimann, der am 22. Juni 1856 in einem von ihm allein unterzeichneten Inserat in der Neuen Zürcher Zeitung die Aufteilung bekannt gab, nach der beispielsweise ein Subskribent, der 500 Aktien gezeichnet hatte, zehn erhielt. Rüttimann war es auch, der in zwei weiteren Inseraten in der gleichen Zeitung am 14. Januar 1857 zur Einzahlung aufforderte und säumige Zahler mahnte.[122] Die Übernahme von Kreditanstalt-Aktien durch eine Genfer Bank bezeichnete er als «per se unmöglich».[123] Auch in späteren Jahren hatte er sich mit Aktientransaktionen zu befassen, beispielsweise im Zusammenhang mit der angespannten wirtschaftlichen Lage während des Deutsch-Französischen Kriegs 1870/71. Dabei bemerkte er, er habe gegen das Spiel der Börse nun einen gründlichen Widerwillen.[124]

Ging die Aktienzeichnung gut über die Bühne, so war die Bank anschliessend durch die wirtschaftlichen Gegebenheiten stark gefordert. Im erwähnten ersten Geschäftsbericht legte Rüttimann die Lage dar. Ende 1857 wies er in der Korrespondenz auf die Suspension eines Unternehmens und den Verlust einer Kommandite im Piemont hin, hielt fest, von einer Superdividende könne keine Rede sein, wünschte, die Bilanz sollte recht bald publiziert werden, wenn sie auch schlecht sei, und schloss mit der Feststellung: «In eine schlimmere Zeit hätte der Anfang unserer Operationen nicht fallen können.»[125]

In die Geschäftstätigkeit einbezogen war Rüttimann dadurch, dass nicht gedeckte Kredite von mehr als 200 000 Franken der Zustimmung des Verwaltungsrats bedurften und Wertschriften in diesem Umfang nur im Einverständnis mit einer zweiköpfigen Kommission gezeichnet oder gekauft wurden, der Rüttimann angehörte. Auch war er eines der beiden Mitglieder der Kommission, die mit der Erstellung eines Wertschriftenverzeichnisses beauftragt war.[126] Von Anfang an war die Kreditanstalt national wie international tätig. Sie beteiligte sich an der Gründung der Bank in Luzern[127] und finanzierte ebenso Vorhaben im Ausland sowie Import- und Exportgeschäfte. Der erwähnte erste Geschäftsbericht nennt beispielsweise die Schweizerische Exportgesellschaft als Geschäftspartnerin, den Handel mit ostindischer Baumwolle, der wegen verspäteten Eintreffens der Schiffsladung ein Verlustgeschäft wurde, sowie eine Parquetterie-Fabrik in Paris, die Chalets für den französischen Markt herstellte. Ebenfalls Erwähnung findet die Ablehnung der Finanzierung eines Seidenwarendepots und einer Rübenzuckerfabrik.

Von besonderer Bedeutung aber war die Eisenbahnfinanzierung. Darin lag eines der entscheidenden Motive für die Gründung der Kreditanstalt. Zuerst wurde auf diesem Weg die geschilderte rasche Erstellung des Netzes der Nordostbahn (NOB) ermöglicht. Die Aktienzeichnung für die Bodenseebahn (die dann mit der Nordbahn zur NOB fusionierte) erfolgte mit tatkräftiger Unterstützung Rüttimanns allerdings schon ab Ende 1852, also vor der Gründung der Kreditanstalt. Diese beteiligte sich dann am Aktienkapital, was vorerst «in aller Stille» erfolgte, wie es Rüttimann festhielt.[128] Im erwähnten ersten Geschäftsbericht erklärte er zu den Nordostbahn-Aktien: «Dieses Papier schien uns von Anfang an besonders geeignet, um einen Theil unserer Fonds zu placieren.»[129] An der Bereitstellung des Fremdkapitals wirkte die Kreditanstalt durch eigene Mittel und als Emissionsbank mit. Der Escher-Biograf Joseph Jung hält dazu fest: «Dies zeigt deutlich, dass die Kreditanstalt, die recht eigentlich als Finanzierungsvehikel für die Nordostbahn gegründet worden war, unbestritten die Hausbank der Bahn war.»[130] – An den von der Gotthardbahn selbst bereitzustellenden Mitteln von 102 Millionen Franken beteiligte sich die Kreditanstalt mit 8,5 Millionen, während die Nordostbahn und die Zentralbahn je 9 Millionen beisteuerten.[131] Darüber hinaus übte die Kreditanstalt bei der Gesamtfinanzierung durch staatliche und private, nationale und internationale Geldgeber die Leaderfunktion aus, bei der Rüttimann im weiter vorne geschilderten Mass mitwirkte.[132] Bei der Nachfinanzierung der Gotthardbahn 1878 mit den schweren Folgen für Escher lebte Rüttimann nicht mehr. – Von der Kreditanstalt abgelehnt wurde nach einem Referat von Rüttimann die Beteiligung an Fusionsaktien der Vereinigten Schweizer Bahnen (Winterthur–St. Gallen, Wallisellen–Uster, Linie nach Walenstadt und Chur).[133] Die Anlage in amerikanischen Eisenbahnaktien erwies sich als Misserfolg.[134]

Mit Personalfragen hatte sich Rüttimann in der Gründungsphase intensiv zu befassen, als es galt, die Direktion der Bank zu bilden. Escher weilte in Bern, und so oblag es Rüttimann, einen Direktor für das neu gegründete Institut zu finden.[135] Aus seinem Brief an Escher vom 10. Juli 1856 ergibt sich, dass Johann Friedrich Peyer im Hof, mit dem er und Escher seinerzeit im Namen des Kantons Zürich über die Rheinfallbahn Verhandlungen geführt hatten, keine Bereitschaft gezeigt hatte, ausser seiner Funktion als Verwaltungsrat der Kreditanstalt auch deren Direktion zu übernehmen.[136] Rüttimann erwog darauf, ob die Erhöhung des Fixums von 10 000 auf 12 000 Franken Peyer umstimmen könnte. Er rechnete aber offenbar nicht ernsthaft damit, da er gleichzeitig vorschlug, Hans Heinrich Abegg – auch er Verwaltungsrat, der die Geschäfte ohnehin besorgte – als Interimsdirektor zu bezeichnen.[137] Die Angelegenheit zog sich wochenlang hin, bis sich Abegg an der Verwaltungsratssitzung vom 20. Oktober bereit erklärte,

Ursprüngliche Statuten der Rentenanstalt.

die Direktion der Anstalt einstweilen weiterzuführen, wenn auf baldige Besetzung der Vizedirektorstelle Bedacht genommen werde.[138] Damit hatte sich Rüttimann schon im Juli befasst, wobei er aber auf die Schwierigkeiten hinwies, eine geeignete Persönlichkeit zu finden.[139] Im Frühjahr 1857 wurde Abegg durch Johann Heinrich Fierz abgelöst, über dessen Gesundheitszustand sich Rüttimann ein Jahr zuvor besorgt gezeigt hatte.[140] Fierz wurde mit Caspar Huber ein Vizedirektor beigegeben, der im März 1859 an seine Stelle als Direktor trat.[141]

Fingerspitzengefühl war gefragt, als Caspar Huber 1867 wegen Kompetenzüberschreitungen bei Wertschriftengeschäften zurücktreten musste. Rüttimann führte mit ihm das entscheidende Gespräch, das nicht einfach war. Denn Huber hatte offenbar den von ihm übertretenen Beschluss des Verwaltungsrats nicht gekannt, obwohl er ihn hätte kennen sollen, und war äusserst betroffen.[142] So wirkte Rüttimann auch hier nicht als distanzierter juristischer Berater, sondern brachte seine Fachkenntnisse und sein Verantwortungsbewusstsein direkt ein und beteiligte sich mit seinem ausgleichenden Wesen persönlich an der Bewältigung auch heikler Angelegenheiten.

Die Schweizerische Rentenanstalt (später Schweizerische Lebensversicherungs- und Rentenanstalt, heute Swiss Life) wurde 1857 in Zürich gegründet. Nachdem zwei nationale Einrichtungen gescheitert waren,[143] standen Schweizern allein die hier tätigen rund 20 ausländischen Gesellschaften für die Alters- und Hinterlassenenvorsorge zur Verfügung. Diese Lücke galt es zu schliessen. Die Initiative dazu ergriff der Theologe und Jurist Conrad Widmer (1818–1903), der in Rüttimann als Vizepräsident der Kreditanstalt eine engagierte Stütze fand.[144]

Für die Organisation wurden verschiedene Varianten geprüft und entsprechende Statutenentwürfe ausgearbeitet, wobei in den zugehörigen Anmerkungen vermerkt wurde, «die zu gründende Rentenanstalt auf dieser oder jener Basis» werde als eine grosse wohltätige Institution begriffen werden.[145] Erwogen wurde «ein Gesellschaftsunternehmen auf Gegenseitigkeit», ein «Actienunternehmen» oder eine Institution ohne Nennung der Organisationsform. Gewählt wurde die letztgenannte Lösung. Dabei wollten die Initianten, ohne es ausdrücklich zu sagen, eine auf Gegenseitigkeit ausgerichtete Versicherungsinstitution mit reinem Risikoausgleich unter den Versicherten gründen. Das stiess aber auf Schwierigkeiten, weil die Prämien allmählich eingingen, das Risiko des vorzeitigen Todes eines Versicherten aber von der Ausstellung der ersten Police an zu tragen war. Das für eine Versicherung massgebende «Gesetz der grossen Zahl» konnte erst von einem ausreichenden Policenbestand an zum Tragen kommen. Da die Institution ohne Kapitaleinlage geschaffen werden sollte, fehlte anfänglich das Polster für den Ausgleich. So war in der ersten Phase eine finanzielle Absicherung der Versicherungsleistungen unerlässlich. Nachdem eine andere Bank sich dazu nicht bereit erklärt hatte, übernahm die Schweizerische Kreditanstalt diese Garantie, indem sie sich gegenüber den Einlegern der Rentenanstalt unbedingt haftbar erklärte. Dafür war sie mit 40 Prozent am Gewinn beteiligt.[146] Als Gründerin und Garantin nahm sie einen Einfluss auf die Leitung und die Geschäftstätigkeit, hatte aber kein Kapital einzuschiessen. Paragraf 1 der Statuten lautete:

> «Die Schweizerische Kreditanstalt in Zürich gründet als abgesonderte Unternehmung eine Schweizerische Rentenanstalt, welche den Zweck hat, Leibrenten-, Lebensversicherungs- und Todesfallversicherungsverträge abzuschliessen.»

Rüttimann verfasste eine umfangreiche Eingabe,[147] die er am 12. Oktober 1857 mit Einzelunterschrift als Vizepräsident der Kreditanstalt dem Regierungsrat einreichte. Darin legte er das Bedürfnis dar, dass «den Familienvätern auf hinlänglich soliden Grundlagen Gelegenheit gegeben wird, durch Aufopferung eines kleinen Theils des Erwerbes das Ihrige gegen mancherlei Wechselfälle des Lebens bis zu einem gewissen Grade sicher zu stellen». Er hielt fest, dass die Vorlage der Statuten und der Tarife nicht erfolge, weil eine Genehmigung des Regierungsrats notwendig wäre, «sondern in dem mehr blos [sic] negativen Sinne, daß dadurch dem h. Regierungsrathe Gelegenheit geboten werde, sich zu überzeugen, daß die Unternehmung keine das Gemeinwohl gefährdende Bestimmungen enthalte». Der Regierungsrat, aus dem Rüttimann ein Jahr zuvor ausgetreten war, gelangte nach eingehender Prüfung zu einer anderen Beurteilung und hielt die Genehmigung der Statuten und der Tarife durch die Kantonsregierung für unerlässlich. Einerseits stützte er sich dabei auf Paragraf 1699 des *Privatrechtlichen Gesetzbuchs für den Kanton Zürich*, das Leibrentenunternehmungen einer Verwaltungsaufsicht unterstellte, ohne allerdings eine Bewilligungspflicht vorzusehen. Andererseits berief er sich auf den Beschluss über die Autorisation zur Gründung der Kreditanstalt,[148] weil die eingegangenen Verpflichtungen mit der Zeit den Betrag von 5 Millionen übersteigen dürften, wofür eine spezielle Genehmigung des Regierungsrats erforderlich war. Am 21. November 1857 beschloss der Regierungsrat: «Der von der schweizerischen Kreditanstalt in Zürich gegründeten schweizerischen Rentenanstalt wird auf Grundlage der vorgelegten Statuten und Tarife die Autorisation ertheilt, unter Vorbehalt der im Allgemeinen die Aktiengesellschaften betreffenden Bestimmungen des privatrechtlichen Gesetzbuches und der im Besondern für Rentenversicherungen in § 1691 & ff. dieses Gesetzbuches enthaltenen Vorschriften.»[149]

Die unterschiedliche Beurteilung der Rechtslage ergab sich aus dem damaligen Stand der Gesetzgebung. Das *Privatrechtliche Gesetzbuch für den Kanton Zürich* enthielt Bestimmungen über Korporationen einerseits und über Aktiengesellschaften andererseits. Es sah aber die Genossenschaft, die dem Wesen der Rentenanstalt entsprochen hätte, als Organisationsform nicht vor. Der Ausdruck Genossenschaft kam nur in den rudimentären Bestimmungen über Korporationen mit Teilrechten im Buch über das Personenrecht vor.[150] Das erklärt, warum weder in den Statuten von 1857 noch in Rüttimanns Eingabe an den Regierungsrat oder in dessen Beschluss von der Rechtsform der zu gründenden Unternehmung die Rede war. Sie wurde mangels geeigneter gesetzlicher Basis einfach offengelassen. Um dies zu überbrücken, erklärte der Regierungsrat die Bestimmungen über die Aktiengesellschaft als analog anwendbar. Die Unsicherheit kam auch in widersprüchlichen Entscheiden des Regierungsrats zum Ausdruck. Am 3. Dezember 1859 genehmigte er die vom Aufsichtsrat beschlossene Änderung der Statuten und der Tarife auf Antrag der Rentenanstalt;[151] am 12. Februar 1876 aber entschied er, auf das Gesuch der Rentenanstalt um Genehmigung einer weiteren Statutenänderung nicht einzutreten, weil «das Genehmigungsgesuch vom Verwaltungsrathe der schweiz. Kreditanstalt als der eigentlichen Besitzerin des Geschäftes hätte ausgehen sollen».[152] Diese hatte aber daran keinen Kapitalanteil. Der seit 1869 demokratisch beherrschte Regierungsrat wollte durch Nichteintreten auf den Antrag der Rentenanstalt deren vollständige Lösung von der Kreditanstalt erzwingen, weil er das Konstrukt dem «System Escher» zuordnete, zu dem er auch Direktor Widmer zählte.[153] Der rechtlichen Beurteilung durch den Regierungsrat von 1876 widersprachen die Professoren Bluntschli und Fick, die in ihren Gutachten nachwiesen, dass der Rentenanstalt selbstverständlich die juristische Persönlichkeit zukam.[154]

Die Aufsichtsratssitzung vom 6. November 1875, in der die Statutenrevision beraten und beschlossen worden war, hatte Rüttimann als Vizepräsident geleitet, der dazu auch Anträge stellte.[155] Es war die letzte Sitzung der Rentenanstalt, an der er teilgenommen hat.[156] Die spätere Entwicklung und auch den Entscheid des Regierungsrats vom Februar 1876 erlebte er nicht mehr. Die Kontroverse konnte 1879 schliesslich beigelegt werden, indem die Garantie der Kreditanstalt schrittweise reduziert und dann ganz aufgehoben wurde. Im Frühjahr 1883 konstituierte sich die Rentenanstalt neu unter der Rechtsform der Genossenschaft, nachdem auf Beginn jenes Jahrs die gesetzliche Grundlage dazu durch das Inkrafttreten des *Bundesgesetzes über das Obligationenrecht* vom 14. Juni 1881 geschaffen worden war, das die Genossenschaft als Unternehmungsform in den Artikeln 678 bis 715 vorsah.[157]

So eng die Beziehungen zwischen Kreditanstalt und Rentenanstalt anfänglich waren, unterschieden sich die beiden Institutionen doch in ihrer Zielsetzung. Die Rentenanstalt diente der Vorsorge, die damals nicht als Staatsaufgabe galt, sondern zunächst allein in der individuellen, bald aber auch in der unternehmerischen Verantwortung lag. Aus heutiger Sicht war es die zweite und die dritte Säule der

Alters- und Hinterlassenenvorsorge, zeitlich aber die erste. Umso wichtiger waren die gesellschaftspolitischen Aspekte. Ihnen wurde nach zwei Richtungen hin Rechnung getragen. Von Anfang an wurden die Versicherten am Gewinn beteiligt. 40 Prozent davon wurden der Kreditanstalt als Gegenleistung zur Garantie der Versicherungsleistungen ausgerichtet und 10 Prozent kamen als Tantieme dem Gründungskomitee und später dem Büro zu. Der Rentenanstalt verblieben 50 Prozent, die zur einen Hälfte in den Reservefonds und zur anderen in den Beneficefonds zur Ausrichtung von Überschussanteilen an die Versicherten flossen. Mit der Konsolidierung der Rentenanstalt sank die Bedeutung der Garantiestellung der Kreditanstalt, sodass deren Gewinnbeteiligung als Gegenleistung reduziert und der Gewinnanteil der Versicherten erhöht werden konnte. Dies erfolgte schrittweise unter Beteiligung Rüttimanns 1859, 1862 und an der Aufsichtsratssitzung vom 6. November 1875, die sein damals noch nicht erwarteter Abschied von der Rentenanstalt wurde. Im Einverständnis mit der Kreditanstalt wurde beschlossen, deren Gewinnbeteiligung von noch 20 Prozent nur zur Hälfte auszuzahlen und die anderen 10 Prozent der Gewinnreserve zuzuweisen, die Tantieme, die nunmehr dem Direktor und gewissen «Beamten» zustand, zu streichen und die Gewinnbeteiligung der Versicherten auf 80 Prozent zu erhöhen.[158]

Die zweite Folgerung aus der ursprünglichen Bindung an die Kreditanstalt und aus der gesellschaftspolitischen Funktion der Rentenanstalt bestand darin, dass der Aufsichtsrat anfänglich zur einen Hälfte durch den Regierungsrat ernannt wurde, zur anderen durch die Kreditanstalt. Der Kanton Zürich ordnete Regierungsrat Felix Wild sowie zwei Mitglieder der Handelskammer ab – nämlich Kaspar Ott-Trümpler und Heinrich Stapfer.[159] Die Kreditanstalt ihrerseits bezeichnete als Aufsichtsratsmitglieder Escher, Rüttimann und Johann Friedrich Peyer im Hof.[160] Nachdem weitere Kantone die Konzession zum Abschluss von Versicherungen erteilt hatten, delegierten die Regierungsräte der Kantone Bern und Solothurn je einen Vertreter in das Aufsichtsgremium. Wieder im Hinblick auf das öffentliche Interesse an der Alters- und Hinterlassenenvorsorge amtete bis gegen Ende des 19. Jahrhunderts jeweils ein Regierungsrat als Präsident, als erster Felix Wild. Rüttimann wurde Vizepräsident und blieb in dieser Funktion bis an sein Lebensende. Mit der Konstituierung als Genossenschaft 1883 entfiel die Einflussnahme von Kreditanstalt und Regierungsrat auch auf die Bestellung des Aufsichtsrats, der nun von den zur Generalversammlung zusammentretenden Versicherten gewählt wurde. Dabei wurde weiterhin auf eine breite Abstützung der Geschäftstätigkeit geachtet. Noch zu meiner aktiven Zeit, als der Aufsichtsrat seine Mitglieder selbst wählte, waren alle Landesteile und alle Bundesratsparteien im Aufsichtsrat vertreten. Die Genossenschaftsstruktur wurde bis 1997 beibehalten. Dann wandelte sich das Unternehmen in eine Aktiengesellschaft um, die heute als Swiss Life AG firmiert.

Die Aufnahme der Geschäftstätigkeit erfolgte am 1. Januar 1858. Anders als bei der Kreditanstalt mussten anfänglich nicht Aufsichtsratsmitglieder miteinander oder nacheinander die operative Führung übernehmen, denn der Leiter stand von Anfang an fest. Der erwähnte Conrad Widmer wurde zum Direktor gewählt. Die Gründung einer schweizerischen Lebensversicherungsgesellschaft war um 1855 vom liberalen Regierungsrat Johann Jakob Sulzer angeregt worden, der sich später als Winterthurer der demokratischen Bewegung anschloss. Er präsidierte die Nationalbahn als (bald gescheitertes) Konkurrenzunternehmen zur Nordostbahn und war gar kein Freund Eschers.[161] Mit Sulzer befreundet war dagegen Conrad Widmer, der den Gedanken mit Begeisterung aufnahm und als Grundlage eine schweizerische Sterblichkeitsstatistik ausarbeitete, wobei er sich auf Studien anderer stützte.[162] Er stand rechtzeitig zur Verfügung, da seine Amtsdauer als Zürcher Strafanstaltsdirektor auf Beginn des Jahrs 1858 ablief. Dass er seine bisherige Tätigkeit im Hinblick auf die neue Aufgabe nicht weiterführen wollte, nahm der Regierungsrat mit Bedauern und dem besten Dank für die geleisteten sehr guten Dienste zur Kenntnis.[163]

Ihren Sitz hatte die Rentenanstalt zunächst im Tiefenhof, dann im Grünen Schloss am Zwingliplatz. Im Jahre 1867 erwarb sie das Chamhaus an der Unteren Zäune 1 in der Zürcher Altstadt und baute es für ihre Zwecke um.[164] Der Umzug in das markante rote Verwaltungsgebäude (heute General-Guisan-Quai 38) 1899 und erst recht jener in das heutige Hauptgebäude (General-Guisan-Quai 40) 1939 erfolgten längst nach Rüttimanns Zeit.[165]

Die erste Police wurde am 6. Januar 1858 – am Mittwoch der ersten Arbeitswoche – ausgestellt. Offensichtlich entsprach die Institution einem Bedürfnis, wurden doch bis Mitte Dezember 443 Verträge für die Versicherungssumme von über 1,2 Millionen (damalige) Franken abgeschlossen.[166] Vier Jahre später gehörte auch der Vizepräsident zu den Versicherten. Rüttimanns einfache Todesversicherung über 6000 Franken mit Gewinnanteil wurde am 1. Dezember 1862 abgeschlossen. Sie diente der persönlichen und der beruflichen Hinterlassenenvorsorge. Das Polytechnikum bezahlte 100 Franken an die Jahresprämie von 276 Franken; der grössere Betrag ging zulasten des Versicherten selbst.[167] Die Todesfallsumme mit Einschluss des offenen Gewinnanteils von zusammen 6038.50 Franken wurde nach damaligem Recht weder dem minderjährigen Sohn noch der Tochter, sondern dem Schwiegersohn Beder-Rüttimann zugunsten der Erben des Verstorbenen im April 1876 ausbezahlt, nachdem jener auf die Diskontierung der Versicherungssumme verzichtet hatte.[168] Damit verbunden war ein steuerliches Nachspiel. Die Finanzdirektion wollte den Betrag dem Nachlass zuordnen. Der Regierungsrat aber stellte auf Beschwerde hin fest, dass dieser Posten der Nachzahlung nicht unterliege.[169]

Die Police von Rüttimann war schon eine Kombination von individueller und beruflicher Vorsorge. Diese entwickelte sich bald zur kollektiven Vorsorge mit der Erfassung von Gruppen. In diesem Sinn schloss die Rentenanstalt gleich im ersten Geschäftsjahr mit der Schulsynode einen Vertrag über die Versicherung der Volksschullehrer durch eine zu gründende Witwen- und Waisenkasse ab. Die Zustimmung der Synode vom 30. August 1858 erfolgte unter der Voraussetzung, dass der Kanton einen Drittel der Jahresprämie

Rüttimanns Police.

von 15 Franken für jeden versicherten Lehrer übernehme, wozu der Grosse Rat am 25. Oktober 1858 seine Zustimmung erteilte.[170] Ein allfälliger Verlust war von der Rentenanstalt zu tragen; ein Gewinn kam zu einem Drittel der Rentenanstalt und zu zwei Dritteln der Lehrerschaft zu. Drei Bemerkungen dazu drängen sich auf: Die Volksschullehrer waren nach der Weisung die erste Gruppe, für die eine solche Vorsorge eingeführt wurde. Diese war nicht als Altersrente konzipiert, sondern als reine Absicherung der Hinterlassenen. Bescheiden waren die jährliche Belastung der Versicherten von 10 Franken, der Beitrag des Kantons von 5 Franken im Jahr für jeden Versicherten (mit einer geschätzten Gesamtbelastung von jährlich 3000 Franken) und ebenso die Jahresrente von 100 Franken. Diese stand der Witwe zu und bei deren Fehlen den Kindern gemeinsam, bis sie alle das 16. Altersjahr zurückgelegt hatten. Der Regierungsrat stellte in der Weisung dazu unter anderem fest, dies sei nichts Grosses, doch werde eine solche Familie in der Regel die Unterstützung des Armenguts nicht in Anspruch nehmen müssen. Der Beitrag des Polytechnikums an die Todesfallversicherung von Rüttimann war im Vergleich recht grosszügig.

Die Lebensversicherungsgesellschaften müssen die anvertrauten Gelder so anlegen, dass sie im Versicherungsfall sicher ausbezahlt und während der Dauer des Vertrags verzinst werden können. Dazu sollten sie wenn möglich einen Gewinn für die Versicherten abwerfen. In den ersten Statuten wurde dazu festgehalten: «§ 4. Die Gelder der Rentenanstalt dürfen nur auf solide inländische Hypotheken und andere inländische Sicherheiten angelegt werden.» Das Hypothekargeschäft entwickelte sich so, dass dafür ein Leiter gesucht werden musste. Rüttimann wies 1872 in einem Brief an Escher auf verschiedene Persönlichkeiten hin und schlug vor, Stadtrat Franz Hagenbuch (1819–1888), der von seinem Amt zurücktreten wollte, mit dieser Aufgabe zu betrauen und ihn zum Vizedirektor zu ernennen, der neben seiner Hauptaufgabe als Stellvertreter von Direktor Widmer handeln könnte. Rüttimann empfahl, ihm ein Fixum von 5000 Franken im Jahr auszurichten.[171] Hagenbuchs Laufbahn entsprach nicht gerade heutigen Vorstellungen. Er war von 1856 bis 1869 Regierungsrat, als Finanzdirektor in den Jahren 1864 bis 1866 Aufsichtsratspräsident der Rentenanstalt und von 1869 bis 1872 Mitglied des Stadtrats.[172] Am 25. Mai 1872 wurde er von der Kreditanstalt zum Vizedirektor der Rentenanstalt gewählt, was die damals noch bestehende Abhängigkeit des Versicherungsunternehmens von der Bank zeigt.[173] In die gleiche Richtung weist der Umstand, dass sich im Wertschriftenportefeuille der Rentenanstalt Aktien von Eisenbahnunternehmungen befanden, an deren Finanzierung die Kreditanstalt massgebend beteiligt war. Nach Rüttimanns Tod stellten sich im Zug der Gotthardbahnkrise hinsichtlich der Bewertung dieser Titel Probleme, die zu einer politischen Intervention beim Regierungsrat führten.[174]

Noch kurz vor Rüttimanns Ableben – und angesichts seines Gesundheitszustands sicher nicht mehr auf seine Initiative hin – richtete die Direktion der Rentenanstalt am 29. Dezember 1875 eine Eingabe an den Regierungsrat, die diesen veranlasste, den Berner Nationalrat Brunner (1827–1894) mit einem Gutachten unter anderem über folgende Frage zu beauftragen: «Welche rechtlichen Folgen ergeben sich aus den im Jahre 1857 vom zürcher. Regierungsrathe genehmigten und 1859 modifizierten Statuten der schweiz. Rentenanstalt in Zürich [...] in Beziehung auf ihr Verhältnis zur schweiz. Kreditanstalt in Zürich, namentlich auch für den Fall der Auflösung der Rentenanstalt oder der Kreditanstalt [...]?»[175] Waren die beiden Gesellschaften schon damals «too big to fail»? Die Frage blieb glücklicherweise hypothetisch.

Das sozialpolitische Engagement Rüttimanns kam ausser bei der Gesetzgebung und bei der Vorsorge auch zum Ausdruck beim Wohnungsbau. «Die Unterbringung der Arbeiter war eines der schwierigsten Probleme, das die Industrialisierung mit sich brachte.»[176] Fabrikbesitzer stellten ihren Arbeitern Wohnungen zur Verfügung, doch führte dies zu einer Abhängigkeit. Auf Veranlassung der Hülfsgesellschaft wurde daher in Zürich 1860 die «Aktiengesellschaft für die Erstellung von Arbeiterwohnungen» gegründet mit dem Zweck, «in Zürich und dessen Umgebung gesunde und passend eingerichtete Wohnungen zu erstellen und diese, wo möglich mit etwas Gartenland, an Arbeiterfamilien miethweise oder käuflich zu erleichternder Bedingung vertragsmäßig kleiner Abschlagszahlungen zu überlassen». Rüttimann übernahm das Präsidium und übte es bis zu seinem Tode aus. An das Aktienkapital trugen Private zu rund drei Vierteln bei, während die Kreditanstalt den Rest zeichnete. Die Wirkung war nachhaltig: Die 1861–1865 an der heutigen Badenerstrasse in Aussersihl als damaligem Vorort von Zürich erstellten zwei- und dreigeschossigen «Aktienhäuser» blieben bis 1979 stehen.[177] Die Form der Aktiengesellschaft war gewählt worden, weil Kapital erforderlich war und die Genossenschaftsform wie bei der Rentenanstalt mangels gesetzlicher Regelung nicht gewählt werden konnte.

Das Wirken Rüttimanns für die Kreditanstalt und die Rentenanstalt sowie für die Bereitstellung von Wohnungen mit günstigen Mieten wurde zum langfristigen Erfolg. Dagegen liess sich seine Idee der Gründung einer Hypothekarkasse in der von ihm vorgeschlagenen Form nicht verwirklichen. Nur zwei Monate nach der Zulassung der Kreditanstalt und noch während seines Wirkens als Regierungsrat veröffentlichte er am 18. September 1856 eine kleine Schrift, in der er die Wünschbarkeit einer solchen Bank unterstrich.[178] Der Hypothekarkredit war damals eine beliebte Anlageform von Privaten, die Grundeigentümern Geld gegen die Ausstellung von verzinslichen Schuldbriefen liehen. Rüttimann wies auf die grosse Verschuldung des Grundbesitzes im Kanton hin und ebenso auf die Abhängigkeit der Schuldner von den Gläubigern, die ihre Schuldbriefe kündigen und die Grundeigentümer damit in eine kaum mehr zu bewältigende Lage bringen konnten. Seine Idee war, eine Bank dazwischenzuschalten, die Schuldbriefe von Gläubigern übernehmen und dafür sukzessiv zu amortisierende Obligationen («obligations foncières», wie er schrieb) ausstellen würde. Damit hätten die Gläubiger weiterhin – wenn auch nur indirekt – Anlagen in Immobilien und die Schuldner eine grössere Sicherheit. Sein abschliessender Antrag ging dahin, dass die Kreditanstalt in einer Eingabe an den Regierungsrat ihre Bereitschaft zur Gründung einer Hypothekarkasse bekunde und die

Behörden zur Mitwirkung des Kantons – gegebenenfalls zur vollen Übernahme der Aufgabe – einlade. Zum Ziel führte dies nicht.

Zehn Jahre später veröffentlichte er in der *Neuen Zürcher Zeitung* einen neuen Vorschlag, der diesmal eher von der Erfahrung mit der Rentenanstalt geprägt war. Das dort angewendete Prinzip der Gegenseitigkeit sollte auch die Grundlage für eine Hypothekarkasse werden. Das nicht ganz einfache Konstrukt stiess bei der Redaktion der Zeitung – fast entschuldigend – auf wenig Gegenliebe.[179] Das Anliegen wurde dann in anderer Weise umgesetzt, fiel es doch in die Zeit des Aufkommens der demokratischen Bewegung, zu deren Anliegen die Gründung einer Kantonalbank gehörte. Nachdem der Grosse Rat eine entsprechende Motion erheblich erklärt hatte und eine Reihe von Petitionen mit der gleichen Stossrichtung eingegangen waren, ernannte der Regierungsrat 1866 eine Kommission zur Prüfung und Begutachtung der Frage, ob im Kanton eine Staatsbank zu errichten sei. Rüttimann war Mitglied dieser Kommission.[180] Der entsprechende Entscheid wurde mit der Annahme der Kantonsverfassung am 18. April 1869 getroffen, indem dort in Artikel 24 festgelegt wurde, der Kanton werde zur Hebung des allgemeinen Kreditwesens eine Kantonalbank errichten. Dies erfolgte dann durch das Gesetz betreffend die Zürcher Kantonalbank vom 7. November 1869.[181]

Der Franken als Währung

Vor der Bundesstaatsgründung bildete die Schweiz keinen einheitlichen Wirtschaftsraum. Die Verfassung von 1848 öffnete den Binnenmarkt eher zögerlich. Wohl sah sie den freien Handel über die Kantonsgrenzen vor, verbot jedoch Binnenzölle nicht. Sie ermächtigte bloss den Bund, diese gegen Entschädigung aufzuheben. Sie begründete ferner die Gesetzgebungskompetenz der Eidgenossenschaft zur Abschaffung bestehender Vorrechte beim Personen- und Gütertransport. Noch fand sich dort keine allgemeine Garantie der Wirtschaftsfreiheit. Eine einheitliche Währung aber schrieb die Verfassung vor, indem sie die Münzhoheit dem Bund zuwies. Zuvor galt zwar in 19 Kantonen ein Schweizer Franken als Währung, doch handelte es sich dabei um eine Recheneinheit ohne entsprechende Münzen.[182] In Zirkulation stand eine Vielzahl solcher, seien es kantonale, seien es ausländische.

Zu den ersten Aufgaben der Bundesbehörden gehörte damit der Aufbau einer nationalen Währungsordnung.[183] Der Bundesrat liess durch Johann Jakob Speiser (1813–1856) – Bankdirektor in Basel – ein Gutachten über den einzuschlagenden Weg ausarbeiten.[184] In der Erkenntnis, dass die Schweiz weder die wirtschaftliche Kraft noch die Institutionen hatte, um eine eigenständige Währungspolitik zu betreiben, kam Speiser zum Schluss: «In der That, bei allen offiziellen und anderen Erörterungen über das Münzwesen, ist es als unbestrittener Grundsatz anerkannt worden, daß die Schweiz in ihren Münzeinrichtungen ihren Nachbarn sich anpassen müsse.» Da es nicht möglich sei, sich zwei Systemen zugleich anzuschliessen, beschränke sich der Streit darauf, «welchen der beiden erwähnten Münzfüße – den süddeutschen oder den französischen – die Schweiz zu dem ihrigen machen solle».[185] Nach eingehenden Erwägungen kam er zum Schluss, das französische System sei als «das in den wichtigsten Beziehungen vorzüglichere erkannt worden».[186] Der Bundesrat schloss sich in seinem am 24. November 1849 veröffentlichten Bericht dieser Auffassung an, indem er zum Schluss kam: «Der Bundesrath glaubt diese Münze in der französischen gefunden zu haben, die ohne Uebertreibung eine Weltmünze genannt werden darf.»[187]

Die Landesteile und mit ihnen ihre Vertreter im Ständerat reagierten in unterschiedlicher Weise auf die vorgeschlagene Ordnung. Zustimmung fand der Antrag des Bundesrats in der Westschweiz, in Bern und Basel, wo der französische Franc übliches Zahlungsmittel war. Demgegenüber hatte sich in Zürich und in der Ostschweiz die süddeutsche Währung etabliert, an die man sich dort anlehnen wollte. Im Ständerat stimmte die aus zwei Westschweizern, einem Basler und einem Glarner bestehende Kommissionsmehrheit dem Bundesrat zu. Die Minderheit dagegen – mit Rüttimann als Erstunterzeichner, einem Aargauer und einem St. Galler – war der Auffassung, die süddeutsche Währung hätte sich befestigt und sei faktisch vorherrschend im grössten Teil der Schweiz, weshalb sie den Antrag stellte, dass «die kölnische Mark feinen Silbers zu 36¾ Schweizer Franken ausgeprägt werde».[188] In einem Artikel in der *Neuen Zürcher Zeitung* äusserte Rüttimann namentlich seine Bedenken gegen die ausschliessliche Anbindung an den französischen Franc, dessen Wert von der französischen Handelsbilanz abhängig sei. «Von diesem Standpunkte aus betrachtet haben die französischen Münzen die Eigenschaft einer Waare und sie hören auf, ein absolut einheitlicher und gleichförmiger Werthmesser zu sein.»[189] Er schloss mit dem Vorbehalt, er äussere seine Gedanken «mit der größten Schüchternheit» und erwarte keinen Beifall. «Ueberhaupt würde ich mir als Laie in einer Wissenschaft, die unter den hohen Priestern derselben so controvers ist, nicht erlauben, öffentlich eine Meinung abzugeben, wenn ich nicht durch mein Amt berufen wäre, zu der Erledigung der Frage mitzuwirken.»

Die Mehrheit setzte sich durch, und so beruhten das *Bundesgesetz über das eidgenössische Münzwesen* und das *Bundesgesetz betreffend die Ausführung der schweizerischen Münzreform* (beide vom 7. Mai 1850) entgegen der Haltung Rüttimanns auf dem französischen System. Der Schweizer Franken wurde dadurch im Wesentlichen ein Anhängsel des französischen Francs. Er blieb es bis zur Aufnahme der Geschäftstätigkeit der Nationalbank 1907, die eine eigenständige Währungspolitik ermöglichte.[190]

Die Anbindung an die französische Währung erfolgte nicht durch die Festlegung eines Wechselkurses, sondern durch die identische Bestimmung der Münzeinheiten, ihres Gewichts und ihres Metallgehalts. Die Neigung Speisers zum französischen Franc fand sogar in der Münzbezeichnung ihren Niederschlag. Er schlug für die kleine Währungseinheit den Cent vor und fügte bei der 5-Cent-Münze in Klammern die Bezeichnung «Schilling» bei als deutscher Ausdruck für den französischen «sou».[191] Hier kam nun der Bundesrat Zürich und der Ostschweiz entgegen, indem er in der deutschen Version aus dem Cent den Rappen machte und – statt die 5-Rappen-Münze als Schilling zu bezeichnen – der 10-Rappen-Münze den damals für diese

Einheit gebräuchlichen, inzwischen leider etwas vergessenen Namen Batzen gab. Die Bundesversammlung verzichtete ganz auf solche Zusatzangaben. Von den einst gebräuchlichen Bezeichnungen wird der «Fünfliber» weiterverwendet, gebildet aus der Zahl und dem lateinischen Ausdruck «libra» für Waage und für Pfund.

Der Bund legte den Umwandlungssatz für den bisherigen Schweizer Franken auf 1.50 Franken neue für 1 Franken alte Währung fest.[192] Für die anderen auf ihrem Gebiet verwendeten Währungen hatten die Kantone den «Reductionsfuß» zu bestimmen. Das verursachte im Kanton Zürich einiges Kopfzerbrechen. Vier Monate nach Erlass des Bundesgesetzes legte der Regierungsrat (dem Rüttimann wie Escher angehörten) einen Gesetzesvorschlag vor, der aber beim Bundesrat auf Widerstand stiess.[193] Das weitere Vorgehen hatte Rüttimann zunächst mit zwei anderen Regierungsräten zu prüfen und dann zusammen mit Escher mit dem Bundesrat zu besprechen.[194] Das führte zum Erlass eines kantonalen Gesetzes Ende 1851, das keine festen Umrechnungskurse vorsah. Rüttimann wirkte hier als Referent des Regierungsrats.[195]

Die Anbindung des Frankens an den französischen Franc wurde auf den 1. August 1866 geografisch ausgeweitet, als der Münzvertrag zwischen der Schweiz, Belgien, Frankreich und Italien vom 23. Dezember 1865 in Kraft trat, durch den die Lateinische Münzunion gebildet wurde.[196] Griechenland schloss sich Ende 1868 an.[197] Die Haltung Rüttimanns zur Internationalisierung der Währung lässt sich nicht ermitteln.[198] Die Münzen wurden zwar national geprägt, waren aber Zahlungsmittel in den angeschlossenen Staaten. So fanden sich in Schweizer Unternehmen und in (wohlhabenden) Haushalten 20-Franken-Goldmünzen verschiedener dieser Staaten. Der Erste Weltkrieg brachte das faktische Ende der Lateinischen Münzunion. Die Schweiz beendete sie als letzter Staat formell damit, dass sie die Zahlungskraft der ausländischen Goldmünzen auf den 1. April 1927 aufhob.[199] Es wäre damals ja wohl auch niemandem mehr in den Sinn gekommen, eine Rechnung von 20 Franken mit einer Goldmünze zu begleichen, die den vielfachen Wert hatte.

Die Regelung der Ausgabe und der Einlösung von Banknoten blieb vorerst den Kantonen überlassen.²⁰⁰ Ausgegeben wurden solche ab 1825 in bescheidenem Volumen durch verschiedene «Noten- und Zettelbanken».²⁰¹ In der Vorlage des Bundesrats von 1865 zur Partialrevision der Verfassung fand sich kein Antrag zur Begründung einer entsprechenden Bundeskompetenz.²⁰² Rüttimann schlug demgegenüber in einem fast 20-seitigen Spezialbericht an die Kommission des

Lateinische Münzunion. 20-Franken-Goldmünzen in Zirkulation in der Schweiz 1866–1914. Die Münzen sind hier vergrössert abgebildet, ihr Durchmesser betrug 2 cm. Sie zeigen Vreneli in Begleitung von Napoléon III, Vittorio Emanuele II und Léopold II.

Ständerats vor,[203] einen diesbezüglichen Artikel in die Verfassung aufzunehmen und

«dem Bunde die ausschließliche Befugniß einzuräumen, über die Emission von Werthpapieren, die bestimmt und geeignet sind, als Geld umzulaufen (Banknoten u. dgl.), gesetzliche Vorschriften aufzustellen, immerhin in der Meinung, daß keine Papiere dieser Art ausgegeben werden dürfen, für deren jederzeitige und augenblickliche Einlösung nicht hinlängliche Sicherheit dargeboten werde».

Der Ständerat stimmte dem Antrag zu.[204] Die Bundesversammlung nahm ihn aber nicht in ihren Revisionsbeschluss auf, von dem in der Volksabstimmung ohnehin allein die Gewährleistung der Niederlassungsfreiheit der jüdischen Bevölkerung und ihrer Gleichbehandlung in der Gesetzgebung und der Gerichtsbarkeit Zustimmung fand.[205]

Die Zuständigkeit zur Regelung der Angelegenheit blieb damit weiterhin bei den Kantonen. Im Kanton Zürich war die Kantonalbank nach dem Gesetz von 1869, an dessen Ausarbeitung Rüttimann beteiligt gewesen war, zur Ausgabe von Banknoten befugt. Nach einem Gesetz des folgenden Jahrs konnten Privatbanken durch den Kantonsrat dazu ermächtigt werden.[206]

Der Bundesrat nahm den Gedanken in der durch den Deutsch-Französischen Krieg ausgelösten Krise unter ausdrücklicher Berufung auf Rüttimann 1870 wieder auf und setzte eine Expertenkommission unter dem Vorsitz des Vorstehers des Eidgenössischen Finanzdepartements ein. Rüttimann und auch Nationalrat Carl Feer-Herzog gehörten dieser Expertenkommission an. Sie waren auch die beiden Autoren des Gutachtens, das am 21. September 1870 dem Finanzdepartement eingereicht wurde. Es wurde veröffentlicht mit den Empfehlungen, dem Bund die Gesetzgebungskompetenz auf dem Gebiet der Ausgabe und des Umlaufs von Banknoten zu erteilen und in der Gesetzgebung unter Vermeidung eines Monopols einheitliche Banknoten oder solche mit einheitlichem Charakter und mit der gleichen Kreditwürdigkeit wie ausländische Noten vorzusehen.[207] In seiner Botschaft betreffend die Gesetzgebung über das Banknotenwesen vom 6. Dezember 1870 publizierte der Bundesrat den Bericht der

Expertenkommission. Er gab darin seiner Auffassung Ausdruck, er wolle die Abhilfe nicht «in den äußersten Maßnahmen» mit der Begründung eines Bundesmonopols und der Ausgabe von Papiergeld mit gesetzlichem Zwangskurs suchen, und schlug einen Verfassungsartikel vor, nach dem der Bund auf dem Weg der Gesetzgebung Vorschriften über die Ausgabe und den Umlauf der Banknoten aufstellen werde.[208]

Das geschah dann im Rahmen der Totalrevision der Bundesverfassung. In der Version von 1872, die in der Volksabstimmung scheiterte, wurde festgelegt: «Der Bund ist befugt, auf dem Wege der Gesetzgebung allgemeine Vorschriften über die Ausgabe und die Einlösung von Banknoten zu erlassen.» In die am 29. Mai 1874 angenommene Vorlage wurde diese Fassung als Artikel 39 Absatz 1 übernommen, dem ein Absatz 2 beigefügt wurde mit folgendem Wortlaut: «Er darf jedoch keinerlei Monopol für die Ausgabe von Banknoten aufstellen und ebenso keine Rechtsverbindlichkeit für die Annahme derselben aussprechen.» Das entsprach der von Rüttimann stets vertretenen Auffassung, der eine einheitliche Gesetzgebung, aber kein Monopol wünschte.

Wie kontrovers die Ansichten waren, zeigte sich kurz nach Rüttimanns Tod in der Volksabstimmung vom 23. April 1876, als das Ausführungsgesetz abgelehnt wurde.[209] Drei Jahre später beauftragte die Bundesversammlung den Bundesrat, einen neuen Entwurf vorzulegen, was am 9. Juni 1880 geschah.[210] Zwei Monate danach wurde eine Volksinitiative eingereicht zur Einführung eines Bundesmonopols. Diese wurde aber abgelehnt.[211] Erst danach konnten die Gesetzgebungsarbeiten weitergeführt werden, die zum Bundesgesetz von 1881 führten. Dieses enthielt die materiellen Regeln und unterstellte die Ausgabe von Banknoten der Bewilligung des Bundesrats.[212] Die Neuorientierung erfolgte 1891 mit der Verankerung des Banknotenmonopols in der Verfassung. Gestützt darauf wurde die Nationalbank gegründet, die 1907 ihre Tätigkeit aufnahm und die ersten eidgenössischen Banknoten herausgab. Doch das war nach Rüttimanns Zeit.

Auftrag und Erbe

Die Schweiz im Aufbruch

Das 19. Jahrhundert mit dem Wirken Rüttimanns war eine Zeit des Aufbruchs. Die Grundlagen dazu waren zuvor gelegt worden, einerseits mit der kulturellen Innovation durch die Reformation und die Aufklärung, anderseits mit der Entwicklung des Verfassungsstaats in Amerika und Frankreich. Menschenrechte waren durch die englische *Bill of Rights* von 1689, die *Virginia Bill of Rights* von 1776 und die *Déclaration des droits de l'homme et du citoyen* von 1789 gewährleistet worden. Wenn die Schweiz einen massgebenden Anteil an der Reformation hatte und Zürich im 18. Jahrhundert mit der Aufklärung eine geistige Blüte erlebte,[1] so war unser Land doch weder Ursprungsort der Menschenrechte noch des – von Aristoteles über John Locke zu Montesquieu entwickelten – Gewaltenteilungsprinzips. Die Demokratie hatte schon Solon in Athen begründet, und die Struktur als Bundesstaat haben wir mithilfe Rüttimanns aus Amerika importiert. Die Stärke unseres Landes lag und liegt bei den staatspolitischen Grundideen nicht so sehr in der Innovation als in der Realisation. Zu Rüttimanns Zeit galt es, die Grundsätze neu umzusetzen. Dazu hat er durch seine wissenschaftliche Arbeit und die Lehre an zwei in den Gründerjahren neu errichteten Hochschulen Grundlagen geschaffen. Diese hat er dann durch sein politisches Engagement in Kanton und Bund sowie durch die Entwicklung der Rechtsprechung mit anderen zusammen zum Tragen gebracht. Durch diese Arbeit auf mehreren Ebenen und durch sein unternehmerisches Wirken hat er wesentlich zur Umgestaltung des Landes zu einer zeitgemässen Nation beigetragen. In der Folge war diese in der Lage, sich den neuen Herausforderungen zu stellen, was nicht reibungslos erfolgte. Einen massgebenden Beitrag zur Bewältigung der Aufgabe zu leisten, betrachtete Rüttimann glücklicherweise als seinen Auftrag.

Erstaunlich parallel zu den intellektuellen und staatspolitischen Neuerungen verlief der technische Fortschritt. Die in England im beginnenden 18. Jahrhundert entwickelte Dampfmaschine erhielt ihre Verbreitung dank der amerikanischen Erfindung des Kondensators. Dies öffnete den Weg zur sogenannten ersten industriellen Revolution, die in der Schweiz auch geprägt war durch die Nutzung der Wasserkraft mit mechanischer Übertragung, die nun nicht mehr nur in Mühlen und Sägereien, sondern auch zur Produktion in der als erste aufgebauten Textilindustrie Anwendung fand. Parallel dazu kam es zur Regeneration in den Kantonen und zur Bundesstaatsgründung mit der Neugestaltung der gesamten Rechtsordnung. In die zweite Phase der Industrialisierung – mit der Entwicklung von Elektrotechnik, industrieller Chemie und Verbrennungsmotor – fiel der Übergang der Schweiz zur direkten Demokratie und zur Gewährleistung der Gleichheit für alle.

In dieser gleichzeitigen staatspolitischen und technischen Entwicklung liegt wohl keine direkte Kausalität. Beides aber war Ausdruck der Öffnung des Geistes in einer Zeit des intellektuellen Aufbruchs, den die Aufklärung eingeleitet hatte und der auch den Weg zu den grossen technischen Innovationen öffnete. Die Folge war der Wandel von der gewerblich-landwirtschaftlichen Struktur mit einer auf die Städte beschränkten Handelstätigkeit zur Gesellschaft mit industrieller Produktion und den aufkommenden Dienstleistungen durch grössere Unternehmen. Damit verbunden waren grundlegende gesellschaftliche Veränderungen, denen es auf der politischen Ebene Rechnung zu tragen galt.

Der Staat musste sich mit einer neuen Organisation und dem Aufbau seiner Rechtsordnung der veränderten Lage anpassen. Der wissenschaftliche Fortschritt war aufzunehmen und die Bildung entsprechend zu gestalten. Erforderlich waren Infrastrukturen mit neuen Dimensionen. Bei alldem zeigte die Nation im 19. Jahrhundert eine für den heutigen Betrachter erstaunliche Dynamik. Das traf namentlich auf die Staatsstruktur zu. Im Kanton Zürich wurden 1814 und 1831 neue Verfassungen erlassen, von denen die zweite die Wende zum freiheitlichen Staat brachte. In zwei Schritten – mit einer Partialrevision 1865 und einer Totalrevision 1869 – erfolgte die Weiterentwicklung zur direkten Demokratie. Die grundlegende Wende vom Staatenbund mit dem Bundesvertrag von 1815 zum Bundesstaat erfolgte 1848. Die Ungleichbehandlung einer ganzen Volksgruppe wurde durch die Partialrevision der Bundesverfassung von 1866 beseitigt. Und der erste Schritt zur Vereinheitlichung der Rechtsordnung und zur direkten Demokratie auf Bundesebene wurde durch die Totalrevision von 1874 unternommen. Die gesamte Rechtsordnung wurde neu aufgebaut – zunächst im Kanton, dann im Bundesstaat. An dieser Entwicklung war Rüttimann auf diesen beiden Stufen des Staatswesens in Verbindung von wissenschaftlicher Arbeit und politischem Engagement direkt und konstruktiv beteiligt. Den nachfolgenden Generationen verblieben freilich wichtige Aufgaben. Dazu gehörte bei der Staatsorganisation die Einführung der Proporzwahl der Parlamente mit der Berücksichtigung des Gewichts der politischen Richtungen und der unverständlich späte Einbezug der Bürgerinnen in den Entscheidungsprozess, was im Kanton Zürich 1970[2] und auf Bundesebene 1971[3] erfolgte.

Rechtsetzungsdynamik herrscht auch in der Gegenwart. In den letzten fünf Jahren (2013–2017) wurde 35-mal über eine Revision der Bundesverfassung abgestimmt. In 28 Fällen handelte es sich um Volksinitiativen, von denen vier angenommen[4] und 24 verworfen wurden. Hinzu kamen ein Gegenentwurf zu einer Initiative und sechs behördliche Vorlagen; fünf dieser Bundesbeschlüsse fanden die Zustimmung von Volk und Ständen, zwei wurden abgelehnt. Die Sammlung des geltenden Bundesrechts beansprucht heute fast sieben Mal so viel Platz wie 1948. Diese Entwicklung betrifft eine Vielfalt von Aspekten, bei denen es gilt, auf neue Herausforderungen zu antworten und rational Probleme zu lösen oder auch Emotionen aufzunehmen. Dabei wird freilich hinsichtlich der Regelungsbereiche, der Regelungsdichte und der Regelungsdynamik das sinnvolle und wünschbare Mass vielfach überschritten. Als es aber darum ging, sich im Rahmen einer Totalrevision der Bundesverfassung auf die Grundlagen unseres Staatswesens zu besinnen, blieb das Interesse gering. Während in Rüttimanns Zeiten rasch gehandelt wurde, dauerte das Verfahren der Gesamtrevision der Bundesverfassung in unserer Epoche von der Einsetzung der ersten Expertenkommission[5] bis zur ersten Volksabstimmung am 18. April 1999 32 Jahre. Die Bemühungen endeten mit einer Nachführung und einigen Ergänzungen, die bei den Bürgerinnen und Bürgern ein geringes Echo fanden. An der dritten und letzten Abstimmung – ausgerechnet an jener über die politischen Rechte – beteiligten sich am 9. Februar 2003 gerade noch knapp 29 Prozent der Stimmberechtigten, während es 1869 bei der Totalrevision der Zürcher Kantonsverfassung mit dem Übergang zur direkten Demokratie 89 Prozent gewesen waren.

Zum Anstimmen eines Klagelieds besteht indessen kein Anlass. In der Stabilität der Grundlagen und der Anpassung der Rechtsordnung in hohem Rhythmus kommt zum Ausdruck, dass die Schweiz im 19. Jahrhundert die Basis für eine Staatsstruktur gelegt hat, die heute im Wesentlichen auf einem Grundkonsens beruht. Weil ein solcher erreicht worden ist, besteht für viele kein Anlass, die Grundlagen des Staats zu überdenken und neu zu gestalten. Dagegen gilt es für Behörden und Bürger, sich laufend mit den veränderten Aspekten in einer sich rasch wandelnden Welt auseinanderzusetzen und die Rechtsordnung neuen Problemstellungen anzupassen. Analoge Aufgaben stellen sich in der Bildung und Wissenschaft, in der Wirtschaft und bei den Infrastrukturen. Auch hier muss die Entwicklung aufgenommen, Bestehendes bereinigt und Neues geschaffen werden. Es braucht heute nicht wie 1855 eine neue ETH, aber die Hochschulen müssen die wissenschaftliche Entwicklung mitprägen und sind auch entsprechend tätig. Die Finanzdienstleistungen haben andere Dimensionen angenommen. Ihre heutige Bedeutung zeigt, wie wichtig die Gründungen waren, die Rüttimann mitgestaltet hat. Und ohne das Netz der seinerzeitigen Nordostbahn, an dessen Aufbau er direkt beteiligt war, wäre das Transportsystem im Grossraum Zürich nicht denkbar. In ihrer einfachen ursprünglichen Gestalt wurden die Anlagen zu einer Zeit erstellt, da der Raum noch nicht voll belegt war. Das alles zeigt, wie wichtig der Aufbruch im 19. Jahrhundert und das Wirken jener Personen war, die in einer Zeit der Neuausrichtung weitsichtig den Weg bereitet haben.

Das Gleichgewicht als Staatsprinzip

Rüttimann stammte aus Regensberg, ging zunächst dort zur Schule und besuchte nur während drei Jahren höhere Schulen in der Stadt. Seine ersten beruflichen Erfahrungen erwarb er als Substitut des Landschreibers wieder in Regensberg. Nach seiner Ernennung zum Verhörrichter zog er in die Stadt, übernahm kantonale Ämter und dann, als Delegierter des Kantons, nationale mit einem frühen Blick auch in die internationale Welt. Es war eine Laufbahn von der kleinen territorialen Einheit zur grösseren bis hinauf zur Nation und darüber hinaus. Das war mehr als eine persönliche Besonderheit. Es entsprach – und entspricht noch heute – unserer Staatsstruktur. Die Schweiz ist nicht eine Nation von oben nach unten, sondern eine solche von unten nach oben. Als ich 1982 an einem von der Fondation Nationale des Sciences Politiques in Paris organisierten Kolloquium die Rolle der Gemeinden und der Kantone bei der Raumplanung zu erläutern hatte, fragte mich ein französischer Kollege: «Comment avez-vous réussi à décentraliser ainsi?» Ich antwortete: «Ma réponse est simple: nous n'avons jamais centralisé», was zugegebenermassen überspitzt formuliert war. Aber mit meinen Darlegungen wollte ich am Beispiel der Raumplanung zum Ausdruck bringen, dass in Gemeinde und Kanton den Bürgerinnen und Bürgern sowie den Behörden nicht einfach etwas an delegierter Staatsgewalt zusteht, sie vielmehr gewohnt sind, in eigener Verantwortung zu entscheiden. Die kleinmassstäbliche topografische Gliederung des Landes erlaubte die Bildung überblickbarer politischer Einheiten oder führte gar dazu. Gemeindeautonomie und Föderalismus prägten die Staatstätigkeit und die Struktur der Staatsorgane – zu Rüttimanns Zeit noch ausgeprägter als heute. Einen Herrscher als Staatslenker mit einer ihn umgebenden Aristokratie kannte die Schweiz nie. Wohl gab es von der Frühzeit an gewisse (im Wesentlichen informelle) Oligarchien, aber keine Konzentration der Macht bei einem Einzelnen oder einer nationalen Herrscherschicht. Untertanengebiete waren zum Teil «gemeine Herrschaften» mehrerer Kantone mit aufgespalteter Dominanz. Dort und anderswo wirkten auch in den von anderen beherrschten Gebieten lokale Gemeinschaften, dies namentlich im Agrarsektor.

Das Fehlen einer Machtballung ist kennzeichnend für unser Land und hat das Staatverständnis von Rüttimann geprägt. Die Schweiz ist wohl der einzige Staat mit einem siebenköpfigen Staatsoberhaupt, dessen Vorsitz zudem jährlich wechselt, kommt doch dem Bundesrat ausser der Aufgabe als Regierung auch diese Stellung zu. Rüttimann hat in seinem Hauptwerk dargelegt, dass dies der Übernahme des kantonalen Direktorialsystems entsprach. Dieses beruhte und beruht auf der Tradition und dem Selbstverständnis unseres Landes und gilt nach wie vor ohne entsprechende Bundesvorschrift in allen Kantonen. Mit seiner festen Amtsdauer ist der Bundesrat zwar nicht so unabhängig vom Parlament wie der indirekt vom Volk gewählte Präsident der Vereinigten Staaten. Aber er geniesst doch mehr Eigenständigkeit, als Rüttimann es schilderte. Dafür ist auch das Parlament unabhängiger von der Regierung als in einer parlamentarischen Demokratie, denn die Räte treten unter Umständen auf Regierungsvorlagen nicht ein oder ändern sie im Rahmen einer Detailberatung auch ab. Eine gleichartige, in die Einzelheiten reichende Gesetzesberatung kennen andere Staaten kaum. Zudem sind die beiden Kammern gleichgestellt und müssen – hier wie in der «sister republic» – zu übereinstimmenden Beschlüssen gelangen, damit ein Gesetz zustande kommt. Und das Parlament hat nicht das letzte Wort: Bei Gesetzen können die Bürgerinnen und Bürger mitentscheiden und bei Verfassungsänderungen wird ihnen die Vorlage stets unterbreitet. Im Hinblick auf das erforderliche Ständemehr kommt bei Verfassungsabstimmungen dem einzelnen Stimmberechtigten in den kleinen Kantonen erheblich mehr Gewicht zu als jenem in den grossen, was in den Verfassungsdebatten von 1848 in Zürich beanstandet wurde. Institutionell ist die Gewaltenteilung in der Schweiz also weit mehr als die Unabhängigkeit der Gerichte.

Personell freilich sind die Funktionen wenig getrennt. Das kam schon in der geschilderten Epoche zum Ausdruck, in der der mächtige Alfred Escher und sein engagierter Freund Rüttimann wie andere auch gleichzeitig mehrere Funktionen im öffentlichen und im privaten Sektor ausübten. Das kann zu Interessenkollisionen führen, denen durch geeignete Vorkehren entgegenzuwirken ist. Es hat aber auch den grossen Vorteil, dass in öffentliche Funktionen berufliche und andere Erfahrungen aus dem privaten Sektor in starkem Mass einfliessen. Umgekehrt erhalten private Unternehmen einen direkten Einblick in die politischen Entscheidungswege und können Erkenntnisse sowie Führungserfahrungen aus dem öffentlichen Dienst und der Armee nutzen. Wir nennen das in der Schweiz «das Milizprinzip» – terminologisch und institutionell ein Helvetismus,[6] den Rüttimann in ausgeprägtem Mass gepflegt hat, der aber im Zug der Globalisierung etwas an Gewicht verloren hat.

Der Hang zur Personifizierung aller Entscheide ist nicht allein dadurch bedingt und ist auch nicht eine durch Bildmedien geförderte völlig neue Erscheinung. Vielmehr wurden schon zu Rüttimanns Zeit Einzelakte und Beschlüsse einer Person zugeordnet, als ob sie allein das Ergebnis des Denkens und Handelns eines oder einer Einzelnen wären. Auch der Pamphletist Friedrich Locher wies darauf hin. Seinen Kritikern, die Alfred Escher mit der Feststellung verteidigten, «Herr Escher ist aber der Gründer des Polytechnikums!», antwortete er: «Natürlich, wenn die Eidgenossenschaft etwas beschliesst, hat es Herr Escher beschlossen!»[7]

Das schweizerische Staatsverständnis entspricht der Vielfalt der Nation. Hier werden vier Landessprachen und eine Vielzahl weiterer gesprochen. Das Berggebiet kämpft mit seinen Strukturproblemen, während sich Bevölkerung, Wirtschaft und Wissenschaft im Mittelland entfalten. Zu den beiden christlichen Konfessionen sind weitere Religionsgemeinschaften hinzugekommen. Die politischen Mehrheiten in den grossen Städten und ausserhalb sind verschieden ausgerichtet. Wie andere Staaten kennt die Schweiz soziale Gruppierungen mit ungleichen Bedürfnissen und Anliegen, wenn die

Gegensätze hier auch geringer sind als in gewissen andern Ländern. Zum Selbstverständnis der Schweiz gehört es, bei aller Vielfalt keine – oder jedenfalls möglichst wenige – Antinomien aufkommen zu lassen, sondern die ganze Vielfalt in ein Gleichgewichtssystem einzuordnen. Eine staatliche Gemeinschaft mit der steten Suche nach diesem Gleichgewicht ist aber nur funktionstauglich, wenn der Wille zur Zusammenarbeit besteht und anerkannt wird, dass anders denken und anders sein nicht schlechter sein bedeutet. Die Schweiz der Dreizehn Alten Orte mit ihren Über- und Unterordnungen sowie den damaligen Abhängigkeiten kannte dies noch nicht in gleichem Masse. In den Auseinandersetzungen vor der Bundesstaatsgründung, die Rüttimann an massgebender Stelle miterlebt und aus denen er seine Lehren gezogen hatte, fehlte es zunächst noch und musste aufgebaut werden.

Geradlinig war dieser Weg nicht. Wichtige Zäsuren betrafen die Zeit nach Rüttimann, weshalb hier nur knapp darauf hingewiesen werden kann. Das gilt für den Landesstreik von 1918, für die Genfer Unruhen von 1932 mit Todesopfern[8] und – unter völlig andern Vorzeichen – für die 68er-Bewegung. Sie alle standen auch in einem internationalen Kontext. Durch Integration der verschiedenen Richtungen in die Parlamente und durch demokratische Entscheide konnten Lösungen gefunden werden. So wurden nach dem Landesstreik in Volksabstimmungen die staatliche Lohnfestsetzung knapp und die Vermögensabgabe deutlich abgelehnt, die Alters- und Hinterlassenenversicherung aber in der Verfassung verankert.[9] Mit diesen Hinweisen sollen die erwähnten und weitere Spannungen nicht verharmlost werden. Aber der Weg wurde jeweils wieder gefunden.

Das angestrebte Gleichgewicht beruht auf einer Partnerschaft unter Ungleichen, die in der Schweiz freilich viel mehr Gemeinsames haben, als vielfach angenommen wird. In der Staatspolitik wurde mit dem föderalistischen System der unterschiedlichen Struktur und dem Selbstverständnis der Kantone Rechnung getragen. Die Mitwirkung der grösseren Parteien in den Regierungen von Bund und Kantonen sowie in den Gemeindebehörden bezieht die verschiedenen politischen Richtungen in die Verantwortung ein, ohne dass sie durch Koalitionsverträge gebunden wären. Eigenverantwortung, kollektive Vorsorge und staatliche Versicherung sind – in historischer Reihenfolge – die drei Säulen der wirtschaftlichen Sicherung für das Alter und die Hinterlassenen. Auch in der Bildungspolitik wird kein Einheitsweg beschritten, mit dem durchlässigen dualen System vielmehr ein Konzept gepflegt, in dem die ausgebaute berufliche und die akademische Ausbildung ihren Platz haben. Infrastrukturen werden nicht nur zugunsten von Ballungsräumen, sondern landesweit erstellt und betrieben. Die zentralen Funktionen sind auf mehrere Städte aufgeteilt, von denen jede ihre Eigenheiten hat. Und namentlich verfügt die Schweiz nicht einfach über eine Vielfalt von Sprachen und Kulturen, sondern über eine Kultur der Vielfalt, die nicht zu verwechseln ist mit einem «Multikulti-System» ohne Bezug auf Entwicklung und Eigenheiten des Landes.

Der Aufbau dieses Systems des Gleichgewichts und seine Pflege mögen keine blendenden Errungenschaften sein, aber sie haben dem Land bei gegenseitigem Verständnis Stabilität gebracht und weder den Fortschritt noch die Innovation gehemmt. Im Gegenteil: Auf dieser staats- und gesellschaftspolitischen Grundlage konnten sich die Gemeinschaft und die Individuen entfalten. Voraussetzung dafür ist allerdings, dass bei allem Streben nach dem Gleichgewicht Raum bleibt für originelle Köpfe, neue Ideen und aussergewöhnliche Leistungen. Auch in den Aussenbeziehungen wurde schon in der Frühzeit des Bundesstaats unter Mitwirkung Rüttimanns ein eigenständiger Weg gesucht. Hier steht aber in einem gegenüber damals völlig veränderten Umfeld mit multinationalen Strukturen noch eine grosse Aufgabe an, bei der aus schweizerischer Sicht der richtige Schritt in Europa nicht die Einordnung, sondern jener zur Partnerschaft wäre.

Rüttimann stand am Anfang dieser nationalen Entwicklung. Er war nicht einfach der Schöpfer des Gleichgewichtssystems, aber er hat durch sein vielfältiges, verantwortungsbewusstes und hoch kompetentes Engagement im Staat, bei der Ausgestaltung und Anwendung der Rechtsordnung, in Bildung und Wissenschaft sowie in der

Wirtschaft massgebend beigetragen, den Grundstein dazu zu legen. Sein Gesichtsfeld endete nicht an der Landesgrenze, sondern reichte selbst über den Atlantik hinaus. Mit seinen frühen Untersuchungen des Aufbaus und des Rechts anderer Staaten hat er die Staatsorganisation und die nationale Rechtsordnung stark beeinflusst. Sein ausgleichendes Wesen, das nach seinen eigenen Worten weder expansiv noch demonstrativ war, trug entscheidend zur nachhaltigen Wirkung seines Handelns bei. Er war in der Frühzeit des Bundesstaats nicht ein mächtiger Macher, er war ein bedeutender Gestalter.

Anhang

Zeittafel

	1813	1829-1831	1832-1839	1840-1842	1843-1852	1853-1862	1863-1872	1873-1876
		Jugend	20–29 Jahre		30–39 Jahre	40–49 Jahre	50–59 Jahre	60–63
Geburt und Tod	*							†
Heirat, Tochter (ca.), Sohn					T	S		
Substitut Landschreiber		■						
Gerichtsschreiber			■					
Adjunct Staatsanwalt			■					
Sekretär Grosser Rat			■					
Anwaltstätigkeit					■ ↑			
Mitglied Grosser Rat					■	■	■	
Regierungsrat					■			
Abgeordneter Tagsatzung					■			
Ständerat					■	■	■	■
PD / Prof. Universität					■	■	■	
Prof. Polytechnikum							■	■
Bundesrichter						■		
Richter Kassationsgericht					■	■		
Oberst im Justizstab					■	■		
NOB								■
Kreditanstalt / Rentenanstalt					■	■	■	■

Anmerkungen

Rüttimanns Weg

1. In kantonalen Listen figuriert er als Joh. Jacob bzw. Joh. Jakob Rüttimann (StAZH MM 2.111 Protokolle Regierungsrat 1851, Mitgliederliste; MM 24.33 KRP 1858/0017) oder als J. Jakob Rüttimann (StAZH MM 2.123 RRB 1854/0498). Als Jak. Rüttimann findet man ihn in Akten des SL-Archivs.
2. StAZH MM 2.29 RRB 1836/0451; MM 24.17 KRP 1836/0049 und 1836/0063; alle vom 21. bzw. 22.03.1836.
3. SCHNEIDER, S. 31.
4. Briefe von Josua an Johann Jakob Rüttimann (ZB Ms G 442).
5. Zum Tod noch im Amt als Notar: StAZH MM 2.145 RRB 1859/0961 vom 28.07.1859.
6. Brief vom 31.07.1859 (ZB Ms Z I 142 Nr. 2).
7. SCHNEIDER, S. 5 f.
8. Hinweis in: StAZH MM 2.7 RRB 1832/0960 vom 26.05.1832.
9. StAZH MM 1.81 RRB 1822/0948 vom 30.11.1822.
10. SCHNEIDER, S. 6.
11. StAZH MM 2.100 RRB 1848/0673 vom 29.04.1848 (Ernennung zum Ingenieur-Gehülfen); MM 2.90 RRB 1845/1769 vom 27.11.1845 und Plan K 1 ca. 1850 (Eisenbahnprojekte); MM 2.101 RRB 1848/1414 vom 19.08.1848 und Pläne S. 66 1843 und A 3.28 1845–1848 (Strassenbau); MM 2.121 RRB 1853/1355 vom 10.09.1853 (Telegrafenlinie Bern–Luzern). Brief Escher an Rüttimann vom 14.04.1852 betreffend Ernennung von Hartung zum Inspektor (Escher Briefe, Rüttimann Nr. 18).
12. Briefe vom 24.10.1847 und vom 13.11.1847, dieser aus Roggwil (BE) bei Murgental (AG); ZB Ms G 442.
13. Bundesratsbeschluss vom 16.04.1852 (BBl 1852 I 305); Brief Alfred Eschers an Rüttimann vom 14.04.1852 (Escher Briefe, Rüttimann Nr. 18).
14. SCHNEIDER, S. 6.
15. ZURLINDEN, Bd. 1, S. 96.
16. SCHNEIDER, S. 8.
17. Ein Beispiel ist sein Brief an seinen Regierungsratskollegen Rudolf Bollier vom 15.08.1847 (voller Text bei LARGIADÈR, S. 47 f.).
18. Brief vom 19.05.1836 (ZB Ms Autographensammlung Ott); zum weiteren Inhalt des Briefs S. 37–39.
19. Linth-Escher-Gesellschaft, Kurzbiographie von H. C. Escher von der Linth, in: System der Staatswirtschaft von Herrn Erziehungsrat Escher, hrsg. von der Linth-Escher-Gesellschaft, Zürich/Glarus 1999, S. 295.
20. Der Philosoph Friedrich Traugott Krug (1770–1842) war der erste Nachfolger Kants in Königsberg und danach Professor in Leipzig (Neue Deutsche Biographie 13, 1982 S. 114 f.).
21. SCHNEIDER, S. 8.
22. SCHNEIDER, S. 11.
23. StAZH MM 2.42 RRB 1838/0862 vom 17.05.1838: Erteilung des Patents als Cantonsfürsprech gestützt auf einen Beschluss des Obergerichts vom 15.05.1838. Dazu S. 34.
24. Nach HLS Rüttimann 1844.
25. Nach SCHNEIDER, S. 32 wenige Monate vor dem Tod Rüttimanns. Ihr Gatte Beder-Rüttimann wird erwähnt in StAZH MM 2.212 RRB 1876/1673 vom 27.06.1876. Ihm wurde zuhanden der Erben die Summe aus der Todesfallversicherung der Rentenanstalt ausbezahlt (vgl. S. 169).
26. SCHNEIDER, S. 31. Das Geburtsdatum des Sohns ergibt sich aus einem Brief Rüttimanns an Bundesrat Dubs vom 15.09.1861 (ZB Ms Z I 142).
27. Brief vom 20.11.1865 aus Enge (ZB Ms Z I 142 Nr. 7).
28. SCHNEIDER, S. 31 f.
29. SCHNEIDER, S. 11.
30. Wahl am 25.02.1844 (StAZH MM 2.82 RRB 1844/0324 vom 02.03.1844) und Validierung am 26.03.1844 (StAZH MM 24.26 KRP 1844/0003), Grossratsmitglied aus jenem Kreis 1854, 1858, 1862 und 1866 (StAZH MM 2.32 KRP 1854/0055, MM 24.33 KRP 1858/0017, MM 24.33 KRP 1862/0054, MM 24.34 KRP 1866/0086).
31. StAZH MM 24.35 KRP 1870/0195 vom 20.06.1870.
32. Das Haus trug die Versicherungsnummer 275. Diese Numerierung bezog sich auf das ganze Gemeindegebiet. Die Adresse ergibt sich aus dem Todesschein des Zivilstandsamts Enge vom 24.01.1876, das sich im gleichen Haus befand, und aus einem Brief Rüttimanns an die Rentenanstalt vom 12.11.1875 (beide Dokumente SL-Archiv 7.2.1.1.1).
33. SCHNEIDER, S. 30.
34. Escher Briefe Rüttimann Nr. 23 vom 26.05.1855.
35. Brief aus Bern vom 26.10.1847 über kleine Revenuen (Escher Briefe, Rüttimann Nr. 9 an Escher); Brief vom 25.01.1858 an den damaligen Regierungsrat und Ständerat und späteren Bundesrat Jakob Dubs (ZB Ms Z I 142) mit Hinweis – bessere Lesart vorbehalten – auf Modalitäten der Rückzahlung von Schulden. Dieser zweite Brief erstaunt, war doch Rüttimann damals Vizepräsident von Kreditanstalt und Rentenanstalt.
36. SCHNEIDER, S. 5 und 8.
37. SCHNEIDER, S. 8 f.
38. Escher Briefe Rüttimann Nr. 23 an Escher vom 26.05.1855.
39. Escher Briefe Rüttimann Nr. 20.
40. StAZH MM 24.31 KRP 1852/0093 vom 30.06.1852.
41. SL-Archiv Hauptprotokoll Nr. 186; 22. Sitzung des Aufsichtsrats.
42. Civilstandsamt Enge, Auszug aus dem Todten-Register vom 24.01.1876 (SL-Archiv 7.2.1.1.1). Krankheit eingehend geschildert von SCHNEIDER, S. 32 f. sowie vom Arzt Dr. med. Max Esslinger in einem Bericht vom 24.01.1876 (SL-Archiv 7.2.1.1.1). Ferner: Schulrat Präsidialverfügung 11.01.1876, Nr. 9, S. 4.

Wegbereiter und Wegbegleiter

1. Siehe S. 73.
2. JOHANN CASPAR BLUNTSCHLI veröffentlichte eine Arbeit über Freimaurer (Zürich 1858) und eine solche über Freimaurergespräche (Zürich und Heidelberg 1878). In weiteren Publikationen wird er als Bruder in der Loge Modestia cum Libertate erwähnt; er hielt ebenso wie Furrer an einer Freimaurer-Gründungsfeier 1844 eine Ansprache (*Discours*

prononcés à la fondation de l'Union des Loges suisses, Zurich 1844).
3   Quelle: Reg. Räte ZH.
4   Quellen: HLS, UZH.
5   KONRAD SCHMID, S. 30 f.
6   SCHNEIDER, S. 8, wobei sich allerdings keine weitere Dokumentation zu einer Lehrtätigkeit von Orellis an jenem Institut finden liess. Gemäss HLS war von Orelli Professor am Carolinum.
7   Quellen: HLS, UZH.
8   RÜTTIMANN im Nachruf auf Keller, Kleine Schriften, S. 38.
9   KATHARINA M. SALESKI, Theorie und Praxis des Rechts im Spiegel der frühen Zürcher und Schweizer juristischen Zeitschriften, Zürcher Studien zur Rechtsgeschichte, Bd. 58, Zürich 2007. (Dissertation), S. 71.
10 Wahl zum Präsidenten am 26.03.1831 gemäss ZURLINDEN, Bd. 1, S. 84 f.
11 Zum «Züriputsch» siehe S. 87 f.
12 RÜTTIMANN im Nachruf auf Keller, Kleine Schriften, S. 70; ZURLINDEN, Bd. 1, S. 257.
13 RÜTTIMANN im Nachruf auf Keller, Kleine Schriften, S. 37; ZURLINDEN, Bd. 1, S. 258.
14 Gemäss KONRAD SCHMID, S. 62.
15 NZZ vom 12.09.1860 mit Todesdatum 11.09.1860. Der Text könnte nach seinem Gehalt von Rüttimann stammen; der Autor bleibt aber ungenannt.
16 Siehe S. 67 f.
17 RÜTTIMANN, Nachruf auf Keller, Kleine Schriften, S. 71 f.
18 HLS Bluntschli, UZH.
19 ZURLINDEN, Bd. 1, S. 83 mit Darlegung der damals in Zürich herrschenden politischen Strömungen. Zu diesen im Allgemeinen ausführlich KÖLZ Geschichte, Bd. 1, S. 267 ff.
20 JOHANN CASPAR BLUNTSCHLI, Die Partey der Gemäßigten in ihrem Sein und Wollen, ein politischer Aufsatz, Zürich 1832; Meinungsäusserung eines Conservativen gegen Ultramontanismus in Bayern, München 1846.
21 Unter den zahlreichen Biografien und Würdigungen Bluntschlis seien lediglich erwähnt jene von WILLI HOCHULI in: Zeitschrift für Schweizerisches Recht, 1982, I, S. 87–104 und von CAROLINE METZNER, Diss. Heidelberg 2008/2009.
22 2 Bände, Zürich 1838/39.
23 Erste Publikation: 4 Bände, Zürich 1854–1856; spätere Ausgabe: 5 Bände, Zürich 1855–1871.
24 Erschienen in 3 Bänden, Stuttgart 1875–1886.
25 SCHNEIDER, S. 19; ohne diese Qualifikation: Reg.Rat ZH.
26 StAZH MM 24.27 KRP 1845/0042 vom 03.04.1845. Dazu: ZURLINDEN, Bd. 1, S. 260–262.
27 StAZH MM 24.27 KRP 1845/0042 vom 03.04.1845.
28 ZURLINDEN, Bd. 1, S. 262.
29 ZB 29 Briefe von Rüttimann an Bluntschli (ZB Ms 14.723), 2 Briefe Bluntschlis an Rüttimann (ZB Ms G 442) und 1 Briefentwurf Bluntschlis an Rüttimann (ZB Ms 14.723).
30 Brief Bluntschlis an Rüttimann aus Heidelberg vom 09.01.1867 (ZB Ms G 442).
31 Ausführlich zu Alfred Escher: JUNG Escher.
32 Escher Briefe Rüttimann Nr. 35, Dezember 1871.
33 JUNG Escher, Teil 3, S. 749.
34 Escher Briefe Rüttimann Nr. 35.
35 Brief Alfred Eschers an Georg Stoll vom 04.04.1880 aus Paris (Escher Briefe Stoll Nr. 47).
36 Escher Briefe Rüttimann Nr. 23 vom 26.05.1855 an Escher. Der dort genannte Donnerstag, 22.05.1855, war Auffahrt. Rüttimann erwähnt Frau Escher, bei der es sich entweder um Alfred Eschers Mutter Lydia Escher-Zollikofer (1897–1868) oder um seine Gattin Augusta Escher-Uebel (1838–1864) handelte. Der Hinweis auf den prekären Gesundheitszustand konnte auf beide zutreffen. Clementine Stockar-Escher (1816–1886), Künstlerin, war die Schwester von Alfred.
37 JUNG Escher, Teil 1, S. 16. Zu Alexander Schweizer, Prof. der Theologie und Rektor der Universität Zürich: KONRAD SCHMID, S. 53–55.
38 Reg. Räte ZH, JUNG Escher Teil 1, S. 99.
39 Siehe S. 88 f.
40 StAZH MM 2.130 RRB 1856/1347 vom 06.10.1855.
41 Der Unterbruch fiel in die Zeit vom Oktober 1877 bis zum Juni 1880 (JUNG Escher, Teil 3, S. 748 und 837).
42 Als Beispiel unterschiedlicher Stimmabgabe: StAZH MM 24.35 KRP 1869/0329–0331 vom 01.12.1869 betr. Beratung Steuergesetz.
43 Siehe S. 87 f.
44 BBl 1849 I 129 f.
45 HIS, Bd. 3, S. 12.
46 Zehn Briefe Furrers an Rüttimann in ZB Ms Z II 308.
47 NZZ vom 26.07.1861 (Frontseite).
48 Erschienen 1861 in der NZZ und publiziert in den Kleinen Schriften (vgl. Werkverzeichnis).
49 Briefe vom 21.10. bis 25.11.1847 (ZB Ms Z II 308).
50 Blumer war zunächst Tagsatzungsabgeordneter und dann Ständerat mit einem krankheitsbedingten Unterbruch 1872/73 (HLS; Parlament).
51 BBl 1849 I 130 f.
52 Brief von Blumer an Rüttimann vom 01.11.1874 aus Lausanne, ZB Ms G 442.
53 1. Aufl., 2 Bände, Schaffhausen 1863/64. Die zweite und die dritte Auflage (diese Basel 1887–1891) veröffentlichte JOSEF MOREL.
54 JAGMETTI sen. S. 61.
55 Quellen: HLS; UZH.
56 SCHNEIDER, S. 3–33.
57 Dazu: KLEY öff. R., S. 485 f.
58 Zu Tocqueville: FRANÇOIS FURET, «Biographie de Tocqueville», in: Alexis de Tocqueville, De la Démocratie en Amérique, 2 Bände, Paris 1981, Bd. 1, S. 5 ff.
59 Bundesratsbeschluss vom 24.08.1855 (BBl 1855 II 419).
60 Gemäss Vorlesungsankündigungen im Bundesblatt 1857–1870.

61 Schulratsbeschluss vom 12.12.1870 über die Beurlaubung (Protokoll S. 110, actum 5116); Bundesratsbeschluss vom 18.09.1871 über die Entlassung unter Verdankung der geleisteten Dienste (BBl 1871 III 404), aber (anders als für die gleichzeitig zurückgetretenen Professoren Semper und Zeuner) ohne die besondere Würdigung seines Wirkens (Geschäftsbericht des Bundesrats für 1871, BBl 1872 II 319).

Praxis, Wissenschaft und Gesetzgebung

1 So zitierte er in seinem Vortrag «Zur Geschichte und Fortbildung der zürcherischen Rechtspflege» einen französischen Autor und erwähnte auf der gleichen Seite die Lage in den USA (namentlich in Louisiana) und in England (Kleine Schriften, S. 149). Zur Komparatistik in der Weisung zum Strafverfahren: StAZH 2.115 RRB 1852/0391 vom 04.03.1852; dazu nachstehend S. 44.
2 Schneider, S. 11.
3 Gesetz betreffend die Organisation des gesamten Unterrichtswesens des Kantons Zürich vom 28.09.1832 (OS, Bd. 3, S. 324).
4 Im HLS wird er Ignaz Thomas Scherr genannt. Die Ernennung zum «Director des Schullehrer-Institutes» galt aber Ignaz Theodor Scherr (StAZH MM 2.6 RRB 1832/0345 vom 28.02.1832). So hat ihn auch Bluntschli bezeichnet.
5 Hans Georg Nägeli (1773–1836), der «Sängervater» (HLS Nägeli Hans Georg).
6 StAZH MM 2.15 RRB 1834/0071 vom 09.01.1834 mit einer Beschreibung der Ereignisse; Schneider, S. 10 f.
7 Graber, S. 91 (zu den Ereignissen in Stadel S. 93) misst ihnen entscheidende Bedeutung zu. Kölz Geschichte, Bd. 1, S. 409 f. weist auf die Entfremdung der ärmeren, kirchlich-konservativen Landbevölkerung vom aufklärerischen Reformhirn.
8 Schneider, S. 11; Heinrich Hedinger, Regensberg, Schweizer Heimatbücher, 3. Aufl., Bern 1969, S. 123.
9 StAZH MM 2.17 1834/0874 und 0883 vom 15. und 16.05.1834. Das Truppenaufgebot umfasste ein Bataillon Infanterie, je eine Kompanie Artillerie und Scharfschützen und eine halbe Kompanie Dragoner.
10 Schneider, S. 10 f.
11 Herr Seminardirektor und Erziehungsrath Ignaz Theodor Scherr und seine Lehrmittel. Eine Streitschrift herausgegeben von Dr. J. Bluntschli. Frauenfeld 1837. Zum zweiten Vornamen von Scherr vgl. Anm. 4.
12 Nach Schneider, S. 10 f. Die Bezeichnung variiert zwischen «Substitut» und «Adjunct» des Staatsanwalts.
13 StAZH MM 2.34 RRB 1837/0206 vom 07.02.1837.
14 StAZH MM 24.20 KRP 1838/0071.
15 StAZH MM 2.42 RRB 1838/0862.
16 Civil-Protokoll des Obergerichtes des Standes Zürich 1840 (StAZH YY 7 11, S. 79, 129, 156, 164, 200, 206, 268, 317, 601, 769).
17 Criminal-Protokoll des Obergerichtes des Standes Zürich 1840 (StAZH YY 10 32, S. 125, 224, 509, 608).
18 StAZH MM 24.26 KRP 1844/0062 vom 20.06.1844 Motion; MM 2.85 RRB 1844/1003 vom 22.06.1844 Bestellung Kommission; MM 2.86 RRB 1844/1609 vom 17.10.1844 Bericht der Kommission.
19 StAZH MM 2.85 RRB 1844/1453 vom 12.09.1844 Untersuchungshaft; MM 286 RRB 1844/1585 vom 10.10.1844 Hinweis auf Anklage und Ausschluss der Wiederwahl.

20 StAZH MM 2.55 RRB 1840/0434 vom 07.03.1840.
21 StAZH MM 2.41 RRB 1838/0563 vom 07.04.1838 und MM 2.96 RRB 1847/0872 vom 29.05.1847, wobei Rüttimann zunächst als Anwalt (noch als Kantonsprokurator) und dann als Regierungsrat handelte.
22 Niederlassungsgesuch Dr. Hörle: StAZH MM 2.62 RRB 1841/0456 vom 13.03.1841 und MM 2.71 RRB 1842/0975, zum Brief aus London: S. 37 ff. Aufenthaltsbewilligung Verwalter Kloster Kappel a. A.: StAZH 2.49 RRB 1839/0935 vom 22.06.1839.
23 StAZH MM 2.81 RRB 1843/2228 vom 03.12.1843.
24 StAZH MM 2.113 RRB 1851/1301 vom 02.08.1851.
25 Einreichung der Beschwerdeschrift am 12.12.1844 (StAZH MM 2.86 RRB 1844/1929 vom 14.12.1844), Wahl in den Regierungsrat am 17.12.1844 (StAZH MM 24.27 KRP 1844/0120), Beschluss des Regierungsrats vom 11.02.1845 (StAZH MM 2.87 RRB 1845/0233).
26 StAZH MM 2.29 RRB 1836/0414 vom 17.03.1836.
27 StAZH MM 2.29 RRB 1836/0462 vom 26.03.1836.
28 StAZH MM 2.29 RRB 1836/0414 vom 17.03.1836.
29 ZB Ms Autographensammlung Ott.
30 HLS Ott, Konrad.
31 StAZH MM 2.31 RRB 1836/1187 vom 23.07.1836.
32 StAZH MM 2.38 RRB 1837/1522 vom 23.09.1837.
33 Laudatio und Dankesschreiben Rüttimanns vom 27.07.1852: StAZH U 105.10.18.
34 BBl 1849 I 253 f.
35 Text: BBl 1849 II 261.
36 Entwurf des Bundesrats vom 04.10.1850 (BBl 1850 III 151); Bundesgesetz vom 20. Wintermonat (November) 1850 (BBl 1850 III 539).
37 Geschäftsbericht des Bundesrats für 1848/49, BBl 1850 III nach S. 150 mit separater Nummerierung S. 107, wo vom Berichterstatter die Rede ist, wobei es sich nach S. 106 um Rüttimann handelte.
38 Schneider, S. 19.
39 Geschäftsbericht des Bundesrats für 1848/49, BBl 1850 III nach S. 150, mit separater Paginierung S. 107 f.; Bericht der Kommission des Ständerats vom 12.11.1850; BBl 1850 III 835 ff., insbes. S. 836 f.
40 Ständerat Kappeler im Bericht der Kommission des Ständerats vom 12.11.1850, BBl 1850 III 835 f.
41 Schneider, S. 19 bezeichnet Rüttimann als «Vater der eidgenössischen Civilprozessordnung vom 22. November 1850».
42 Aufhebung auf den 01.07.1948 durch das Bundesgesetz über den Bundeszivilprozess vom 04.12.1947 (BS, Bd. 3, S. 590).
43 BBl 1850 III 836.
44 Entwurf (ohne Datum) BBl 1849 I nach S. 522 als Extrabeilage mit separater Paginierung; zu Entstehung und Inhalt (kurz): Geschäftsbericht des Bundesrats für 1848/49, BBl 1850 III nach S. 150 mit separater Paginierung S. 110.
45 Bericht des Nationalrats zum Geschäftsbericht des Bundesrats 1848/49, BBl 1850 III 291 ff., insbes. S. 370; zur uneinheitlichen kantonalen Praxis auch: Geschäftsbericht des Bundesrats für 1850, BBl 1851 II 205 ff., insbes. S. 232 f.
46 Entwurf des Bundesrats vom 25.04.1851, BBl 1851 I 391.
47 ZB Ms Z II 308. Furrer kündigte damit als Vizepräsident die Beratung im Bundesrat an. Bundesrat Daniel-Henry Druey war Vorsteher des Justiz- und Polizeidepartementes.
48 StAZH MM 2.96 RRB 1847/0553 vom 08.04.1847.

49 Antrag des Regierungsrats zur Verfassungsänderung vom 14.06.1847 (StAZH MM 2.96 RRB 1847/0973).
50 StAZH MM 2.96 RRB 1847/0973 vom 14.06.1847; MM 24.28 KRP 1847/0043 vom 21.06.1847 (dort ohne Namensnennung).
51 *Eighth report of her Majesty's Commissioners on criminal law*, London 1845, beschafft gemäss Beschluss vom 06.08.1850 (StAZH MM 2.109 RRB 1850/1433).
52 StAZH MM 2.100 RRB 1850/1529 vom 27.08.1850.
53 Geprüfter Entwurf vom 02.04.1851 und Beratungsbeschluss vom gleichen Tag (StAZH MM 24.30 KRP 1851/0058 & 0059).
54 Entwurf vom 02.04.1851 (StAZH MM 24.30 KRP 1851/0059) und Verfassungsgesetz vom 07.10.1851 (StAZH MM 24.30 KRP 1851/0118; OS, Bd. 8 S. 301–304).
55 23. und 30.11. sowie 14.12.1851.
56 StAZH MM 2.114 RRB 1851/1860 vom 08.11.1851. Der Wintermonat war der November.
57 StAZH MM 2.114 RRB 1851/2114 vom 18.12.1851; OS, Bd. 8, S. 312 f.
58 Auftrag an Rüttimann: StAZH MM 2.115 RRB 1852/0180 vom 02.02.1852; Weisung mit Hinweis auf die Urheberschaft Rüttimanns: StAZH MM 2.115 RRB 1852/0391 vom 04.03.1852.
59 Weisung vom 04.03.1852 (Anm. 58) am Schluss.
60 StAZH MM 24.30 KRP 1852/0008 vom 26.01.1852. Die vorzeitige Einsetzung der Kommission war vom Regierungsrat beantragt worden: StAZH MM 2.115 RRB 1852/0068 vom 15.01.1852.
61 OS, Bd. 9, S. 33 und 67. Auf Wunsch von Obergericht und Staatsanwaltschaft war Rüttimann vom Regierungsrat beauftragt worden, dem Grossen Rat das Inkrafttreten der Gesetze auf den 01.01.1853 zu beantragen, was zu entsprechenden Bestimmungen in den Gesetzen führte (StAZH MM 2.117 RRB 1852/1597 vom 25.09.1852).
62 Vgl. Werkverzeichnis.
63 StAZH MM 2.146 RRB 1859/1489 vom 26.11.1859.
64 StAZH MM 2.134 RRB 1856/1444 vom 25.10.1856.
65 StAZH MM 2.132 RRB 1856/0887 vom 28.05.1856.
66 Siehe S. 64 mit Anm. 189.
67 StAZH MM 2.96 RRB 1847/0973 vom 14.06.1847. Im Protokoll steht «Öffentlichkeit und Mündigkeit», was auf einem Versehen beruhen dürfte.
68 Weisung vom 04.03.1852 (StAZH MM 2.115 RRB 1852/0391, bei der Erörterung des Entwurfs betreffend das Strafverfahren).
69 Zur Weisung: Anm. 68.
70 *Gerichtsverfassungsgesetz* vom 13.06.1976, § 55 Abs. 1 (Zürcher Gesetzessammlung 1981 211.1). Von 1992 an bestimmte das Gericht Zeit und Ort der Sitzungen selbst gemäss Gesetz vom 03.03.1991 (OS, Bd. 51, S. 456), bis das Gericht abgeschafft wurde. Die Orte waren schon in der von Rüttimann verfassten Weisung genannt worden, wobei für das Oberland auch Uster (die Präferenz Rüttimanns) und Hinwil genannt wurden.
71 Dazu: JOHANN CASPAR BLUNTSCHLI, *Staats- und Rechtsgeschichte der Stadt und Landschaft Zürich*, Zweiter Teil, Zürich 1839, S. 37 ff., insbes. S. 39.
72 Gesetz mit dem angegebenen Titel vom 25.05.1811 (Officielle Sammlung der von dem Grossen Rathe des Cantons Zürich gegebenen Gesetze und gemachten Verordnungen, und der von dem Kleinen Rath emanierten allgemeinen Landes-Policey-Verordnungen, Fünfter Band, Zürich 1813, S. 3 ff.). Der Abschnitt über den Ehebruch mit Strafbestimmungen umfasste 8½ (kleine) Seiten (§§ 211–229).
73 StAZH MM 2.116 RRB 1852/0750 vom 04.05.1852.
74 CHF (damals) 20.00 als Taggeld, 120.00 als Reiseentschädigung (StAZH MM 2.120 RRB 1853/0921 vom 21.06.1853).
75 StAZH MM 2.117 RRB 1852/1149 vom 10.07.1852.
76 Briefentwurf von Bluntschli an Rüttimann vom 07.08.1852 mit dem Einverständnis eines Honorars von CHF 3000 für das Sachenrecht (ZB Ms 14.723); Beschluss über die Gesamtentschädigung (MM 2.128 RRB 1855/0728 vom 09.06.1855) und Dank (StAZH MM 2.129 RRB 1855/1077 vom 11.08.1855).
77 StAZH MM 2.92 RRB 1846/0900 vom 28.05.1846.
78 StAZH MM 2.92 1846/0971 vom 11.06.1846 betr. die Mitwirkung der 1831 geschaffenen Gesetzesrevisionskommission des Grossen Rats, die nach Abschluss der Arbeiten am Zivilgesetzbuch aufgelöst werden sollte, wobei Rüttimann als Referent bezeichnet wurde.
79 StAZH MM 2.96 RRB 1847/0965 und 1003 vom 14. und 19.06.1847 mit Rüttimann als einem der Abgeordneten des Regierungsrats.
80 StAZH MM 2.121 RRB 1853/1339 vom 06.09.1853.
81 In diesem Sinn hinsichtlich der Forderungen und Schulden (StAZH MM 2.127 RRB 1855/0198 vom 17.02.1855) und beim Erbrecht (MM 2.129 RRB 1855/1218 vom 15.09.1855).
82 OS, Bd. 11, S. I–XII und S. 3–509, unterzeichnet von Jakob Dubs. Das Gesetz umfasste 2149 Paragrafen.
83 Einleitung, Personen- und Familienrecht am 31.03.1854, Sachenrecht am 01.07.1854, Forderungen und Schulden (Obligationenrecht) am 01.07.1855 und Erbrecht am 31.03.1856 (OS Bd. 11, S. 126, 226, 441 und 510). Rüttimann erhielt den Auftrag des Regierungsrats, «darauf anzutragen», dass das Sachenrecht am 01.07.(Heumonat) 1854 in Kraft trete (StAZH MM 2.124 RRB 1854/0594), was auch geschah.
84 StAZH 2.131 RRB 1856/0124 vom 26.01.1856.
85 Zürich 1838/39, Bd. 2, Einleitung S. VI.
86 Art. 714 Abs. 2 ZGB (SR 210) für den Übergang des Fahrniseigentums, Art. 185 Abs. 1 OR (SR 220) für den Übergang von Nutzen und Gefahr beim Fahrniskauf.
87 Siehe S. 81.
88 *Die Lehre von dem Besitze nach den privatrechtlichen Gesetzbüchern der Schweiz*, in: Kleine Schriften, S. 173 ff., insbes. S. 220–223 (vgl. Werkverzeichnis).
89 GRABER, S. 91.
90 Zur Entwicklung bei der Kodifikation des Privatrechts: BBl 1880 III 153 ff.
91 StAZH MM 2.116 RRB 1852/0806 vom 11.05.1852.
92 Aufträge vom 08.01.1853, 03.01.1854 (StAZH MM 2.119 RRB 1853/0033; MM 2.123 RRB 1854/0002); Instruktion vom 08.07.1854 (StAZH MM 2.125 RRB 1854/1120).
93 Dem Konkordat vom 03.12.1856 traten 12½ Kantone bei (OS, Bd. 10, S. 380), Zürich durch Beschluss des Grossen Rats vom 03.10.1854 (StAZH MM 24.32 KRP 1854/0131), gestützt auf die Weisung vom 14.09.1854 (StAZH MM 2.125 RRB 1854/1437).
94 Die Vereinbarung mit Frankreich bildete einen Teil des Vertragswerks vom 30.06.1864 (Botschaft BBl 1864 II 253), siehe S. 111. Über jene mit Belgien erstattete Rüttimann Bericht (BBl 1867 II 632).
95 StAZH MM 2.134 RRB 1856/1444 vom 25.10.1856.
96 StAZH MM 2.159 RRB 1863/0300 vom 12.02.1863.
97 Botschaft vom 01.07.1865 (BBl 1865 III 33) und Beschluss der Bundesversammlung vom 19.11.1865 (BBl 1865 IV 1).

98 BBl 1866 I 117; vgl. zu den Verfassungsvorlagen vom 14.01.1866 nachfolgend S. 112 f.
99 StAZH MM 2.122 RRB 1853/1650 vom 15.11.1853.
100 StAZH MM 2.123 RRB 1854/0002 vom 03.01.1854, MM 2.128 RRB 1855/0625 vom 19.05.1855, MM 2.131 RRB 1856/0300 vom 06.03.1856 und MM 2.134 RRB 1856/1444 vom 25.10.1856 mit Hinweis auf den Entwurf von Herrn Burkhard (Basel). Die auf den 04.06.1855 festgesetzte Konferenz musste vertagt werden (StAZH MM 2.128 RRB 1855/0684 vom 26.05.1855). Die Teilnahme an der Wechselrechtskonferenz vom 04.06.1855 kündigte Rüttimann Escher in einem Brief vom 26.05.1855 an (Escher Briefe Rüttimann Nr. 23).
101 StAZH MM 2.127 RRB 1855/0091 vom 27.01.1855 und MM 2.128 RRB 1855/0454 vom 14.04.1855.
102 Botschaft vom 01.07.1865 (BBl 1865 III 33).
103 Bericht der Kommission des Ständerats vom 30.09.1865, mit Mehrheits- und Minderheitsstandpunkt (BBl 1865 III 641).
104 BBl 1880 I 162 f.
105 Durch RRB vom 30.11.1867 war Regierungsrat Rudolf Benz delegiert worden (StAZH MM 2.176 RRB 1867/2344); den Bericht aber verfasste Rüttimann, der somit an der Konferenz den Kanton tatsächlich vertreten hatte (StAZH MM 2.178 RRB 1867/2456 vom 16.12.1867).
106 StAZH MM 2.179 RRB 1868/0445 vom 05.03.1868.
107 BBl 1880 I 149.
108 Siehe S. 122.
109 *Strafgesetzbuch für den Kanton Zürich* vom 24.09.1835 (OS, Bd. 4, S. 43). Johann Caspar Ulrich (1796–1883), Oberrichter, wurde in Anerkennung für diese Leistung der Titel eines Dr. iur. h. c. verliehen (HLS).
110 Siehe S. 136 mit Anm. 47.
111 *Strafgesetzbuch für den Kanton Zürich* vom 08.01.1871, in Kraft ab 01.02.1871 (OS, Bd. 15, S. 392). Zur Mitwirkung Rüttimanns in der Expertenkommission: StAZH MM 2.133 RRB 1856/1202 vom 30.08.1856; zu jener an der Beratung im Kantonsrat: StAZH MM 24.35 KRP 1870/0226 vom 06.09.1870. In einem Brief an Escher aus dem Rathaus ohne Datum wies Rüttimann auf seine Belastung durch eine Reihe von Sitzungen der Kommission betr. das Strafgesetz während der begonnenen Woche hin (Escher Briefe Rüttimann Nr. 3).
112 «Begnadigt» wurden Männer zu der 1871 abgeschafften Kettenstrafe: StAZH MM 24.33 KRP 1864/0094 vom 10.10.1864, nachdem der für den folgenden Tag in allen Details festgelegte Vollzug angeordnet worden war (StAZH MM 2.166 RRB 1864/1751 vom 10.10.1864), MM 24.34 KRP 1868/0093 vom 27.11.1868; Frauen wurden zu Zuchthaus begnadigt: StASZH 24.34 KRP 1868/0084 vom 23.10.1868.
113 Zum *Militärstrafgesetzbuch*: Entwurf (ohne Datum) BBl 1851 I 487, 505, 529, 547, 563, 581; Botschaft des Bundesrats vom 03.06.1851, BBl 1851 I 633 ohne Nennung des Verfassers des Entwurfs.
114 Geschäftsbericht des Bundesrats für 1850, BBl 1851 II 137 ff., Zitat S. 163 f.
115 Ursprünglicher Text: BBl 1927 I 761 ff.; heutige Fassung SR 321.0; Botschaft vom 26.11.1918 (BBl 1918 IV 337).
116 Siehe S. 136.
117 *Bundesgesetz über das Bundesstrafrecht der schweizerischen Eidgenossenschaft* vom 04.02.1853. Dazu: Botschaft und Entwurf des Bundesrats vom 01.07.1852 (BBl 1852 II 555 [Entwurf] und S. 581 [Botschaft]).

118 Zum Ersatz des Redaktors: BBl 1852 II 582 (Botschaft des Bundesrats); zur Zustimmung Rüttimanns im Ständerat: NZZ vom 30.01.1853 (Frontseite).
119 SR 311.0
120 Vorrede auch in Anthology (dort unter «Americanization»), hrsg. von JENS DROLSHAMMER und THOMAS COTTIER.
121 Aus *Varia Politica, publiés ou réimprimés à l'occasion du soixante-dixième anniversaire de William Rappard*, Zürich 1953, dort als Kurzfassung S. 316 ff. mit Fussnote 1; auch in Anthology.
122 Nebraska, das 1867 beitrat, nicht eingerechnet.
123 Bd. 1, S. 49 ff.
124 Bd. 2, S. 53 ff. für die Kantons- bzw. Teilstaatsverfassungen, Bd. 3, S. 358–360 für die Bundesverfassungen beider Staaten.
125 Bd. 1, S. 112 f.
126 Siehe S. 117 f.
127 Bd. 1, S. 118. Zur Entwicklung der Auffassungen namentlich in Zürich siehe S. 97 ff.
128 Bd. 1, S. 148 f. (USA) und 150 f. (Schweiz). Für Zürich: Gesetz vom 24.06.1851 (OS Bd. 8, S. 297).
129 Bd. 1, S. 232 f. Nach MAISSEN, S. 203, waren die älteren französischen Verfassungen (gemeint wohl des Directoire von 1795 bis 1799) und jene der Kantone als Vorbilder für den schweizerischen Bundesstaat wichtiger als die amerikanischen.
130 Text Rüttimann: Bd. 1, S. 236. Zur Änderung der Stellung des Bundesrats schon bald nach 1848: NEIDHART, S. 59–62.
131 Zur Rechtsgleichheit Bd. 2, S. 135–141.
132 Bd. 2, S. 141–167.
133 Vgl. Werkverzeichnis
134 Escher Briefe Rüttimann Nr. 37 an Escher am 08.12.1872.
135 ZACCARIA GIACOMETTI, *Die Genesis von Cavours Formel Libera chiesa in libero stato*, Zürich 1919. Dazu: ANDREAS KLEY, Von Stampa nach Zürich. Der Staatsrechtler Zaccaria Giacometti, sein Leben, sein Werk und seine Bergeller Künstlerfamilie, Zürich 2014, S. 151 f.
136 DANIEL FURRER, S. 498 ff., siehe auch S. 100.
137 *Die Gründung der amerikanischen Union von 1787*, 1. Aufl., Berlin 1868; 2. Aufl., Berlin 1872; *The foundation of American Union*, Berlin 1872.
138 München 1873.
139 BERNARD MAYO (Hrsg.), *Jefferson Himself – The Personal Narrative of a Many-Sided American*, The University Press of Virginia, Charlottenville 1992, S. 64 ff.
140 RICHARD C. SCHROEDER, *An Outline of American Government*, United States Information Agency, 1990, S. 7.
141 Zur Vorgeschichte und zur Beratung der Verfassung durch die Constitutional Convention unter dem Präsidium von Georges Washington: HANS E. TÜTSCH, *Das Wunder von Philadelphia*, in: NZZ vom 17.05.1987, S. 65.
142 JACOB E. COOKE, *The Federalist*, Middletown Connecticut 1961, bezeichnet im Vorwort zur Textausgabe The Federalist als «the most significant contribution Americans have made to political philosophy».
143 *The Federalist*, Nr. 19, auch in Anthology.
144 *The Federalist*, Nr. 42 und 43.
145 JAMES A. HUTSON, *The Sister Republics – Die Schweiz und die Vereinigten Staaten von 1776 bis heute*, Bern 1992.
146 In diesem Sinn eingehend und differenziert PAUL WIDMER, «Der Einfluss der Schweiz auf die amerikanische Verfassung von 1787», in: *Schweizerische Zeitschrift für Geschichte*, 1988,

147 S. 359–389; auch in Anthology; ferner mit gleichem Titel in der NZZ vom 16. bzw. 17.05.1987, S. 67.
147 Dazu: MYRON LUEHRS TRIPP, *Der schweizerische und der amerikanische Bundesstaat*, in englischer Version Diss. phil. Zürich; in deutscher Fassung von Hans Huber, Zürich 1942, S. 1.
148 Botschaft vom 03.12.1850 und Staatsvertrag: BBl 1850 III 727–767.
149 Siehe S. 102 ff.
150 Zitiertes Ziel gemäss Botschaft vom 01.12.1851 (BBl 1851 III 248). Das Gesetz blieb bis zum 30.06.1934 in Kraft und wurde abgelöst durch das gleichnamige vom 26.03.1934 (BS, Bd. 1, S. 152).
151 KÖLZ, Geschichte, Bd. 2, S. 480–482.
152 Entwurf BBl 1851 II 236; Botschaft BBl 1851 III 247; Bericht Kommission Ständerat BBl 1852 I 33, Zitat S. 34.
153 BBl 1852 I 36.
154 Bestellung der Kommission durch Bundesratsbeschluss vom 07.01.1852 (BBl 1852 I 25); Entwurf (Vorlage des Bundesrats) vom 05.06.1852 (BBl 1852 II 488).
155 StAZH MM 2.99 RRB 1848/0026 vom 09.01.1848 zum Kreisschreiben von Rüttimann über die von ihm am 13.12.1847 verlangten Berichte; NZZ vom 24.04.1848 über die eingegangenen Gaben.
156 *Bundesgesetz betreffend die Arbeit in den Fabriken* vom 23.03.1877. Dazu Botschaft vom 30.11.1870 mit dem Wunsch nach Ausbau der damals noch nicht bestehenden Bundeskompetenzen (BBl 1870 I 873).
157 Beratung des Finanzrats über die Beschäftigung von Textilarbeitern auf Staatskosten und das Einverständnis der Kreditoren, den Betrieb des Hauses Rieter in Winterthur fortzusetzen (Brief Eschers an Rüttimann vom 09.04.1848, Escher Briefe Rüttimann Nr. 11).
158 Zunächst wurde eine interne Kommission des Regierungsrats gebildet (StAZH MM 2.128 RRB 1855/0576 vom 05.05.1855) und dann eine solche mit dem Beizug weiterer Persönlichkeiten, der Rüttimann bis zu seinem Rücktritt aus dem Regierungsrat vorstand (StAZH MM 2.128 RRB 1855/0696 vom 02.06.1855 zur Bildung der Kommission und StAZH MM 2.134 RRB 1856/1469 vom 01.11.1856 zum Ausscheiden Rüttimanns).
159 StAZH MM 2.134 RRB 1856/1444 vom 25.10.1856.
160 StAZH MM 2.130 RRB 1855/1410, 1473, 1524, 1559 vom Oktober und November 1855.
161 StAZH MM 24.33 KRP 1859/0023 vom 26.04.1859.
162 OS, Bd. 12, S. 225.
163 StAZH 24.33 KRP 1959/0050 vom 20.06.1859 und 0078 vom 24.10.1859.
164 NZZ vom 27.04.1859 mit Bericht über die Grossratsdebatte vom Tag zuvor.
165 BBl 1876 IV 693 f.
166 *Gesetz über das Auffallverfahren [sic]* vom 28.12.1857 (OS, Bd. 12, S. 5); dazu Bildung der Expertenkommission mit Rüttimann (StAZH MM 2.134 RRB 1856/1539 vom 01.11.1856), Unterbreitung von Materialien (StAZH MM 2.134 RRB 1856/1443 vom 25.10.1856) und Weisung vom 10.10.1857 zur «Vorlage des abgetretenen Justizdirektors», die Rüttimann noch zu seiner Amtszeit vorgelegt hatte (StAZH MM 2.138 RRB 1857/1001). SCHNEIDER, S. 17 nennt beispielhaft für die aus der Feder Rüttimanns stammenden Gesetze ferner das Amortisationsgesetz, das Gesetz über die Zunftgerichte und das Gesetz über die Armenpolizei.
167 So beim Gebührengesetz (StAZH MM 2.119 RRB 1853/0479 vom 31.03.1853) und beim Notariatsgesetz (StAZH MM 2.122 RRB 1853/1804 vom 15.12.1853).
168 Siehe S. 44. Zur Neuordnung 1866 siehe S. 64 mit Anm. 189.
169 StAZH MM 2.128 RRB 1855/0603 vom 12.05.1855 (Steuergesetz); MM 2.159 RRB 1863/0397 vom 24.02.1863 (Gemeindegesetz).
170 StAZH MM 24.31 KRP 1853/0071 vom 28.06.1853 (Gliederung des Kantons); MM 2.122 RRB 1853/1805 vom 15.12.1853 und MM 24.31 KRP 1853/0135 vom 27.12.1853 (Grundprotokolle); sowie MM 24.32 KRP 1856/0034 vom 09.04.1856 (Besoldungsgesetz).
171 In diesem Sinn SUSANNE PETER-KUBLI in HLS Rüttimann und STEFAN G. SCHMID in Reg. Räte ZH.
172 Weisung vom 07.03.1846 (StAZH MM 2.91 RRB 1846/0402).
173 Im Nachruf auf Jonas Furrer schrieb Rüttimann: «Furrer hatte zwar das Gesetz gegen kommunistische Umtriebe nicht selbst verfasst, aber er war doch ganz mit demselben einverstanden». In: Kleine Schriften, S. 103.
174 OS, Bd. 7, S. 250.
175 Antrag Regierungsrat vom 07.03.1846 (StAZH MM 2.91 RRB 1846/0401) und Beratung im Grossen Rat vom 24.03.1846 (StAZH MM 24.28 KRP 1846/0014).
176 JUNG Escher, Teil 3, S. 748.
177 Reg. Räte ZH.
178 Parlament. Wahl am 07.03.1852 (StAZH MM 2.115 RRB 1852/0432 vom 09.03.1852).
179 Als solcher unterschrieb er den bedauernden Abschiedsbrief des Verwaltungsrats der Schweizerischen Kreditanstalt an Alfred Escher, der wegen der Schwierigkeiten bei der Finanzierung der Gotthardbahn im Oktober 1877 als Präsident zurückgetreten war (Text: JUNG Escher, Teil 3, S. 694).
180 JAGMETTI sen. S. 18. Direkter Nachfolger Rüttimanns war er dort nicht. Als solchen bezeichnete der Verwaltungsrat der Kreditanstalt Heinrich Stapfer in Zürich (SL-Archiv, Aufsichtsräte, Brief der Kreditanstalt an die Direktion der Rentenanstalt vom 10.02.1876).
181 Universität Zürich: Professor 1872 (dem Rücktrittsjahr Rüttimanns) bis 1895. – Polytechnikum: nach Rüttimanns Tod am 10.01.1876 Antrag der Schulrats zur Wahl Treichlers vom 01.08.1876 und nachfolgend Wahl durch den Bundesrat als Professor für Allgemeine Rechtslehre und Verwaltungsrecht (Geschäftsbericht des Bundesrats für das Jahr 1876, BBl 1877 II 110).
182 Briefe Escher Treichler Nr. 7.
183 Liste erstellt durch Rüttimann in StAZH MM 2.134 RRB 1856/1444 vom 25.10.1856.
184 So hielt er eine Kodifikation auf dem Gebiet des Polizeistrafrechts für «höchst unerspriesslich» und wollte sie auf wirkliche Bedürfnisse beschränken, z. B. auf den Tierschutz.
185 Weisung vom 22.03.1851 mit dem Inhaltsverzeichnis (StAZH MM 2.111 RRB 1851/0551), Beschluss des Grossen Rats vom 02.04.1851 (OS, Bd. 8, S. 292). Zur Rolle Rüttimanns auch SCHNEIDER, S. 22.
186 Antrag Justizdirektion vom 16.02.1861 mit Ablehnung durch den Regierungsrat (StAZH MM 2.151 RRB 1861/0224). Ernennung Expertenkommission mit Rüttimann am 14.11.1861 (StAZH MM 2.154 RRB 1861/1530).

187 StAZH MM 24.33 KRP 1861/0045 vom 24.06.1861.
188 Sammelwerk der Zürcherischen Gesetzgebung, 3 Bände, Zürich 1913/14. Zuvor erschien keine solche Sammlung (StAZH mündliche Auskunft vom 23.06.2017).
189 Gesetze vom 30.10.1866 (OS, Bd. 14, S. 7, 59 und 183), provisorisch in Kraft gesetzt auf den 01.01.1867.
190 *Organisches Gesetz über das Gerichtswesen im Allgemeinen und die bürgerliche Rechtspflege in's Besondere* vom 07.06.1831 (OS, Bd. 1, S. 132).
191 Kommission betreffend die Gesetzesentwürfe über die Vermögens- und Einkommenssteuer und über die Handelskassensteuer mit Rüttimann als Mitglied (StAZH MM 24.33 KRP 1860/0008 vom 27.03.1860).
192 Wahl zum Mitglied der Kommissionen betr. das Katholische Kirchenwesen und das Vermögen des Stifts Rheinau am 04.05.1863 (StAZH MM 24.33 KRP 1863/0028 und 0030); zur Bahnhofstrasse nachstehender Abschnitt; Wahl zum Kommissionsmitglied für das Beamtengesetz am 01.07.1862 und das Duell-Gesetz am 26.06.1865 (StAZH MM 24.33 KRP 1862/0069 und 1865/0074).
193 Siehe S. 121.
194 RÜTTIMANN Festungswerke, vgl. Werkverzeichnis.
195 *Beschluss des Grossen Rats betreffend die Festungswerke der Stadt Zürich* vom 30.01.1833 (OS, Bd. 3, S. 60).
196 StAZH MM 2.127 RRB 1855/0314 vom 17.03.1855. Zu Johann Caspar Ulrich Anm. 109, S. 51.
197 StAZH MM 24.33 KRP 1863/0090 vom 26.10.1863. Beim Neumarktplatz handelt es sich um den heutigen Paradeplatz.
198 Kantonales Baugesetz mit dem Titel *Bauordnung für die Städte Zürich und Winterthur und für städtische Verhältnisse überhaupt* vom 30.06.1863 (OS, Bd. 12, S. 143). Die Weisung, mit der der Regierungsrat das Gesetz am 09.04.1863 beantragt hatte, war von Gottfried Keller als Staatsschreiber unterzeichnet worden (Amtsblatt ZH 1863, S. 571).
199 (Städtisches) *Baureglement für das neue Stadtquartier beim Bahnhof und die Bauten an der Bahnhofstrasse* vom 11.10.1864, genehmigt mit Abänderungen durch den Regierungsrat am 03.12.1864 (StAZH MM 2.166 RRB 1864/2134). Genehmigung der Längenprofile (Baulinien) vom 03.12.1864 (StAZH MM 2.166 RRB 1864/2119).
200 RÜTTIMANN Festungswerke, S. 40 (Gutachten 1859).
201 Dazu: RÜTTIMANN Festungswerke, S. 3 f. (Nachtrag 1860), vgl. Werkverzeichnis.
202 Urteil mit Erwägungen und Dispositiv bei RÜTTIMANN, Festungswerke, S. 87–91 (Gutachten 1859).
203 Nach der amtlichen Publikation folgt dem Titel als Datum der 27. Juni 1859, der Unterschrift vorangestellt aber ist jenes vom 27. Juni 1859.
204 Dazu RÜTTIMANN Festungswerke, S. 43 f. (Gutachten 1859).
205 RÜTTIMANN Festungswerke, S. 57 (Gutachten 1859).
206 Publiziert bei RÜTTIMANN Festungswerke, S. 59 ff. (Gutachten 1859).
207 RÜTTIMANN Festungswerke, S. 1 ff. (Nachtrag 1860).
208 RÜTTIMANN Festungswerke, S. 2 (Nachtrag 1860).
209 RÜTTIMANN Festungswerke, S. 12 ff. (Nachtrag 1860).
210 In seiner Schrift *Über die Freiherren von Regensburg* (vgl. Werkverzeichnis) erläutert RÜTTIMANN das diesbezügliche Gerichtsverfahren mit den Urteilen des Bezirksgerichts Zürich und des Obergerichts (S. 23 f.).
211 Rüttimann war Mitglied der Kommission des Kantonsrats (StAZH MM 24.35 KRP 1871/0108 vom 09.05.1871) und stellte seinen Antrag im Plenum (StAZH MM 24.35 KRP 1871/0147 & 0148 vom 29.06.1871).
212 Vgl. Werkverzeichnis.
213 StAZH MM 2.117 RRB 1852/1198 vom 15.07.1852.

Hochschulen

1 Gottfried Semper (1803–1879) stammte aus Hamburg und lehrte in Dresden, das er im Zusammenhang mit dem Mai-Aufstand 1849 verliess. Er emigrierte nach Paris und London. Am 02.02.1855 wählte der Bundesrat «Gottfried Semper von Altona, in London, zum Professor der Architektur» (BBl 1855 I 172). Hier lehrte er bis Ende des Schuljahrs 1870/71 und «folgte einem Ruf nach Wien zur Leitung grosser monumentaler Bauten» (aus dem Geschäftsbericht des Bundesrats für 1871, BBl 1872 II 319).
2 LOCHER I. Teil, S. 15.
3 *Bundesgesetz über die Errichtung einer eidgenössischen polytechnischen Schule* vom 07.02.1854, Art. 40 Ziff. 5 in der ursprünglichen Fassung (abgedruckt in BBl 1906 II 240).
4 Beschluss des Grossen Rats des Kantons Zürich vom 19.04.1854 (OS, Bd. 9, S. 463). Beteiligt waren die 1893 mit der Stadt vereinigten Gemeinden.
5 OS, Bd. 12, S. 104.
6 Antrag des Regierungsrats vom 21.04.1864 (StAZH MM 2.164 RRB 1864/0717), Beschlüsse des Grossen Rats vom 24.04.1864 (StAZH MM 24.33 KRP 1864/0039) und des Regierungsrats vom 30.04.1864 (StZH MM 2.164 RRB 1864/0766).
7 Durch den Aussonderungsvertrag vom 28.12.1905, genehmigt durch Bundesbeschluss vom 09.06.1908, trat der Kanton Zürich unter anderem das Hauptgebäude der ETH dem Bund ab (BS, Bd. 4, S. 111; dazu Botschaft vom 19.03.1906, BBl 1906 II 240). – Zur analogen Regelung für das Bundesrathaus (heute Bundeshaus West) S. 104 mit Anm. 128 und 129.
8 *Gesetz über die Organisation des gesammten Unterrichtswesens des Cantons Zürich* vom 28. Herbstmonat (September) 1832; OS, Bd. 2, S. 313.
9 KONRAD SCHMID, S. 34.
10 Antrag Keller vom 18.07.1831, Beschluss des Grossen Rats vom 10.04.1832; dazu: KONRAD SCHMID, S. 33.
11 GEROLD MEYER VON KNONAU, «Die Universität Zürich in den Jahren 1833–1913», S. 11; in: Universität Zürich (Hrsg.), *Festschrift des Regierungsrats zur Einweihung der Neubauten 18. April 1914*.
12 KONRAD SCHMID, S. 34 f.
13 Wahl StAZH MM 2.122 RRB 1853/1812; Annahme der Berufung StAZH MM 2.123 RRB 1854/0014 vom 03.01.1854. Ernennungsurkunde ZB GS Varia | Diplome: amtl. Kanton Zürich 5; Antrag der staatswissenschaftlichen Fakultät vom 04.05.1863, Antrag von Erziehungsdirektion und Erziehungsrat vom 06.12.1852, Mitteilung Erziehungsdirektion vom 10.01.1854, diese drei StAZH U 105.7.18.
14 Unterrichtsgesetz 1832 (Anm. 8) § 184 und Gesetz vom 22.10.1834, § 4 (OS, Bd. 3, S. 324).
15 Nach SCHNEIDER, S. 22 trat Rüttimann an die Stellen von Bluntschli, der 1848 nach München gezogen war, und von Friedrich von Wyss. Dieser lehrte aber als Ordinarius bis 1871, allerdings mit einem Unterbruch von 1853 bis 1863 und danach nicht mehr über zürcherisches, sondern über ver-

16 gleichendes schweizerisches Privatrecht und über Rechtsgeschichte (UZH).
16 StAZH U 105.7.18.
17 Escher Briefe, Rüttimann Nr. 15 vom 14.10.1848.
18 Escher Briefe, Rüttimann Nr. 21 vom 21.08.1854.
19 Brief an die Direktion des Erziehungswesens, StAZH U 105.7.18.
20 Brief Rüttimanns vom 19.09.1861 und Beschluss von Erziehungsdirektion und Erziehungsrat vom 26.09.1861, StAZH U 105.7.18.
21 Escher Briefe, Rüttimann Nr. 15 vom 14.10.1848 an Escher.
22 Die Fahrt dauerte 1852 über zwölf Stunden, siehe S. 142.
23 Schreiben Rüttimanns an den Erziehungsdirektor Jakob Dubs vom 19. und 22.01.1863, vom 15. und 26.10.1863 sowie vom 09.11.1863 (StAZH U 105.7.18).
24 Eingabe Rüttimanns vom 26.01.1872, Regierungsratsbeschluss vom 27.01.1872 (StAZH MM 2.195 RRB 1872/0174) und Entlassungsurkunde vom 30.01.1872 (StAZH U 105.7.18).
25 BBl 1849 I 3. Zur Entstehungsgeschichte der ETH: GUGGENBÜHL; ferner JUNG Escher, Teil 3, S. 853 ff.
26 StAZH MM 2.100 RRB 1848/1005 vom 20.06.1848.
27 Von Deschwanden war Rektor der zürcherischen Industrieschule (GUGGENBÜHL, S. 35) und wurde erster Direktor des Polytechnikums (GUGGENBÜHL, S. 218).
28 BBl 1851 II, Anhänge nach S. 604 mit den Entwürfen zu den beiden Gesetzen und Berichten dazu. Die Entwürfe zu den Gesetzen sind unterzeichnet von (Bundesrat) «St. Franscini» als Präsident und «Dr. A. Escher» als Gesetzesredaktor.
29 BBl 1851 II 557. Während der Bericht des Bundesrats das Datum des 09.08.1851 trägt, sind die Anträge zu den Gesetzen mit dem 30.07.1851 datiert.
30 Escher landete diesen Coup zusammen mit dem späteren Schulratspräsidenten Johann Conrad Kern am 23.01.1854 (JUNG Escher, Teil 3, S. 880).
31 Nach JUNG Escher, Teil 3, S. 883 f. wurde Rüttimann beigezogen, was ZUPPINGER nicht erwähnt.
32 Die Umarbeitung erfolgte offenbar in der Nacht auf den 01.02.1854; jedenfalls lag der Entwurf schon vor der Abstimmung vom 01.02.1854 vor (JUNG Escher, Teil 3, S. 884).
33 JUNG Escher, Teil 3, S. 883 f.; ferner GUGGENBÜHL, S. 33 ff.
34 Fassung nach dem Stand vom 01.01.1948 in: BS, Bd. 4, S. 103. Das Gesetz wurde auf den 01.10.1970 teilweise durch den *Bundesbeschluss über die ETH (Übergangsregelung)* vom 24.06.1970 und per 01.02.1993 durch das *Bundesgesetz über die Eidgenössischen Technischen Hochschulen (ETH-Gesetz)* vom 04.10.1991 abgelöst (SR 414.110).
35 Escher Briefe, Furrer Nr. 58.
36 Johann Conrad Kern (1808–1888) gehörte (wie erwähnt) zur Gruppe, die das Gesetz in aller Eile umgestaltet hatte. Nationalrat war er 1848–1854, Ständerat 1855–1857, Präsident des Schweizerischen Schulrats 1854–1857 (Quellen: Parlament und GUGGENBÜHL, S. 65–78). Als Gesandter der Schweiz in Paris hatte er wesentlich Anteil am Zustandekommen des Vertragswerks mit Frankreich vom 30.06.1864 (S. 111).
37 BBl 1851 I 145 (Präsidien), BBl 1854 III 507 (Grenzbereinigung mit Baden) sowie BBl 1849 I 65 (mit Abbildung nachstehend S. 136) und BBl 1855 I 140 (Justizstab).
38 Das gilt sowohl für die Entwürfe der Expertenkommission, mitunterzeichnet vom Gesetzesredaktor Alfred Escher (BBl 1851 I, Anhänge nach S. 604), als auch für die Anträge des Bundesrats (BBl 1851 II 557).
39 In diesem Sinn z. B. Geschäftsbericht des Bundesrats für 1863 (BBl 1864 I 580), ferner das Zitat S. 79 aus BBl 1877 II 110, wo von Schule und Anstalt die Rede ist.
40 Dass sich die Ereignisse im neuen Hauptgebäude abspielten, ergibt sich aus dem Bericht der Mehrheit der Kommission des Nationalrats (BBl 1864 II 875, wo von einem «unfertigen Gebäude» die Rede ist).
41 In dieser Formulierung Nationalratspräsident Jaeger in seiner Eröffnungsrede zur Session am 20.09.1864 (BBl 1864 II 716). Zur Haltung der Studierenden auch Bericht der Kommission des Ständerats vom 24.09.1864 (BBl 1864 II 857, insbes. S. 861).
42 Zum ganzen Ablauf: Berichte der Kommission des Ständerats vom 24.09.1864 (BBl 1864 II 857) sowie der Mehrheit und der Minderheit der Kommission des Nationalrats vom 27. und 29.09.1864 (BBl 1864 II 863 und 875).
43 Beschlüsse des Bundesrats vom 10.08.1864 (BBl 1864 II 470 mit Nennung der Namen der Relegierten), des Ständerats vom 24.09.1864 (Hinweis BBl 1864 II 863) und des Nationalrats vom 30.09.1864 (BBl 1864 II 881).
44 Zur Zusammensetzung der Kommission des Ständerats: BBl 1864 II 862.
45 Zur Zahl der Ausgetretenen und zur Entwicklung der Studentenzahlen: BBl 1865 II 89 (aus dem Geschäftsbericht des Bundesrats für 1864).
46 Siehe S. 108 f.
47 Wahl durch den Bundesrat am 07.01.1856 (BBl 1856 I 70). De Sanctis hielt Vorlesungen und führte auch Übungen durch (BBl 1856 II 368 für das Wintersemester 1856/57).
48 BS, Bd. 4, S. 110.
49 Ecole polytechnique fédérale de Zurich, Politecnico federale di Zurigo.
50 BBl 1856 II 371.
51 Art. 2 Abs. 2 des Gesetzes von 1854 (BS, Bd. 4, S. 103).
52 Schulratsbeschluss vom 03.02.1855 (Schulrat Protokolle 1855, Trakt. 65, S. 30) und Mitteilung an Regierungsrat Rüttimann vom 29.03.1855 über die Zustimmung des Bundesrats (Schulrat Präsidialverfügungen 1855, Nr. 88, S. 21).
53 Antrag Schulrat vom 06.03.1857 (Schulrat, Protokolle 1857, Trakt. 24, S. 16 f.), Wahl durch den Bundesrat am 09.03.1857 (Schulrat, Präsidialverfügung vom 11.03.1857, Nr. 42, S. 17); Hinweis auf die definitive Wahl zum Professor des schweizerischen Staatsrechts im Geschäftsbericht des Bundesrats für 1857 (BBl 1858 I 541).
54 Geschäftsbericht Bundesrat für 1871 (BBl 1872 II 323). Siehe S. 80.
55 Geschäftsberichte des Bundesrats für die Jahre 1867, 1871 und 1875 (BBl 1868 II 268, 1872 II 318, 1876 II 362).
56 BBl 1875 IV 68 und 136.
57 BBl 1877 II 110.
58 Vorlesungsverzeichnisse Universität Zürich (UZH) und Publikation der Programme des Polytechnikums jeweils im BBl. Für die Universität auch Jahresberichte 1865/66 und 1868/69 (StAZH Z 70.3092).
59 Vierseitiger Brief Rüttimanns an Regierungsrat Dubs vom 15.09.1862, StAZH U 105.7.18. Der Adressat ergibt sich aus einem Brief vom 22.01.1863, in dem Rüttimann auf das erwähnte Schreiben verweist.

60 StAZH MM 2.122 RRB 1853/1812 vom 20.12.1853.
61 Geschäftsbericht Bundesrat für 1871, BBl 1872 II 323. Zum Rücktritt von Dufraisse S. 29. Zu den Lehrplänen z. B. BBl 1872 III 166 (Wintersemester 1872/73) und BBl 1873 III 652 (Schuljahr 1873/74) sowie ETH (Sommersemester 1874).
62 Quellen: Vorlesungsankündigungen im Bundesblatt und ETH Archiv. Zu den Bemühungen für ein schweizerisches Wechselrecht siehe S. 49 f., zur Beurteilung der sich aus Eisenbahnkonzessionen ergebenden Rechtsverhältnisse siehe S. 155.
63 Brief von Rüttimann an Prof. Wild vom 16.03.1874 (ETH Archiv, Hs 371.902).
64 SCHNEIDER, S. 23.
65 SCHNEIDER, S. 23.
66 BBl 1864 I 580. Wie dies ermittelt wurde, bleibt offen, denn Rüttimanns Vorlesungen über Staatsrecht wurden im gleichen Semester für beide Hochschulen gehalten.

Kantons- und Bundespolitik

1 Zu den politischen Ämtern: Zusammenstellung von STEFAN G. SCHMID in Reg. Räte ZH. Rüttimann amtete 1860/61 ausserdem als Mitglied und Präsident der Schulpflege der Stadt Zürich (SCHNEIDER, S. 26).
2 HIS, Bd. 2, S. 8 ff., KÖLZ Geschichte, Bd. 1, S. 177 f., GRABER, S. 65.
3 MAISSEN, S. 181–184 mit Hinweis auf die «lange Tagsatzung» vom 06.04.1814 zum 31.08.1815.
4 Mairengo wurde 2012 durch Fusion zum Teil der Gemeinde Faido.
5 Neue officielle Sammlung der Gesetze und Verordnungen des Standes Zürich, Erster Band, Zürich 1821, S. 21, Art. 3.
6 Erklärung über die Angelegenheiten der Schweiz (territorialer Umfang und Neutralität) vom 20.03. 1815, ratifiziert durch die Schweiz am 27.05.1815 und übernommen in die am 09.06.1815 unterzeichneten Kongressakte, die von der Schweiz am 12.08.1815 ratifiziert wurden. Der Zweite Pariser Frieden brachte noch Ergänzungen durch Zuweisung von Gemeinden des Pays de Gex an Genf. Dazu und zur Anerkennung der Neutralität: MAISSEN, S. 184/185. Text der «Anerkennungs- und Gewährleistungs-Urkunde der immerwährenden Neutralität der Schweiz vom 20. November 1815»: KÖLZ Quellen, Bd. 1, S. 203 f.
7 Anderer Ansicht: KÖLZ Geschichte, Bd. 1, S. 218, wonach die Julirevolution die Bewegung in den Regenerationskantonen auslöste, wobei er aber S. 215 die Tessiner «Riforma» als erste schweizerische Regenerationsverfassung anerkennt.
8 Der Hauptplatz von Lugano ist als Erinnerung daran die «Piazza Riforma».
9 «Non vi è nel cantone privilegio di luogo, di nascita, di persone, di ceto, di foro, di famiglia.»
10 GRABER, S. 73–77 betont das sozialpolitische Spannungspotenzial; KÖLZ Geschichte Bd. 1, S. 228 f. nennt als Anliegen der erstarkten bürgerlichen Kräfte und als zweiten, grösseren Träger die teilweise kärglich lebende Landbevölkerung.
11 SCHNEIDER, S. 8 erwähnt die Versammlung von Uster. Wenn Rüttimann dort präsent gewesen wäre, hätte er es vermerkt.
12 OS, Bd. 1, S. 5 und 38.
13 StAZH MM 24.17 KRP 1836/0062 vom 22.03.1836.
14 HLS Snell, Ludwig. Zu Snell ausführlich KÖLZ Geschichte Bd. 1, S. 246 ff.
15 KÖLZ Geschichte Bd. 1, S. 247 f., der vermutet, die anonyme Herausgabe sei auf das damals fehlende schweizerische Bürgerrecht von Snell zurückzuführen gewesen. MAISSEN, S. 188 bezeichnet Snell als Verfasser des Memorials von Uster.
16 Gewählt als dritter Sekretär am 21.12.1837 und als zweiter am 20.03.1838 (StAZHMM 24.19 KRP 1837/0155 und MM 24.20 KRP 1838/0024). Als erster Sekretär amtete er 1839 (Unterzeichnung des Gesetzes über die Revision des Unterrichtsgesetzes vom 29.06.1838, OS, Bd. 5, S. 228).
17 Zum «Straussenhandel»: KONRAD SCHMID, S. 57–68.
18 KÖLZ Geschichte Bd. 1, S. 410. Nach GRABER, S. 94–100, stammte die Massenbasis der Bewegung aus den ländlichen Mittel- und Unterschichten, vor allem aus den Heimindustriegebieten des Oberlands. Aber sie erlebten eine Enttäuschung: «Die plebejischen Volksmassen aus dem Oberland gehören nicht zu den Siegern der Bewegung.» (S. 100).
19 Siehe Hinweise S. 23 mit Anm. 25 und 26.
20 SCHNEIDER, S. 12.
21 KONRAD SCHMID, S. 65.
22 SCHNEIDER, S. 14 und NZZ vom 27.01.1876.
23 SCHNEIDER, S. 14.
24 Die Teilnehmerzahl wird unterschiedlich angegeben. DUBS, S. 1 spricht von 10 000, ZURLINDEN, Bd. 1, S. 253 von 5000.
25 DUBS, S. 1. Dabei handelte es sich um den späteren Bundesrat Jakob Dubs (1822–1879).
26 Wahl in den Grossen Rat am 25.02.1844 (siehe S. 16 mit Anm. 30), in den Regierungsrat am 17.12.1844 (StAZH MM 24.27 KRP 1844/0120 vom 17.12.1844 und 1844/0131 vom 18.12.1844 Beeidigung).
27 OS, Bd. 5, S. 5.
28 OS, Bd. 6, S. 65.
29 Escher Briefe Rüttimann Nr. 24 vom 10.07.1856. Der Regierungsrat hatte die von Rüttimann und Escher verfassten Statuten am 05.07.1856 genehmigt (StAZH MM 2.133 RRB 1856/0944), siehe S. 156 f.
30 StAZH MM 24.32 KRP 1856/0082.
31 OS, Bd. 14, S. 549.
32 Gemäss Reg. Räte ZH 1849, 1854, 1858 und 1866.
33 Reg. Rat ZH zu Bollier.
34 Brief vom 13.04.1848, in ZB Ms Z II 308.
35 Brief vom 11.04.1848, in ZB Ms Z II 308.
36 Brief Esslingers an Rüttimann vom 15.04.1848, in ZB Ms Z II 308.
37 Brief Eschers an Rüttimann vom 11.04.1848 (Escher Briefe Rüttimann Nr. 12).
38 Rücktrittsgesuch vom 08.04.1848, zurückgezogen am 15.04.1848 (StAZH MM 2.100 RRB 1848/0518 & 0563). Escher schrieb Rüttimann am 09.04.1848, er habe das Entlassungsgesuch, «wie wir uns darüber verständigt, eingereicht» (Escher Briefe Rüttimann Nr. 11). Escher wurde am 27.06.1848 zum Regierungsrat gewählt (StAZH MM 24.29 KRP 1848/0105).
39 Brief Esslingers an Rüttimann vom 15.04.1848, in ZB Ms Z II 308.
40 Briefe Bollier vom 13.04.1848, Esslinger vom 15.04.1848, Jonas Furrer vom 15. & 18.04.1848 und an Regierungsrat Johann Jakob Wieland-Rellstab (s. d. et l.), alle ZB Ms Z II 308.
41 HIS, Bd. 2, S. 98–104. Zum Beschluss der Tagsatzung vom 15.05.1833 und zu seiner Ablehnung durch die Kantone KÖLZ Geschichte Bd. 1, S. 384–386, der die mangelnde klare Linie

der «Bundesurkunde» und die kleinlichen, krämerhaften Kompromisse beanstandet. MAISSEN, S. 193 datiert das Scheitern auf das Jahr 1833, als die Tagsatzung beschloss, auf den zweiten Verfassungsentwurf nicht einzutreten.
42 Zu dem am 17.03.1832 vereinbarten «Siebner Konkordat» gehörten Zürich, Bern, Luzern, Solothurn, St. Gallen, Aargau und Thurgau (HLS Siebner Konkordat). Der am 15.11.1832 geschlossene «Sarner Bund» umfasste Uri, den inneren Teil von Schwyz (also ohne Ausserschwyz mit den Bezirken am Zürichsee und an der Linth), Ob- und Nidwalden, Basel-Stadt und Neuenburg (HLS Sarnerbund). Dazu KÖLZ Geschichte Bd. 1, S. 395 ff., MAISSEN, S. 195–198.
43 StAZH MM 24.21 KRP 1839/0012 vom 02.10.1839.
44 HIS, Bd. 2, S. 115–118; DANIEL FURRER, S. 478–480.
45 HIS, Bd. 2, S. 119 f.; KÖLZ Geschichte Bd. 1, S. 454 f.; DANIEL FURRER, S. 481–487.
46 HIS, Bd. 2, S. 120.
47 Nach HIS, Bd. 2, S. 129 am 08.09.1847, nach StAZH MM 2.97 RRB 1847/1422 vom 16.09.1847 am 03.09.1847 mit Mitteilung des Vororts vom 06.09.1847.
48 StAZH MM 2.98 RRB 1847/1565 vom 07.10.1847 mit Hinweis auf das entsprechende Kreisschreiben des Vororts vom 04.10.1847.
49 DANIEL FURRER, S. 480 f.
50 Dazu und zur weiteren Entwicklung: HLS, Sonderbund; HIS, Bd. 2, S. 124 ff.; KÖLZ Geschichte Bd. 1, S. 457 ff.; DANIEL FURRER, S. 490 ff.; MAISSEN, S. 198 f.
51 StAZH MM 2.97 RRB 1847/1312 vom 19.08.1847 und MM 2.97 RRB 1847/1446 vom 18.09.1847 mit dem entsprechenden Tagsatzungsbeschluss.
52 Die ersten Abgeordneten (unter ihnen Furrer) hatten sich zu den Sonderbundskantonen begeben. In deren Abwesenheit beschlossen die zweiten Abgeordneten (unter ihnen Rüttimann) das Aufgebot, das die ersten Gesandten bei ihrer Rückkehr überraschte (Escher Briefe Rüttimann Nr. 9 an Escher 26.10.1847).
53 StAZH MM 24.27 KRP 1845/0020 vom 06.02.1845; SCHNEIDER, S. 16. Abgeordneter in der Tagsatzung war Rüttimann ab diesem Zeitpunkt regelmässig bis zur Bundesstaatsgründung 1848.
54 StAZH MM 2.87 RRB 1845/0165 vom 28.01.1845.
55 StAZH MM 2.87 RRB 1845/0192 vom 01.02.1845.
56 StAZH MM 24.27 KRP 1845/0019 vom 06.02.1845.
57 Zu Furrer: RÜTTIMANN, Kleine Schriften, S. 96 f.; zu Rüttimann: SCHNEIDER, S. 15 f.
58 StAZH MM 24.28 KRP 1847/0051 und 0053, beide vom 22.06.1847.
59 StAZH MM 24.28 KRP 1847/0052 vom 22.06.1847.
60 BAR 22#1, Brief vom 16.07.1847. Darin weist Rüttimann auf die Behandlung der Sonderbundsfrage «am Montag» hin, mithin am 19.07.1847. Der Beschluss wurde am folgenden Tag gefasst.
61 StAZH MM 2.97 RRB 1847/1446 vom 18.09.1847 und MM 24.29 KRP 1847/0059 bis 0061 vom 21.09.1847.
62 Zur persönlichen Haltung Rüttimanns: SCHNEIDER, S. 17 f., zu jener Furrers RÜTTIMANN, Kleine Schriften, S. 105 und 110.
63 Escher Briefe Rüttimann Nr. 8.
64 Escher Briefe Rüttimann Nr. 6 und 7 an Escher vom 24.07. und 13.08.1847 mit Hinweisen auf die Haltung von Luvini, Ochsenbein und Eytel.
65 Abschied 1847/II, S. 50 f.
66 Abschied 1847/II, S. 62 ff. (Beratung), insbes. S. 65 f. (Beschluss); BONJOUR, S. 90; DANIEL FURRER, S. 494; HIS, Bd. 2, S. 130. Rüttimann hatte in einem Brief an Escher dieses Datum im Voraus genannt und erwähnt, der Beschluss werde gefasst, nachdem die militärischen Vorbereitungen getroffen und die gehörigen Positionen eingenommen seien (Escher Briefe Rüttimann Nr. 10 vom 01.11.1847; der dort genannte Donnerstag war der 04.11.1847).
67 Abschied 1847/II, S. 63.
68 Zu Dufour ausführlich BONJOUR, S. 83–86, der die Wahl Dufours (und nicht Ochsenbeins) als die wichtigste bezeichnet, welche die Tagsatzung getroffen hat.
69 Text bei BONJOUR, S. 278 f.
70 Zum Kriegsablauf BONJOUR, S. 96 ff.; DANIEL FURRER, S. 494 f.; HIS, Bd. 2, S. 130.
71 Nach MAISSEN, S. 201 fielen 93 Soldaten, nach DANIEL FURRER, S. 494 waren es 104 Opfer, wobei er möglicherweise die nach Ende der Kämpfe verstorbenen Verwundeten mitgezählt hat.
72 Abschied 1847/II, S. 83–86.
73 MAISSEN, S. 200 unter Hinweis darauf, dass die Anführer beider Heere konservative Reformierte waren, beim Sonderbund Johann Ulrich von Salis-Soglio.
74 Escher erwähnte im Brief vom 23.10.1847 die Truppenaufgebote und die Vorlage eines Gesetzes über den Rechtstrieb usw., damit die Aufgebotenen während dieser Zeit rechtlich nicht belangt werden konnten. Zudem erwähnte er den Erlass einer Verordnung über die Fürsorge für die Familien mit Hinweis auf die Sammlung freiwilliger Beiträge durch «unsern liberalen Organismus» (Escher Briefe Rüttimann Nr. 8).
75 ZB Ms Z II 308.
76 Das Schiff mit einem Fassungsvermögen von 500 Personen war am 15.08.1847 in Betrieb genommen worden und hatte den Namen des früh verstorbenen Sohns des Inhabers der erstellenden Maschinenfabrik Caspar Escher erhalten; dazu: KURT HUNZIKER / ROBERT KNÖPFEL, Die Zürichsee-Schifffahrt, Zürich 2014.
77 ZB Ms G 442.
78 Nicht mitgezählt sind dabei Schwyz mit vorübergehender Kantonsteilung, Basel mit Trennung in zwei Halbkantone und Neuenburg mit Konflikten bezüglich der Stellung auch als preussisches Fürstentum.
79 Einsetzung der Kommission (ohne Namensnennung): Abschied 1847/I, S. 82; Zusammensetzung: HIS, Bd. 3, S. 12; KÖLZ Geschichte, Bd. 1, S. 545; Charakteristik: MAISSEN, S. 202.
80 KLEY Verf.G., S. 293.
81 HIS, Bd. 3, S. 13; KÖLZ, Geschichte, Bd. 1, S. 554 ff.; KLEY Verf.G. S. 290 ff. MAISSEN, S. 202.
82 StAZH MM 2.100 RRB 1848/0524 vom 13.04.1848.
83 HIS, Bd. 3, S. 22; Kley Verf.G., S. 293 f.; StAZH MM 2.101 RRB 1848/1578 vom 16.09.1848.
84 JUNG Escher, Teil 1, S. 190.
85 Siehe S. 107 ff.
86 StAZH MM 2.100 RRB 1848/0506 vom 10.04.1848 und MM 24.29 KRP 1848/0073 vom 12.05.1848. Brief Eschers an Rüttimann, der offenbar in Bern weilte, vom 11.04.1848 (Escher Briefe Rüttimann Nr. 12).
87 StAZH MM 24.29 KRP 1848/0058 vom 14.04.1848 und NZZ 16.04.1848.

88 StAZH MM 2.101 RRB 1848/1580 vom 16.09.1848.
89 SCHNEIDER, S. 18, BONJOUR, S. 163.
90 Zur Folgerung: LARGIADÈR, S. 33 f.
91 LARGIADÈR, S. 21. Zu James Fazy und seinem «Projet de Constitution Fédérale» von 1837: KÖLZ Geschichte, Bd. 1, S. 391–393.
92 Siehe Zitat S. 55.
93 StAZH MM 2.99 RRB 1848/0080 vom 20.01.1848.
94 StAZH MM 2.99 RRB 1848/0109 vom 29.01.1848.
95 StAZH MM 2.100 RRB 1848/0610 vom 22.04.1848.
96 NZZ vom 12.05.1848 (Frontseite).
97 StAZH MM 24.29 KRP 1848/0072.
98 NZZ Beilage zur Ausgabe vom 12.05.1848.
99 NZZ vom 12.05.1848 (Frontseite).
100 THOMAS MAISSEN, Die Geschichte der NZZ 1780–2005, Zürich 2005, S. 40.
101 IGNAZ PAUL VITAL TROXLER, Die Verfassung der Vereinigten Staaten Nordamerikas als Musterbild der Schweizerischen Bundesreform, Schaffhausen 1848.
102 DANIEL FURRER, S. 498 ff. insbes. S. 508 f.
103 DANIEL FURRER, S. 508.
104 NZZ vom 14.05.1848 (Frontseite).
105 SCHNEIDER, S. 18 erklärt, Rüttimann sei mit seinem Antrag im Grossen Rat durchgedrungen. Das gilt aber nur für die Aufnahme der «Escape-Klausel» in den Beschluss.
106 Abschied 1847/IV, S. 40.
107 Abschied 1847/IV, S. 40.
108 Abschied 1847/IV, S. 46.
109 Abschied 1847/IV, S. 46.
110 Beschluss der Tagsatzung vom 12.09.1848: OS, Bd. 8, S. 43–45; zum Entscheidungsablauf HIS, Bd. 3, S. 23 f.
111 Escher Briefe Rüttimann Nr. 14, datiert vom 09.09.1848, dort Hinweis auf möglichen Fehler mit richtigem Datum 09.10.1848.
112 Escher Briefe Rüttimann Nr. 15 an Escher am 15.10.1848
113 Am 6. Wintermonat 1848 (BBl 1849 I 73).
114 NEIDHARDT, S. 38 und 61.
115 Escher Briefe Rüttimann Nr. 13 an Escher 21.09.1848.
116 Escher Briefe Rüttimann Nr. 14 an Escher 09.09.1848.
117 BBl 1849 I 129 f. Nachfolger wurde im April 1849 für kurze Zeit Oberrichter Johann-Kaspar Ammann, der am 1. August des gleichen Jahrs durch Hans Jakob Pestalozzi abgelöst wurde (Parlament).
118 Escher Briefe Rüttimann Nr. 4 an Escher ohne Datum.
119 Der Rücktritt des eidgenössischen Vororts erfolgte am 20.11.1848 (BBl 1849 I 75).
120 BBl 1849 I 138 f. Die Bundesversammlung hatte am Tag zuvor den Beschluss über die Leistungen des Bundesorts und die Art der Beziehungen desselben gefasst.
121 Das alte Stadthaus, abgebrochen 1886 (ZURLINDEN, Bd. 2, S. 118 f.) stand am heutigen Stadthausquai als erstes Gebäude nahe dem damaligen Seeufer mit dem Kratzquartier im Hintergrund. Bild abrufbar unter www.baz.e-pics.ethz.ch, dort Stadthausquai 1121.tif.
122 Escher Briefe Rüttimann Nr. 13 vom 21.09.1848.
123 Zu den Auswirkungen: NEIDHART, S. 54 f.
124 Zu den Wahlen durch den Grossen Rat 1861 und 1866: StAZH MM 24.33 KRP 1861/0077 vom 21.08.1861 und MM 24.35 KRP 1866/0189 vom 30.10.1866. Zu den Amtszeiten und den Präsidien: Parlament. Nach SCHNEIDER, S. 26, hat sich Rüttimann

ungern, aber auf Zureden Eschers für eine zweite Amtsdauer wählen lassen.
125 Die Angaben zum «Äusseren Stand» verdanke ich dem Historiker Dr. JÜRG STÜSSI. Der Nationalrat tagte im alten Casino, das später zur Errichtung des Parlamentsgebäudes abgebrochen wurde, und im Grossratssaal des Berner Rathauses. Der Bundesrat hatte den Erlacherhof an der Junkerngasse zur Verfügung, und das Bundesgericht hielt seine Sitzungen ebenfalls im alten Casino ab.
126 Bezogen wurden die Parlamentsräume allerdings erst 1858.
127 Siehe S. 131 mit Anm. 22.
128 Bundesbeschluss betreffend die Leistungen des Bundesortes und die Art der Bezeichnung desselben vom 27.11.1848 (BBl 1849 I 137), erlassen noch vor der Wahl Berns zur Bundeshauptstadt.
129 Vertrag vom 22.06.1875 (BBl 1875 III 591), Botschaft vom 24.06.1875 (BBl 1875 III 579), Bundesbeschluss vom 02.07.1875 (BS, Bd. 1, S. 151). Die Stadt Bern hatte ausser der Gratisabtretung des Gebäudes eine Abgeltungssumme von CHF 500 000 zu leisten. – Zur analogen Regelung mit Zürich für die ETH siehe S. 72 mit Anm. 3.
130 Escher Briefe, Rüttimann Nr. 13 an Escher am 21.09.1848.
131 Nach dem zitierten Satz führte er unter anderem aus: «Die Teutschen sind voll Wuth über die Schweiz; wie weit sie es treiben werden, ist schwer voraus zu sagen» (Escher Briefe Rüttimann Nr. 14 an Escher datiert 09.09.1848, effektiv offenbar vom 09.10.1848).
132 Abschied 1847/III, S. 9 f.; NZZ vom 20.04.1848 (Frontseite).
133 Escher Briefe, Rüttimann Nr. 11.
134 Auftrag: StAZH MM 2.100 1848/0523 vom 13.04.1848 (Weisung) und MM 24.29 KRP 1848/0055 vom 14.04.1848 (Beschluss); Ausführung: Abschied 1847/III, S. 32.
135 Abschied 1847/III, S. 9 ff., Beschluss S. 16 f.; Anerkennung der französischen Republik: Abschied 1847/III, S. 33.
136 Bericht des Bundesrats vom April 1849 mit Beschrieb der Lage in Neapel und Rom (BBl 1849 I 415–418); Hinweise ferner in BBl 1849 II 20 und 24 sowie BBl 1850 III 504.
137 Die Tagsatzung trat auf den Antrag nicht ein (Abschied 1846, S. 329 f.).
138 BBl 1849 II 7 f.
139 Bericht vom 15.05.1849, BBl 1949 II 17 mit Antrag S. 27.
140 BBl 1849 II 35.
141 BBl 1849 II 37; Beschluss des Nationalrats, S. 84.
142 BBl 1849 II 88, Beschluss des Ständerats vom 08.06.1849 BBl 1849 II 101 f.
143 BBl 1849 II 147.
144 BBl 1850 III 499 (Botschaft vom 13.11.1850), BBl 1851 II 313–315 (Geschäftsbericht Bundesrat 1850), BBl 1852 I 382–385 (Geschäftsbericht Bundesrat 1851), BBl 1852 II 381–383 (Bericht der Kommission des Ständerats zum Geschäftsbericht 1851).
145 BBl 1859 II 45.
146 Bundesgesetz betreffend die Werbung und den Eintritt in den fremden Kriegsdienst vom 30.07.1859, in Kraft ab 03.08.1859; dazu Kreisschreiben des Bundesrats vom 16.08.1859 (BBl 1861 II 574).
147 Lugano (im Gebietsumfang vom Jahr 2000) zählte 1850 5939 Einwohner.
148 Den Ausgetretenen, Entwichenen.
149 Escher Briefe, Rüttimann Nr. 15, an Escher am 14.10.1848.

150 Escher Briefe Rüttimann Nr. 13 und 15 an Escher 21.09.1848 (Repressalien und Beschwerde an Wien) und 14.10.1848 (Bericht in der NZZ über Aufhebung der Sperre).
151 Beschluss der Tagsatzung vom 21.09.1848 (Hinweis BBl 1849 I 153).
152 StAZH MM 2.100 RRB 1848/0699 vom 11.05.1848.
153 Zur Lage im November (Wintermonat) 1848: BBl 1849 I 151 und 167; Bundesbeschluss vom 27.11.1848: BBl 1849 I 172; zur Lage im Januar bzw. Februar 1849: BBl 1849 I 259, 262 und 274; Noten des Bundesrats an Sardinien vom 31.01. und 26.02.1849: BBl 1849 I 281 und BBl 1849 I Beilage 2 nach S. 72 mit selbstständiger Paginierung, dort S. 13; zur Behandlung der Flüchtlinge: BBl 1849 I 410; zur Amnestie in Italien BBl 1849 II 423.
154 BBl 1849 I 276.
155 BBl 1849 I 179, insbes. S. 182.
156 Berichte der Kantone: BBl 1849 I 193 (ZH), 223 (BS), 233 (SH), 204 (AG) und 207 (TG); Kreisschreiben des Bundesrats vom 27.01.1849 (BBl 1849 I 240). Beratung Tagsatzung: Abschied 1847/III, S. 38–44. Zum Begriff der Schweizerstunde als Längenmass Anm. 8 zu S. 142.
157 BBl 1849 II 300, 318 und 364.
158 BBl 1849 II 300 und 320.
159 BBl 1849 II 346 mit Tagesbefehl vom 02.08.1849.
160 Bericht des Justiz- und Polizeidepartements vom 28.02.1851 (BBl 1851 I 239).
161 Siehe S. 73 und 78.
162 BBl 1849 II 408 f. mit zweitem Beschluss über die Kostenaufteilung Bund/Kantone S. 409 f.
163 BBl 1849 II 395 ff., Zitat S. 397.
164 StAZH MM 2.91 RRB 1846/0032 vom 10.01.1846.
165 Kreisschreiben des Justiz- und Polizeidepartements vom 01.11.1849 (BBl 1850 I 13, Zitat S. 18).
166 SR 0.132.136.4. Zu den beteiligten Personen: BBl 1854 III 507. Von Dusch war badischer Geschäftsträger in Bern. Zur Korrespondenz mit ihm über eine Eisenbahnfrage: Escher Briefe, Rüttimann Nr. 30 vom 20.05.1857.
167 «Le thalweg» in französischen Publikationen, «downway» in englischsprachigen.
168 StAZH MM 2.97 RRB 1847/1085 vom 01.07.1847. Zur Grenzbereinigung mit Baden: StAZH MM 2.96 RRB 1847/0654 vom 24.04.1847.
169 Bericht des Bundesrats vom 26.03.1856 (BBl 1856 I 258) und Beschluss der Bundesversammlung vom 24.09.1856 (BBl 1863 III 212 und 583). Zur Emanzipation der Juden: MAISSEN, S. 218 f.
170 BBl 1850 II 465, 473 und 478.
171 Botschaft des Bundesrats vom 17.07.1863 (BBl 1863 III 215), Bericht der Mehrheit der Kommission des Ständerats vom 29.07.1863 (BBl 1863 III 586) und Bundesbeschluss vom 30.07.1863. Zur Lage im Aargau mit dem «Mannlisturm»: MAISSEN, S. 218.
172 BBl 1853 II 54, Zitat S. 63 f.
173 Gemäss BBl 1864 II 646.
174 Das Vertragswerk umfasste mehrere Teile (BBl 1864 II 341). Genehmigt wurde es durch Bundesbeschluss vom 30.09.1864. Dazu und zur Entwicklung auf Verfassungsstufe: KLEY Verf. G., S. 301 ff.
175 Dankesschreiben des Bundesrats an Kern vom 03.10.1864 (BBl 1864 III 251).
176 Botschaft vom 15.07.1864 (BBl 1864 II 253, insbes. S. 309 ff.);

Bericht der Kommission des Nationalrats vom 26.08.1864 (BBl 1864 II 577, insbes. S. 593 ff.), Bericht der Kommission des Ständerats vom 02.09.1864 (BBl 1864 II 679, insbes. 687 ff.).
177 BBl 1864 II 689.
178 BBl 1865 IV 85, Zitat S. 88.
179 BBl 1866 I 244, Zitat S. 245.
180 Dazu mit dem Auftrag: Kreisschreiben des Bundesrats vom 19.12.1864 (BBl 1864 III 369).
181 BBl 1865 III 33.
182 BBl 1865 III 28.
183 Berichte der Kommissionen des Nationalrats vom 21.09.1865 (BBl 1865 III 609) und des Ständerats vom 30.09.1865 (BBl 1865 III 641). Zur Mitgliedschaft Rüttimanns in der Kommission: BBl 1865 III 668; NZZ vom 18.07.1865, S. 878 mit Angabe der Wahl am 15.07.1865.
184 BBl 1865 IV 1.
185 Botschaft betreffend die Revision der Bundesverfassung vom 12.02.1866 (BBl 1866 I 117).
186 In vier Kantonen durch die in kantonalen Angelegenheiten Stimmberechtigten (LU, OW, BS, SH), in zwei Kantonen durch die Landsgemeinde (UR, NW) und in zwei weiteren durch den Grossen Rat (FR, TI), dazu BBl 1866 I 122 f.
187 BBl 1866 I 244; nach NZZ vom 16.01.2016, S. 18.
188 Abschied 1847/IV, S. 52.
189 Mit 27 808 zu 1875 Stimmen (BBl 1866 I nach 119 Beilage B).
190 NZZ vom 13.02.1866 (Frontseite).
191 Zu den Pamphleten: LOCHER gemäss Literaturverzeichnis. Er gab sich erst am Schluss des VII. Teils als Autor zu erkennen.
192 JUNG Locher; JOSEPH JUNG, Wie die liberale Herrschaft in Zürich unterging, in: NZZ 18.04.2015, S. 62; SCHAFFNER S. 166 ff.
193 LOCHER, Teil IV, Bern 1867, mit selbstständiger Paginierung.
194 Vgl. Werkverzeichnis.
195 LOCHER, Teil IV, Der Princeps und sein Hof, S. 3.
196 LOCHER, Teil IV, Der Princeps und sein Hof, S. 34.
197 Von LOCHER kritisiert in Teil IV, Der Princeps und sein Hof, S. 40 f.; von RÜTTIMANN widerlegt in Über die Freiherren von Regensburg, S. 31 ff. und in NZZ vom 21.11.1867 (Frontseite).
198 JOSEPH JUNG in Escher Briefe, Bd. 6, S. 198.
199 In diesem Sinn JOSEPH JUNG in Escher Briefe, Bd. 6, S. 203.
200 KÖLZ Geschichte, Bd. 2, S. 25 ff. zur «Ecole de Winterthour»; S. 43 ff. zur Entwicklung im Kanton Zürich; S. 52 zur zitierten Folgerung. GRABER, S. 135 f. sieht darin weniger eine Auflehnung der Winterthurer gegen die Herrschaft Eschers als eine Bewegung mit sozialpolitischem Hintergrund.
201 KLEY Verf. G., S. 302.
202 MAISSEN, S. 217.
203 SCHAFFNER, S. 177 ff. zum Wachstumsschub und sozialen Wandel, S. 196 f. zur Folgerung.
204 GRABER, S. 137 ff.
205 SCHAFFNER, S. 161 ff. erwähnt die Choleraepidemie vom Sommer 1867, die Agitation namentlich durch die Pamphlete Friedrich Lochers und die Wirtschaftskrise der Jahre 1865 bis 1867.
206 Zusammenfassend: MAISSEN, S. 217 f., der von einem kärglichen Dasein spricht.
207 Siehe S. 63.
208 DUBS fragt sich S. 13, ob die Bewegung statt demokratisch nicht besser sozialistisch genannt würde. Die nachstehenden Angaben zum Inhalt finden sich dort S. 20.

209 MAISSEN, S. 217.
210 Bd. 1, S. 112 f. (Zitat S. 113).
211 NZZ vom 13.02.1866 (Frontseite).
212 Escher Briefe Blumer Nr. 180.
213 NZZ vom 09.05.1872 im Bericht über ein Referat (von 90 Minuten!) vor «150 Mann» von zwei Tagen zuvor im «Sternen» in Enge (damals noch Zürcher Vorort) in Vertretung von dem am Auftreten verhinderten Alfred Escher, der in unmittelbarer Nähe im «Belvoir» wohnte.
214 StAZH MM 24.35 KRP 1870/0183 vom 17.05.1870 (Kantonalbank) und KRP 1870/0195 vom 20.06.1870 (Verlegung Bezirkshauptort).
215 OS, Bd. 13, S. 508 ff. (Verfassungsgesetze) und S. 527 (bereinigter Verfassungstext).
216 Amtsblatt ZH 1864, S. 645.
217 StAZH MM 2.161 RRB 1863/1453 vom 15.08.1863 (Expertenkommission) sowie MM 24.33 KRP 1864/0055 vom 20.06.1864 (Kommission des Grossen Rats).
218 Bundesbeschluss vom 22.02.1866 (OS, Bd. 13, S. 525).
219 Art. 80 Kantonsverfassung von 1831 in der Fassung vom 15.10.1865.
220 OS, Bd. 13, S. 591.
221 StAZH MM 2.159 RRB 1863/0397 vom 24.02.1863.
222 *Verordnung betreffend die veränderte Stimmberechtigung von Schweizerbürgern anderer Kantone bei Grossratswahlen* vom 06.01.1849 (StAZH MM 2.103 RRB 1849/0015); *Gesetz betreffend die Ausübung der politischen Rechte in kantonalen Angelegenheiten durch Bürger anderer Kantone* vom 28.08.1849 (OS, Bd. 8, S. 60 f.).
223 *Gesetz betreffend das Verfahren bei Abstimmungen über Verfassungsrevisionen und bei den Nationalraths- und Bezirkswahlen* vom 25.02.1866 (OS, Bd. 13, S. 573).
224 Amtsblatt ZH, 1868, S. 867.
225 Die Revision wurde mit 50 786 zu 7374 Stimmen beschlossen; für die Einsetzung eines Verfassungsrats sprachen sich 47 864 Stimmende aus, für die Ausarbeitung durch den Grossen Rat 10 060 (Amtsblatt ZH 1868 S. 297).
226 Amtsblatt ZH 1868, S. 1259 f.
227 Amtsblatt ZH 1868, S. 1668.
228 OS, Bd. 14, S. 549 (Verfassungstext) und 573 (Beschluss des Verfassungsrats über die Annahme).
229 Botschaft vom 07.06.1869 (BBl 1869 II 215, Zitat S. 216).
230 Zu diesen Vorschlägen Rüttimanns S. 173 f.
231 Wahl der Nachfolger (2. Wahlgang) am 23.05.1869 (StAZH MM 2.184 RRB 1869/1106 vom 12.06.1869).
232 Am 01.07.1869 wählte ihn der Kantonsrat zum Mitglied der Gesetzgebungskommission und hielt daran fest - trotz Ablehnung durch Rüttimann, der sich aber auf seine Mitwirkung, nachdem Rüttimann diese erneut abgelehnt hatte (MM 24.35 KRP 1869/0077, 0078 und 0081).
233 StAZH MM 24.35 KRP 1870/0069 vom 22.02.1870 (Geschäftsverkehrsgesetz), KRP 1870/0123 vom 02.03.1870 (Steuergesetz), KRP 1870/0236 vom 07.09.1870 (Strafgesetz), KRP 1871/0026-0027 (Organisation Regierungsrat), KRP 1871/0249-0250 vom 20.11.1871 (Wasserbaugesetz) und KRP 1872/0008 vom 08.01.1872 (Unterrichtsgesetz). Weitere Anträge betrafen z. B. die Wirkungen des Konkurses auf die Rechtsstellung des Schuldners (StAZH MM 24.35 KRP 1869/0388 vom 23.12.1869) und das Beamtenrecht (StAZH MM 24.35 KRP 1869/0217 vom 08.09.1869, KRP 1870/0069-0070 vom 22.02.1870).

234 In der Botschaft des Bundesrats betreffend die Revision der Bundesverfassung vom 17.06.1870 (BBl 1870 II 665) wurde die Fabrikgesetzgebung nicht erwähnt. In einer zweiten Botschaft vom 30.11.1870 (BBl 1870 III 873) schlug der Bundesrat vor, in die neue Bundesverfassung die Kompetenz zum Erlass von Bestimmungen über die Verwendung von Kindern zur Arbeit in Fabriken aufzunehmen, während der Einbezug der Erwachsenenarbeit durch «zu weites Ausgreifen leicht auch den ersten nothwendigen Schritt gefährden könnte». (S. 879).
235 BBl 1869 I 102.
236 BBl 1869 II 8.
237 BBl 1868 III 1040.
238 BBl 1869 I 269.
239 Beschluss vom 23.12.1869 (BBl 1870 II 666).
240 BBl 1870 II 665, zur Rechtseinheit S. 692 ff.
241 BBl 1872 I 825.
242 BBl 1872 II 358.
243 Mit 63,2 Prozent Ja-Stimmen und bei 14½ befürwortenden und 7½ ablehnenden Kantonen.
244 Dazu: GRABER, S. 175 f.
245 Vorträge vom 14.04.1872 und 7.05.1872 mit Berichten in der NZZ vom 17. und 18.04.1872 und vom 9.05.1872; Zitat NZZ vom 18.04.1872 (Frontseite).

Rechtspflege

1 BBl 1870 II 699 (in Botschaft vom 17.06.1870 zur Verfassungsrevision).
2 Zur Kritik in der Presse: NEIDHART, S. 120 f.
3 BBl 1849 I 73. Gutachten von Rüttimann dort S. 104-106; dass es von ihm verfasst worden war, wurde drei Jahre später festgehalten in BBl 1851 III 118.
4 Bericht der Kommission der Vereinigten Bundesversammlung vom 12.11.1865 ohne Beteiligung Rüttimanns (BBl 1865 IV 85) und Beschluss der Vereinigten Bundesversammlung vom 13.11.1865 (BBl 1865 III 946). Zum Staatsvertrag mit Frankreich siehe S. 111.
5 BBl 1851 III 89 (Kommission des Ständerats mit Darlegung des Ablaufs), 103 (Majorität Kommission Nationalrat) und 122 (Beschlüsse beider Kammern).
6 Nichtanerkennung eines Waadtländer Urteils durch die Genfer Behörden: BBl 1850 III 59 (Bericht des Bundesrats vom 11.05.1850), Repertorium, S. 29 (Entscheid der Vereinigten Bundesversammlung vom 20.12.1850), BBl 1852 I 406 (Entscheid Bundesrat im Geschäftsbericht 1851).
7 Umstrittene Kompetenz der Kantone Bern und Appenzell A. Rh.: BBl 1850 III 35 und 40 (Berichte Bundesrat 24.05.1850 und Kommission Nationalrat 09.07.1850), BBl 1859 I 373 und Repertorium, S. 22 (Beschlüsse der Räte vom 10. und 17.01.1850).
8 Umstrittene Zuständigkeit von Bern und Freiburg: BBl 1860 III 111, 118, 121 und 123; Repertorium, S. 128.
9 BBl 1861 III 66 (Bericht Bundesrat); BBl 1862 I 432 (Bericht Rüttimann); BBl 1865 III 159 und 168; BBl 1866 II 184 und 742; BBl 1867 II 471 (Bundesbeschluss vom 22.07.1867).
10 BBl 1863 III 263 (Bundesrat), S. 626 (Kommission Ständerat) und S. 628 (Kommission Nationalrat); Repertorium, S. 157 (Bundesbeschluss vom 29.07.1863).
11 BBl 1873 IV 174, Zitat S. 177.
12 BBl 1867 I 305 (Berichte Kommissionen), BBl 1867 II 473 (Bundesbeschluss vom 23.07.1867) und S. 491 (Votum Rütti-

mann), BBl 1868 II 479 (in Geschäftsbericht Bundesrat für 1867).
13 BBl 1870 II 699.
14 Zum Ablauf: BBl 1851 III 127.
15 Zur Begründung der Verfassungsverletzung: BBl 1851 III 135; zum Bundesgerichtsurteil: Hinweis BBl 1853 III 159.
16 BBl 1862 I 170 (Bericht Kommission Ständerat), S. 296 (Bericht Kommission Nationalrat) und S. 405 (Bundesbeschluss vom 05.02.1862).
17 BBl 1861 I 348 (Bundesratsbeschluss vom 22.08.1860), BBl 1851 II 775 und 782 (Berichte Kommissionen Nationalrat und Ständerat, diese ohne Nennung der Zusammensetzung); BBl 1862 I 377 (2. Bericht Kommission Nationalrat); Repertorium, S. 163 (Bundesbeschluss vom 22.12.1863).
18 BBl 1862 I 421.
19 BBl 1862 I 419 (Bericht Kommission Ständerat vom 20.01.1862), BBl 1862 I 423 (Bericht Kommission Nationalrat vom 29.01.1862), BBl 1862 I 403 (Bundesbeschluss vom 31.01.1862).
20 BBl 1863 III 173 (Berichte Kommissionen und Bundesratsbeschluss); Repertorium, S. 157 (Bundesbeschluss vom 28.07.1863).
21 BBl 1849 I 130 f. (Wahl) und BBl 1849 II 174 (Konstituierung). Nebst den Genannten gehörten auch die Nationalräte Kasimir Pfyffer (Luzern), Johann Folly (Freiburg) und Eugen Favre (Neuenburg) dem Bundesgericht in seiner ersten Zusammensetzung an (die Vornamen wurden jeweils übersetzt, der erste von Kern in der Liste der Bundesrichter war unzutreffend).
22 Das Bundesrathaus als Sitzungsort ergibt sich aus öffentlichen Vorladungen, z. B. in BBl 1863 II 517 und BBl 1870 II 566.
23 BBl 1849 I. 253 f. (Auftrag an Rüttimann) und BBl 1849 II 261 (Bundesgesetz); zur Entwicklung siehe S. 41.
24 In dieser Formulierung für Zivilprozesse: BBl 1853 III 304 (Geschäftsbericht Bundesrat Juli 1851 bis Juli 1853).
25 Die Bundesverfassung vom 29.05.1874 enthielt dazu in Art. 68 einen Gesetzgebungsauftrag, der noch bis zum Inkrafttreten der Bundesverfassung von 1999 am 01.01.2000 in Kraft geblieben ist.
26 StAZH MM 2.110 RRB 1850/1912 vom 02.11.1850, MM 2.113 RRB 1851/1221 vom 01.07.1851 und 1851/1610 vom 26.09.1851, MM 24.30 KRP 1851/0120 vom 07.10.1851.
27 BBl 1851 III 303 (Geschäftsbericht des Bundesgerichts an die Bundesversammlung vom 20.07.1853).
28 Siehe S. 42 f.
29 Siehe S. 41 (Zivilprozess) und S. 43 (Strafverfahren).
30 Bundesgesetz über das Bundesstrafrecht der schweizerischen Eidgenossenschaft vom 04.02.1853; Art. 73 und 74; siehe S. 51 f.
31 BBl 1853 III 303 (Geschäftsbericht des Bundesgerichts an die Bundesversammlung vom 20.07.1853).
32 Bundesgesetz betreffend das Verfahren bei der Übertretung fiskalischer und polizeilicher Bundesgesetze vom 30.06.1849; siehe dazu S. 42.
33 Zur Anzahl Beschwerden: BBl 1853 III 303 (Geschäftsbericht des Bundesgerichts an die Bundesversammlung vom 20.07.1853).
34 BBl 1849 II 174, BBl 1851 III 345, BBl 1853 II 654; zur Einteilung der Assisenbezirke: Bundesgesetz über die Organisation der Bundesrechtspflege vom 05.06.1849 (BBl 1849 II 261, dort S. 265 f.).
35 BBl 1853 III 80 (Wahl zum Präsidenten am 18.06.1853), BBl 1854 III 23 (Rücktritt).
36 Gesetz über Streitigkeiten im Verwaltungsfache vom 23.06.1831, § 2 (OS, Bd. 1, S. 239).
37 StAZH MM 2.111 RRB 1851/0595 vom 02.04.1851 (Eingang Rekurs), MMM 2.112 RRB 1851/0604 vom 05.04.1851 (Einsetzung Kommission), MM 2.112 RRB 1851/0704 vom 19.04.1851 (Entscheid Regierungsrat).
38 Staatsverfassung für den Eidgenössischen Stand Zürich vom 10.03.1831, Art. 40 (OS, Bd. 1, S. 5, nach dem Stand am 22.11.1865: OS, Bd. 13, S. 527).
39 StAZH MM 24.35 KRP 1872/0147 vom 23.04.1872.
40 StAZH MM 24.35 KRP 1872/0148 vom 23.04.1872.
41 StAZH MM 2.124 RRB 1854/0935 vom 10.06.1854 (Weisung des Regierungsrats).
42 Die Wahl erfolgte am 28.12.1874 (StAZH MM 24.36 KRP 1874/0189). Dass er bis zu seinem Tod Mitglied des Gerichts blieb, ergibt sich aus der Nachfolgeregelung (StAZH MM 24.37 KRP 1876/0021 vom 22.02.1876).
43 Siehe S. 51.
44 Botschaft vom 02.06.1851 in BBl 1851 I 633–670, Entwurf in verschiedenen Nummern des BBl ab 1851 I 487.
45 BS, Bd. 3, S. 456 ff.; dazu: Botschaft vom 10.04.1888 (BBl 1888 II 345).
46 Siehe S. 51.
47 BBl 1851 I 635.
48 BBl 1851 I 505.
49 BBl 1851 I 623–627. Die Kommission des Nationalrats nahm dazu, anders als zu anderen Strafen, in ihrem Bericht vom 07.08.1851 (BBl 1851 III 192–199) nicht Stellung.
50 BBl 1855 I 517 f.
51 BBl 1888 II 351.
52 BBl 1888 II 346.
53 Beschluss vom 06.08.1846, Abschied 1846 S. 28, BBl 1849 I 65, Ernennungsurkunde ZB GS Varia | Diplome: amtl. Schweiz 1.
54 Schneider, S. 72.
55 NZZ vom 15.01.1848, S. 61.
56 BBl 1853 I 375.
57 BBl 1852 I 124 und BBl 1855 I 139.
58 StAZH MM 24.31 KRP 1852/0048 vom 31.03.1852 und MM 2.116 RRB 1852/0564 vom 01.04.1852 zur Ernennung, MM 24.32 KRP 1854/0081 vom 20.06.1854 zur Entlassung.
59 Neuenburg war von 1815 bis 1857 zugleich schweizerischer Kanton und preussisches Fürstentum mit Einschluss der Grafschaft Valengin.
60 Zur Entwicklung der Lage und zur Intervention ausländischer Staaten ausführlich: Botschaft des Bundesrats in der Angelegenheit des Kantons Neuenburg vom 26.12.1856 (BBl 1856 II 741) mit Hinweis auf das Aufgebot von zwei Divisionen am 20.12.1856; Bundesbeschluss vom 30.12.1856 (BBl 1857 I 7 f.); Bundesbeschluss vom 30.12.1856 (BBl 1857 I 5) und Wahl von Dufour zum Oberbefehlshaber in der gleichen Sitzung (BBl 1857 I 15); Proklamation des Bundesrats an das Schweizervolk vom 03.01.1857 (BBl 1857 I 6).
61 Abschied 1847/II, S. 51.
62 BBl 1857 I 14 f.
63 NZZ vom 14.01.1857, S. 60. Vermutlich handelte es sich um das heutige Savoy Hotel Baur en Ville am Paradeplatz, das in alten Abbildungen kurz als «Hotel Baur» bezeichnet wird und damals ein Stockwerk weniger hatte, und nicht um das Hotel Baur au Lac. Beide Hotels waren 1857 in Betrieb.

64 Escher Briefe, Rüttimann Nr. 28.
65 Escher Briefe, Rüttimann Nr. 30. Rechtsquellen und Materialien: Vertrag von Paris (BS, Bd. 11 S. 41), Bericht General Dufour (BBl 1857 I 621), Botschaft Bundesrat zum Vertrag ohne dessen Text (BBl 1857 I 641) und Schlussbericht Bundesrat (BBl 1857 I 847).

Eisenbahnen, Wirtschaft und Währung

1 Nach dem Simplon (erstellt durch Napoleon «pour faire passer le canon») 1805: Splügen (erstellt durch Österreich als Verbindung in die Lombardei) 1822, San Bernardino 1823, Julier 1826, Gotthard 1830 (befahrbar, 1832 fertiggestellt).
2 Bundesbeschluss vom 28.07.1861 gestützt auf die Botschaft vom 26.06.1861 (BBl 1861 II 189) und den Berichten der Kommissionen der Räte (BBl 1861 II 463, 487, 505, 557) sowie Bundesbeschluss vom 08.02.1862 mit Botschaft vom 31.01.1862 (BBl 1862 I 285) und Bericht der Kommission des Ständerats (ohne Rüttimann) vom 07.02.1862 (BBl 1862 I 520).
3 Im Bericht der Minderheit der Kommission des Ständerats vom 15.07.1861 (BBl 1861 II 487, insbes. S. 500 f.) und in jenem der Mehrheit der Kommission des Nationalrats vom 23.07.1861 (BBl 1861 II 505, insbes. S. 515) wird auf die Abnahme der Bedeutung hingewiesen.
4 Hans Peter Nething, *Der Gotthard*, Thun 1976, S. 49 mit näheren Angaben über den Ablauf, u. a.: Flüelen ab 8 Uhr, Camerlata an 7 Uhr am folgenden Tag mit Halten für Verpflegung und 14 Pferdewechseln.
5 Fahrzeit Zürich–Baden gemäss Fahrplan ab 09.08.1847 (Jung Escher, Teil 2, S. 365), Postfahrt Baden–Bern: BBl 1852 II 546 für die umgekehrte Richtung.
6 *Bundesgesetz über die Erstellung von elektrischen Telegraphen* vom 23.12.1851 mit Botschaft vom 10.12.1851 (BBl 1851 III 286; vorgeschlagener Gesetzestext S. 283). Allgemeiner Bericht des eidgenössischen Telegraphendirektors über den Stand des Telegraphenwesens in der Schweiz vom 04.10.1853 (BBl 1853 III 517). Die dort angegebene Netzlänge von 500 Stunden (als Längenmass) entsprach 2500 km (dazu Anm. 8 zu S. 142).
7 Siehe S. 14.
8 Frankreich, Deutschland und England verfügten 1849 schon über ansehnliche Netze. Dazu Bericht Geigy vom 31.10.1850 (BBl 1850 III 579 mit Angaben S. 588). Bei den dort genannten Schweizerstunden handelte es sich um ein Längenmass mit 1 Stunde = ~ 5 km (zur Umrechnung: BBl 1852 I 520).
9 (Basler) *Grossratsbeschluss betreffend Verlängerung der Strassburg-Basel-Eisenbahn von St. Louis bis in hiesige Stadt* vom 21.06.1843 (BBl 1858 II 573).
10 Einweihungsfeier am 07.08.1847 (StAZH MM 2.97 RRB 1847/1254 vom 05.08.1847), fahrplanmässiger Betrieb ab 09.08.1847 (Fahrplan bei Jung Escher, Teil 2, S. 365). Zur Entwicklung siehe S. 145 f.
11 *Bundesbeschluss die schweiz. Eisenbahnangelegenheit betreffend* vom 18.12.1849 (BBl 1850 I 54).
12 Instruktion vom 07.06.1850 (BBl 1850 III 429) und Bericht vom 12.10.1850 (BBl 1850 III 432). Mit «The Rocket» gewannen George (1781-1848) und Robert (1803-1859) Stephenson im Oktober 1829 ein Lokomotivrennen (Wikipedia).
13 Auftrag (ohne Inhaltsangaben) vom 21.08.1850 (BBl 1850 II 40), Bericht vom 31.10.1850 (BBl 1850 III 579).
14 *Bundesgesetz über den Bau und Betrieb von Eisenbahnen im Gebiete der Eidgenossenschaft* vom 28.07.1852, dazu: Botschaft des Bundesrats vom 07.04.1851 (BBl 1851 I 347). Ferner: Bericht der Kommission des Nationalrats vom Mai 1852 (BBl 1852 II 49, 157, 285). Zu den Beratungen Jung Escher, Teil 2, S. 388 ff. mit dem Text des Eisenbahngesetzes von 1852.
15 lucubratio, -onis, f. ist Arbeit bei Licht oder Nachtarbeit gemäss *Stowassers Lateinisch-Deutsches Schul- und Handwörterbuch*, 3. Aufl., Wien und Leipzig 1910.
16 Jung Escher, Teil 2, S. 383 ff., Escher Briefe Rüttimann Nr. 16. Im Briefkopf steht nur «Mittwochs», wobei ihn Jung in Escher, Anm. 50 zu Teil 2 «Nordostbahn» auf den März 1851, in Escher Briefe aber auf März 1850 datiert.
17 Jung Escher, Teil 2, S. 381.
18 Art. 21 Bundesverfassung von 1848.
19 Erklärung des Bundesrats (im Zusammenhang mit der Zürich-Bodensee-Bahn), sich nicht im vorbereitenden Ausschuss vertreten zu lassen, aber mit dem Wunsch, Einsicht in den Konzessionsentwurf zu erhalten, bevor dieser dem Grossen Rat vorgelegt werde (StAZH MM 2.118 RRB 1852/1814 vom 06.11.1852).
20 *Bundesgesetz über den Bau und Betrieb der Eisenbahnen auf dem Gebiete der schweiz. Eidgenossenschaft* vom 23.12.1872; Botschaft dazu vom 16.06.1871 (BBl 1871 II 647). Die Minderheit der Kommission des Ständerats war für die Beibehaltung der kantonalen Konzessionshoheit eingetreten (BBl 1871 III 864 und 877).
21 Bundesbeschlüsse vom 17.08.1852 (BS, Bd. 15, S. 16).
22 Bericht des Bundesrats über seine Geschäftsführung im Jahr 1853 (BBl 1854 II 347 mit der Liste der Konzessionen S. 392–394).
23 Siehe S. 130 mit Anm. 19.
24 *Vertrag zwischen der h. Stande Zürich und der schweizerischen Nordostbahngesellschaft, betreffend den Bau und Betrieb der Eisenbahn von Zürich an die Kantonsgrenze bei Dietikon* (Vom 29. Brachmonat 1853) (BBl 1853 III 25).
25 StAZH alle MM 2.118, dort RRB 1852/1773 & 1879 (Bodenseebahn), RRB 1852/1928 (Nordbahn bis Aarau), RRB 1852/1964 (Zürcher Teil von Winterthur–St. Gallen), RRB 1852/2123 (Winterthur–Schaffhausen); ferner MM 2.120 RRB 1853/0899 & 0926 (Glatttalbahn).
26 «Niedergesetzt» am 06.05.1845 (StAZH MM 2.88 RRB 1845/0682). Zur Mitwirkung Rüttimanns StAZH MM 2.131 RRB 1856/0459 und MM 2.133 RRB 1856/0958 vom 29.03. und 05.07.1856.
27 StAZH MM 2.118 RRB 1852/2072 (Zürcher Teile der Bodenseebahn und der Linie Winterthur–St. Gallen), MM 2.130 RRB 1855/1625 (Glatttalbahn).
28 Beispiel: Auftrag, eine Kommission aus Mitgliedern des Grossen Rats zusammenzustellen zur Vorberatung der Konzession für die Bodenseebahn noch vor der Vorlage an das Parlament (StAZH MM 2.118 RRB 1852/1879 vom 18.11.1852).
29 OS, Bd. 10, S. 396 (Glatttalbahn), S. 414 (Knonaueramt) und S. 433 (linkes Seeufer).
30 StAZH alle MM 24.35 KRP 1870/0091 vom 25.02.1870 (Andelfingen-Stammheim) und 1870/0121 vom 02.03.1870 (Wädenswil-Schindellegi), KRP 1871/0170 & 0171 vom 04.07.1871 (Effretikon-Hinwil-Wald und rechtes Seeufer).
31 Schneider, S. 29, Jung Escher, Teil 3, S. 749 und 760, wonach Rüttimann von 1858 dem Verwaltungsrat angehörte und ab 1865 bis zu seinem Tod als Vizepräsident wirkte. Aus dem Regierungsrat war er am 27.10.1856 zurückgetreten.

32 StAZH MM 2.122 RRB 1853/1508; zur Entwicklung: Jung Escher, Teil 2, S. 446.
33 Zur Entwicklung der NOB BBl 1897 II 247 f. (in: Botschaft zum Rückkauf vom 25.09.1897).
34 Autorisation der Basel-Zürcher-Eisenbahngesellschaft als anonyme Actien-Unternehmung vom 08.03.1838 (StAZH MM 2.41 RRB 1838/0388) und Konzession an diese Gesellschaft vom 18.12.1839 (StAZH MM 24.22 KRP 1839/0236).
35 Konzession für eine Eisenbahn von Zürich nach Basel und Aarau (OS, Bd. 7, S. 131); Eröffnung gemäss Anzeige vom 05.08.1847 (StAZH MM 2.97 RRB 1847/1254).
36 Vorgeschlagen wurden sie von der Nordbahn, beschlossen vom Polizeirat und genehmigt durch den Regierungsrat (StAZH MM 2.96 RRB 1847/0473 vom 25.03.1847 und 1847/0552 vom 08.04.1847; OS, Bd. 7, S. 444).
37 Einsetzung einer Kommission mit den Regierungsräten Furrer, Rüttimann und Esslinger am 10.01.1846 zur «Amortisation» der Titel (StAZH MM 2.91 RRB 1846/0051).
38 Konzession Zürich vom 21.06.1853 (Genehmigung durch Grossen Rat) OS, Bd. 9, S. 286 und BBl 1853 III 25, Konzession Aargau vom 27.06.1853 BBl 1853 III 168.
39 Am 15.05.1858 gemäss Wikipedia unter «Schweizerische Nordostbahn».
40 Beschluss des Grossen Rats vom 13.10.1846 (OS, Bd. 7, S. 286), dazu Weisung und Konzessionsentwurf vom 24.09.1846 (StAZH MM 2.93 RRB 1849/1486 & 1486a).
41 Auftrag zu Verhandlungen vom 28.10.1852 (StAZH MM 2.118 RRB 1852/1773) und zu Vorschlägen für die Kommission vom 18.11.1852 mit Ernennung der Kommissionsmitglieder zwei Tage später (StAZH MM 2.118 RRB 1852/1879 & 1896).
42 Vertrag vom 04. bzw. 06.12.1852, genehmigt vom Grossen Rat des Kantons Zürich am 21.12.1852 (OS, Bd. 9, S. 183), Bundesbeschluss vom 28.01.1853 (OS, Bd. 9, S. 228), nachdem der Bundesrat am 07.01.1853 erklärt hatte, dass er nichts gegen den Vertrag unter den Kantonen einzuwenden habe (OS, Bd. 9, S. 187).
43 Weisung des Regierungsrats zum Konzessionsentwurf vom 18.12.1852 (StAZH MM 2.118 RRB 1852/2072), Ernennung einer Kommission des Grossen Rats mit Escher und Rüttimann vom 20.12.1852 (StAZH MM 24.31 KRP 1852/0150), Konzession vom 21.12.1852 (BBl 1853 I 41; OS, Bd. 9, S. 188, StAZH MM 24.31 KRP 1852/0157), genehmigt durch Bundesbeschluss vom 28.01.1853 (OS, Bd. 9, S. 228). Vertrag Zürich/Thurgau gemäss Anm. 42. Zu der am 20.12.1852 aufgenommenen Debatte des Grossen Rats konnte die NZZ am 21.12.1852 (Frontseite) keinen Bericht publizieren, weil auf Antrag des Regierungsrats geheim debattiert wurde.
44 Jung Escher, Teil 2, S. 426.
45 Escher Briefe Rüttimann Nr. 19, dort von Jung datiert auf 17.01.1853.
46 Statuten der Aktiengesellschaft für die Zürich-Bodensee-Bahn, beschlossen von der Generalsammlung am 28.02.1853 und genehmigt durch den Regierungsrat am 08.03.1853 (StAZH MM 2.119 RRB 1853/0369).
47 StAZH MM 2.119 RRB 1853/0451 vom 22.03.1853.
48 Nach Wikipedia eröffnete die Schweizerische Nordostbahn die Strecke Oerlikon–Winterthur als letzte am 27.12.1855.
49 StAZH MM 2.118 RRB 1852/2123 vom 30.12.1852.
50 Vertrag der Kantone Zürich und Schaffhausen vom 03.01.1853 (OS, Bd. 9, S. 203) und Konzession des Kantons Zürich vom 07.01.1853 (OS, Bd. 9, S. 232), genehmigt durch Bundesbeschluss vom 02.02.1853 (OS, Bd. 9, S. 232).
51 Genehmigung der Statuten 25.08.1853 durch den Zürcher Regierungsrat am 07.01.1854 (StAZH MM 2.123 RRB 1854/0038).
52 Fusionsvertrag vom 04.11.1856, ratifiziert durch den Verwaltungsrat der NOB am 15.05.1857 (Jung Escher, Teil 2, S. 480 und 486).
53 Brief Rüttimanns vom 20.05.1857 mit Darlegung seines Briefwechsels mit von Dusch (Escher Briefe Rüttimann Nr. 30 mit Hinweis von Jung auf den am 26.08.1857 abgeschlossenen Vertrag).
54 Eröffnung Thalwil-Zug, Zug-Arth-Goldau und Luzern-Küssnacht-Immensee am 01.06.1897 (BBl 1898 II 504 und 510).
55 Ob es sich dabei um eine Aktiengesellschaft nach den §§ 1342 ff. des Zürcherischen Privatrechtlichen Gesetzbuches (OS, Bd. 11, S. 229) handelte, dessen viertes Buch über Forderungen und Schulden am 01.07.1855 in Kraft getreten war (OS, Bd. 11, S. 441), ergibt sich aus den Unterlagen nicht.
56 Art. 7 des Vertrags der drei Kantone mit der NOB vom 14.12.1861 (OS, Bd. 12, S. 577).
57 Escher Briefe Rüttimann Nr. 30 an Escher 20.05.1857.
58 Beratung Grosser Rat vom 02. bzw. 03.07.1857 (StAZH MM 24.31 KRP 1857/0031, 0032 und 0043), Konzession und Zusatz beide vom 03.07.1857 unterzeichnet von Rüttimann (BBl 1857 II 159; OS, Bd. 10, S. 414), Bundesbeschluss über die Genehmigung vom 05.08.1857 (OS, Bd. 10, S. 429).
59 Vertrag der drei Kantone mit der NOB vom 14.12.1861 (OS, Bd. 12, S. 577), Konzession vom 06.01.1862 (OS, Bd. 12, S. 596), genehmigt durch Bundesbeschluss vom 06.02.1862 (OS, Bd. 12, S. 614). Die Gemeinden hatten ihre Beschlüsse vom 08. bis 22.12.1861 gefasst; der Grosse Rat stimmte ihnen ebenfalls am 06.01.1862 zu (OS, Bd. 12, S. 610).
60 StAZH MM 24.33 KRP 1861/0123 vom 24.12.1861.
61 Kollaudation am 21.05.1864: StAZH MM 2.164 RRB 1864/0863 & 0864; Einweihung am 30.05.1864: StAZH MM 2.164 RRB 1864/0918 und Jung Escher, Teil 2, S. 499.
62 Unklar ist, ob die NOB oder die Eisenbahnunternehmung Zürich-Zug-Luzern das Gesuch stellte (StAZH MM 2.172 RRB 1866/0531). Weisung des Regierungsrats vom 12.04.1866 (StAZH MM 2.172 RRB 1866/0571); Genehmigung des Vertrages durch den Grossen Rat am 23.04.1866 (StAZH MM 24.33 KRP 1866/0055); Abschluss des Vertrags am 19.05.1866 (OS, Bd. 13, S. 659).
63 Escher Briefe Rüttimann Nr. 1.
64 Jung Escher, Teil 2, S. 474 f.
65 Gründung am 04.09.1856 gemäss Jung Escher, Teil 2, S. 475. Dazu BBl 1897 II 248 (in: Botschaft zum Rückkauf vom 25.09.1897).
66 Jung Escher, Teil 2, S. 489 f.
67 Escher Briefe Rüttimann Nr. 30 vom 20.05.1857.
68 Escher Briefe Rüttimann Nr. 29 vom 28.02.1857.
69 Beschluss des Verwaltungsrats der SCB vom 24.04.1857, der NOB mitgeteilt am 12.05.1857 gemäss Jung Escher, Teil 2, S. 480.
70 Escher Briefe Rüttimann Nr. 30 vom 20.05.1857.
71 *Bundesgesetz betreffend die Erwerbung und den Betrieb von Eisenbahnen für Rechnung des Bundes und die Organisation der Verwaltung der schweizerischen Bundesbahnen* vom

15.10.1897 (Text BBl 1897 IV 471), angenommen in der Volksabstimmung vom 20.02.1898 mit Zustimmung von 68 Prozent bei einer Stimmbeteiligung von 78 Prozent. Dazu: Botschaft betreffend den Rückkauf der schweizerischen Hauptbahnen vom 25.03.1897 (BBl 1897 II 230). Zuvor war der Rückkauf der SCB in der Volksabstimmung vom 06.12.1891 abgelehnt worden.
72 Dazu, zu den Verträgen und zum Übergang der anderen Linien A. WELTI, *25 Jahre Schweizerische Bundesbahnen 1902-1927*, Zürich 1927.
73 Botschaft des Bundesrats vom 19.07.1869 (BBl 1869 II 582), Bericht der Kommission des Ständerats vom 18.10.1869 (BBl 1869 III. 299), Bundesbeschluss vom 22.10.1869. Rüttimann war auf den 01.06.1869 zurückgetreten.
74 Botschaft vom 30.06.1870 mit Vertragstext (BBl 1870 II 809).
75 Der Regierungsrat beschloss am 16.02.1861 und am 23.03.1861, dem Grossen Rat unter bestimmten Voraussetzungen Aktien der Lukmanierunternehmung für 1,5 Millionen Franken zu übernehmen, auf das Gesuch des Gotthardkomitees zur Übernahme von Gründungsaktien aber nicht einzutreten (StAZH MM 2.151 RRB 1861/0230 und 0379). Zur Haltung Eschers: JUNG Escher, Teil 2, S. 552, 557 und 559.
76 Bundesbeschlüsse vom 04.08.1853 (Konzession Graubünden) und vom 07.10.1853 (Konzession Tessin).
77 Bericht des schweiz. Konsuls in Mailand (Hrn. Oskar Vonwiller von St. Gallen) über das Jahr 1873 (Vom 31. März 1874), BBl 1874 I 649. Dort (S. 656) werden die monatlichen Transportmengen angegeben mit den Summen für das Jahr 1873 von 8223 Ballen über den Splügen und 6381 über den St. Gotthard.
78 NZZ vom 27.01.1863, S. 108 in der Debatte zur Motion Eytel.
79 Noten vom 27.02.1866 und vom 17.03.1866 (BBl 1866 I 277 und 393), Note vom 31.03.1870 (BBl 1870, II 810 f.).
80 BBl 1878 III 93.
81 Konzession Kanton Tessin vom 12.06.1863 (BBl 1863 III 667), genehmigt durch Bundesbeschluss vom 31.07.1863 (Hinweis in BBl 1865 II 129). Bildung der genannten Gesellschaft durch Mitteilung vom 22.01.1864 (Geschäftsbericht Bundesrat 1864, BBl 1865 II 130). Bundesratsbeschluss betr. die Übertragung der tessinischen Eisenbahnen Chiasso–Biasca–Locarno an die limitierte Zentral-Europäische Eisenbahngesellschaft vom 17.02.1865.
82 Bundesbeschluss vom 22.07.1865 (BBl 1865 III 211).
83 Ständeratssitzung vom 15.07.1865, NZZ 18.07.1865, S. 878.
84 *Bundesbeschluss betreffend die Übertragung der Konzessionen für die Eisenbahnen Chiasso–Lugano und Locarno-Bellinzona–Biasca an den Gotthardbahn-Ausschuss* vom 27.03.1869. Die Ceneri-Linie bildete Gegenstand separater Entscheide.
85 Nach JUNG Escher, Teil 2, S. 554 führten die Regierungsräte Dubs und Zehnder mit dem Vertreter des Gotthardkomitees 1860 Gespräche. Die erste Gotthardkonferenz hatte am 19.08.1853 in Luzern stattgefunden (JUNG Escher, Teil 2, S. 552).
86 JUNG Escher, Teil 2, S. 590.
87 JUNG Escher, Teil 2, S. 594 ff. und HANS G. WÄGLI, *Louis Favre (1826–1879). Erbauer des Gotthardtunnels*, Schweizer Pioniere der Wirtschaft und Technik, Nr. 86, Zürich 2008, erwähnen keine Beteiligung oder Konsultation Rüttmanns. Auch in Briefen findet sich dazu nichts.
88 Escher Briefe Rüttimann Nr. 16 an Escher, verfasst zwischen dem 25.02. und dem 13.03.1850, wie sich aus dem Zusammenhang und der Datierung «Mittwochs» ergibt.
89 Escher Briefe Furrer Nr. 99 vom 11.12.1859.
90 NZZ vom 27.01.1863, S. 108.
91 Zusammenstellung: JUNG Escher, Teil 2, S. 657.
92 Brief des Bundesrats vom 07.01.1870 gemäss StAZH MM 2.187 RRB 1870/0124 vom 12.01.1870.
93 Beschluss vom 20.10.1865 (OS, Bd. 13, S. 524).
94 StAZH MM 24.32 KRP 1870/0111 vom 01.03.1870.
95 NZZ vom 30.03.1870, Erstes Blatt (Frontseite).
96 StAZH MM 24.35 KRP 1870/0140 (Anträge) und 0141 (Abstimmung) vom 28.03.1870; ferner KRP 1870/0147 vom 29.03.170 über die Ablehnung einer ähnlichen Subvention an die Splügenbahn, die vor allem von Winterthurer Industriellenkreise (Sulzer) befürwortet worden war (NZZ 30.03.1870, Erstes Blatt, Frontseite). Auf das diesbezügliche Votum Rüttimanns wurde in der NZZ ohne Inhaltsangabe hingewiesen (30.03.1870, Erstes Blatt S. 162).
97 Kreditbeschluss mit Datum der Volksabstimmung (22.05.1870) OS, Bd. 15, S. 355; Feststellung Abstimmungsergebnis StAZH MM 24.35 KRP 1870/0193 vom 20.06.1870.
98 Liste bei JUNG Escher, Teil 2, S. 659.
99 Escher Briefe Rüttimann Nr. 34, von JUNG datiert auf September 1871.
100 Escher Briefe Rüttimann Nr. 35 von JUNG datiert gemäss Briefkontext.
101 *Bundesgesetz betreffend Gewährung von Subsidien für Alpenbahnen* vom 22.08.1878 (BBl 1878 III 597), angenommen in der Volksabstimmung vom 19.01.1879 (Ergebnisse: BBl 1879 I 409).
102 Vgl. Werkverzeichnis. Das Gutachten umfasste 86 Seiten.
103 Teil 3 in NZZ vom 22.04.1870 (Frontseite).
104 JUNG Escher, Teil 3, S. 737 ff.
105 Zur Autorenschaft JUNG Escher, Teil 3, S. 812.
106 *Privatrechtliches Gesetzbuch für den Kanton Zürich*, Erstes Buch Personenrecht (OS, Bd. 11, S. 6 ff., in Kraft ab 31.03.1854 gemäss OS, Bd. 11, S. 126), § 22: «Aktienverbindungen, welche auf industrielle oder andere ökonomischen Unternehmungen gerichtet sind, bedürfen der Genehmigung des Regierungsrathes. Die staatliche Prüfung bezieht sich auf den Zweck der Aktiengesellschaft und auf die Solidität der Unternehmung. Ergibt sich, daß die öffentliche Wohlfahrt oder der Kredit durch dieselbe gefährdet würde, so ist die Genehmigung zu versagen.»
107 *Privatrechtliches Gesetzbuch für den Kanton Zürich*, Viertes Buch: Forderungen und Schulden (OS, Bd. 11, S. 229), in Kraft ab 01.07.1855 (OS, Bd. 11, S. 441).
108 StAZH MM 2.133 RRB 1856/0944.
109 JUNG Escher, Teil 3, S. 774–782.
110 Escher Briefe Rüttimann Nr. 24, 25 und 26 vom 10. bis 18.07.1856.
111 JUNG Escher, Teil 3, S. 805 ff.
112 Escher Briefe Rüttimann Nr. 34, datiert nur «Dez. 1871» mit Hinweis auf «gestern Dienstags».
113 JUNG Escher, Teil 3, S. 808 mit dem Hinweis in Anm. 257, die Liegenschaft sei im Januar 1872 an Herrn Fürst bzw. an das betreffende Consortium verkauft worden, «wobei wir mit Fürst gleichberechtigt sind». In StAZH ist unter MM 2.195 RRB 1872/0069 & 0097 vom 13.01.1872 bzw. 18.01.1872 nur ein Vertrag mit C. Fürst dokumentiert.

114 StAZH MM 2.194 RRB 1871/2846 vom 30.12.1871.
115 Jung Escher, Teil 3, S. 747 und 749.
116 So hatte sich der Verwaltungsvizepräsident 1856 mit der Beschaffung der Zeitungen zu befassen (Escher Briefe Rüttimann Nr. 28 an Escher vom 26.12.1856).
117 Jung Escher, Teil 3, S. 763.
118 NZZ vom 23. und 24.03. sowie 02.04.1858 jeweils Frontseite.
119 Aufteilung gemäss Bekanntmachung des Gründungskomitees vom 05.07.1856 (Jung Escher, Teil 3, S. 768), Verzicht des Kantons Zürich vom 19.07.1856 (StAZH MM 2.133 RRB 1856/1021).
120 Escher Briefe Rüttimann Nr. 24 an Escher.
121 Escher Briefe Rüttimann Nr. 25, 26 und 27 an Escher vom 15., 18. & 19.07.1856.
122 Die Daten betreffen die Publikation in der NZZ. Datiert sind die Inserate vom Tag zuvor.
123 Escher Briefe Rüttimann Nr. 24 an Escher am 10.07.1856.
124 Escher Briefe Rüttimann Nr. 5 an Escher. Datierung gemäss Hinweis auf das Friedenstelegramm, das sich wohl auf den Vorfrieden von Versailles vom 26.02.1871 bezog.
125 Escher Briefe Rüttimann Nr. 32 an Escher vom 08.12.1857.
126 Jung Escher, Teil 3, S. 793 f.
127 Escher Briefe Rüttimann Nr. 27 vom 19.07.1856 an Escher mit der Mitteilung Rüttimanns: «Wir haben soeben beschlossen, 100 000 fcs Gründeractien der Bank in Luzern zu zeichnen.»
128 «Wir haben gestern betreffend Nordostbahnactien bereits in aller Stille Auftrag gegeben», schrieb Rüttimann Escher am 10.07.1856, also fünf Tage nach Genehmigung der Kreditanstalt-Statuten (Escher Briefe Rüttimann Nr. 24).
129 NZZ vom 23.03.1856 (Frontseite).
130 Jung Escher, Teil 2, S. 533 mit Hinweis auf die Bereitstellung des Fremdkapitals.
131 Jung Escher, Teil 2, S. 659.
132 Jung Escher, Teil 2, S. 658. Zur Mitwirkung Rüttimanns siehe S. 153 f.
133 Jung Escher, Teil 2, Seite 531 und Teil 3, S. 799.
134 NZZ vom 23.03.1858 mit dem Zitat aus dem von Rüttimann verfassten ersten Jahresbericht der Kreditanstalt.
135 Dazu und zu den weiteren Angaben: Jung Escher, Teil 3, S. 784 f.
136 Escher Briefe Rüttimann Nr. 24.
137 Escher Briefe Rüttimann Nr. 25 (mit Briefkopf Schweiz. Kreditanstalt) an Escher vom 15.07.1856.
138 Jung Escher, Teil 3, S. 789.
139 Escher Briefe, Rüttimann Nr. 24 und 25 an Escher vom 10. & 18.07.1856.
140 Escher Briefe, Rüttimann Nr. 27 an Escher vom 19.07.1856.
141 Jung Escher, Teil 3, S. 790 f.
142 Escher Briefe, Rüttimann Nr. 3 an Escher, nicht genau datierbar; Jung Escher, Teil 3, S. 792.
143 Die Restbestände an Versicherungen wurden in der Folge von der Rentenanstalt übernommen (Jagmetti sen., S. 16).
144 Zur Vorgeschichte und zur Entwicklung des Projekts: Jagmetti sen., S. 1 ff.
145 SL-Archiv, Nr. 4.1.01.
146 Zur Entwicklung der Beziehungen der Kreditanstalt zur Rentenanstalt Jung Escher, Teil 3, S. 825 ff. mit der Betonung auf die Einflussnahme der Kreditanstalt.
147 Wortlaut bei Jagmetti sen., S. 7–9.
148 StAZH MM 2.133 RRB 1856/0944.

149 StAZH MM 2.138 RRB 1857/1522.
150 Erstes Buch Personenrecht mit den Bestimmungen über Korporationen in den §§ 28–33, in Kraft seit 31.03.1854 (OS, Bd. 11, S. 6 ff. und S. 126), in denen die Genossenschaft in § 30 kurz erwähnt wurde; Viertes Buch Forderungen und Schulden mit der Regelung der Aktiengesellschaft in den §§ 1342–1365, in Kraft seit 01.07.1855 (OS, Bd. 11, S. 229 ff. und S. 417).
151 Beschluss Aufsichtsrat vom 23.11.1859: SL Archiv, Haupt-Protokoll 1859, Nr. 36. Beschluss Regierungsrat: StAZH MM 2.146 RRB 1859/1546.
152 Beratung und Beschluss des Aufsichtsrats vom 06.11.1875, SL Archiv, Haupt-Protokoll, Nr. 181; Regierungsratsbeschluss: StAZH MM 2.211 RRB 1876/0363.
153 Dazu und zur weiteren Entwicklung: Jagmetti sen., S. 20–23, wo von den geänderten Rechtsgrundlagen erstaunlicherweise nicht die Rede ist.
154 Jagmetti sen., S. 21.
155 SL-Archiv, Haupt-Protokoll 1875, Nr. 181.
156 Die nächste Sitzung des Aufsichtsrats fand am 22.01.1876, also nach Rüttimanns Tod, statt (SL Archiv, Haupt-Protokoll 1876, Nr. 182).
157 Text BBl 1881 III 109; dort Leibrentenvertrag Art. 517–523, Genossenschaft Art. 678–715.
158 SL-Archiv, Haupt-Protokoll 1875, Nr. 181; Jagmetti sen., S. 20.
159 StAZH MM 2.138 RRB 1857/1714 vom 26.12.1857.
160 Jagmetti sen., S. 13; NZZ vom 28.12.1857, S. 2418.
161 Dazu und zu den Vorbereitungsarbeiten Widmers: Jagmetti sen., S. 5. Johann Jakob Sulzer (1821–1897) war 1851–1857 Regierungsrat. Er war nicht Sohn von Johann Rudolf Sulzer (1789–1850), der 1845–1849 Regierungsrat war und den Escher am 06.04.1848 in Winterthur besuchte (Escher Briefe, Rüttimann Nr. 11, von Escher an Rüttimann am 09.04.1848). Dazu: Reg. Räte ZH und HLS.
162 Jagmetti sen., S. 5.
163 StAZH MM 2.138 RRB 1857/1488.
164 Jagmetti sen., S. 17.
165 Dass der Beginn des Mythenquais die Bezeichnung «General-Guisan-Quai» (früher «Alpenquai») trägt, der damit gleichsam «um die Ecke» führt, hängt damit zusammen, dass bei der Errichtung des jetzigen Sitzes von Swiss Life auf dem früheren Platz vor dem Bahnhof Zürich-Enge (die Gleise verliefen längs der heutigen Alfred-Escher-Strasse) die Versicherungsgesellschaften ihre Hausnummern beibehalten wollten.
166 NZZ vom 17.12.1858 S. 1403; nach Versicherungsarten aufgeschlüsselt: Jagmetti sen., S. 14.
167 Vertragseinleitung vom 24.11.1862, Police No. D 2216 (beides SL-Archiv, 7.2.1.1.1).
168 Auszug dem Protokoll des Schweizerischen Schulrats vom 20.01.1876 betr. Überweisung der Police an Herrn Beder-Rüttimann zugunsten der Erben; Überweisung der Police nach Herrn Beder-Rüttimann als der Rentenanstalt am 24.01.1876; dessen Bestätigung vom 25.04.1876, Rüttimann hatte am 12.11.1875 der Rentenanstalt geschrieben, er wünsche seinen Überschussanteil von 68 Franken an die Prämie für 1876 anzurechnen. Alle Dokumente SL-Archiv, 7.2.1.1.1.
169 StAZH MM 2.212 RRB 1876/1673 vom 27.06.1876.
170 Erster Beschluss des Regierungsrats vom 21.08.1858, Weisung des Regierungsrats vom 09.09.1858 mit der Entstehungsgeschichte, Feststellung des Regierungsrats vom

18.09.1858 über die Annahme des Vertrages durch die Schulsynode am 30.08.1858 (StAZH MM 2.141 RRB 1858/1045, 1114 & 1147); Beschluss des Grossen Rats vom 25.10.1858 (OS, Bd. 12, S. 103).
171 Escher Briefe, Rüttimann Nr. 36, undatiert, vermutlich 1872, an Escher, wo irrtümlicherweise von der Ernennung Hagenbuchs als Vizepräsident die Rede ist.
172 Reg. Räte ZH.
173 SL-Archiv, Haupt-Protokoll 1872, Nr. 139.
174 JAGMETTI sen., S. 21. StAZH MM 2.211 RRB 1876/800 vom 23.03.1876
175 StAZH MM 2.212 RRB 1876/1295 vom 20.05.1876.
176 ALFRED CATTANI, Die Aktienhäuser in Aussersihl – Hundert Jahre Aktiengesellschaft für Erstellung von Arbeiterwohnungen, Zürich 1961, S. 11. Die weiteren Angaben sind diesem Werk entnommen.
177 Zum Abbruch: RUDOLF ESCHER, 125 Jahre Immobiliengesellschaft Fadmatt (vorm. AG für Erstellung von Arbeiterwohnungen), Bericht über die Jahre 1961–1985 (s.d.et l).
178 Vgl. Werkverzeichnis.
179 Zuschrift Rüttimanns an die NZZ aus Bern vom 07.12.1866, veröffentlicht in der NZZ vom 09.12.1866 (Frontseite); Stellungnahme der Redaktion in der NZZ vom 13.12.1866 (Frontseite) mit der Fussnote: «Die Leser der N.Z.Z. werden mit uns einverstanden sein, daß zur Mitberathung dieser hochwichtigen Frage jeder redaktionelle Standpunkt berechtigt ist.»
180 StAZH MM 2.174 RRB 1866/1967 vom 29.11.1866.
181 OS, Bd. 14, S. 549 (Kantonsverfassung) und Bd. 15, S. 92 (Kantonalbankgesetz).
182 BALTENSPERGER, S. 50.
183 Zur Geburt des Schweizer Frankens: BALTENSPERGER, S. 81 ff.
184 Zur Geburt des Schweizer Frankens: BALTENSPERGER, S. 81 ff.
Expertenbericht und Entwurf eines Gesetzes über das Münzwesen, mit einem Vorworte in Form eines Begleitschreibens von Herrn Bankdirektor Speiser in Basel an den Bundesrath der schweizerischen Eidgenossenschaft; undatiert mit Begleitschreiben vom 06.10.1849 (BBl 1849 III 31, 65, 97, 100, 111, 126).
185 BBl 1849 III 34.
186 BBl 1849 III 48.
187 Bericht des Bundesrats BBl 1849 III 169, Zitat S. 179.
188 Bericht der Kommissionsmehrheit in BBl 1849 III 219; Bericht der Minderheit BBl 1849 III 245 (Wertung des süddeutschen Währungssystems S. 249, Anträge S. 298 ff.).
189 NZZ vom 19.12.1849 (Frontseite).
190 Grundlage war das *Bundesgesetz über die schweizerische Nationalbank* vom 06.10.1905. Zur Abhängigkeit vom französischen Franc: BALTENSPERGER, S. 25.
191 In der französischen Version fehlten diese Bezeichnungen (FF 1849 III 100 f.).
192 *Bundesgesetz betreffend die Umwandlung der in verschiedenen Bundesgesetzen in alter Währung ausgedrückten Ansätze in neue Währung* vom 11.08.1852; dazu Gesetzesentwurf des Bundesrats vom 30.07.1852 (BBl 1852 II 611).
193 Gesetzesentwurf mit Weisung vom 07.09.1850 (StAZH MM 2.109 RRB 1850/1613 & 1614).
194 StAZH MM 2.114 RRB 1851/1966 vom 25.11.1851, RRB 1851/2092 vom 13.12.1851; RRB 1851/2095 vom 15.12.1851.
195 *Gesetz betreffend die Ausführung der schweizerischen Münzreform* vom 23.12.1851 (OS, Bd. 8, S. 308); zu Rüttimann als Referent: StAZH MM 2.114 RRB 1851/2095 vom 15.12.1851.

196 Münzvertrag vom 23.12.1865, Botschaft des Bundesrats vom 02.02.1866 (BBl 1866 I 133), *Bundesbeschluss betreffend den Münzvereinsvertrag zwischen der Schweiz, Belgien, Frankreich und Italien* vom 24.02.1866.
197 Bundesratsbeschluss betreffend den Beitritt Griechenlands zu dem am 23.12. 1865 zwischen Belgien, Frankreich, Italien und der Schweiz abgeschlossenen Münzvertrage (BBl 1868 III 1062).
198 Der Bericht der ständerätlichen Kommission wurde im Gegensatz zu jenem der nationalrätlichen nicht publiziert.
199 Bekanntmachung des eidgenössischen Finanzdepartements vom 08.02.1927 (BBl 1927 I 122).
200 Hinweis auf das Konkordat von 1819, das sich allerdings auf das Münzwesen bezog, in BBl 1870 III 886.
201 BALTENSPERGER, S. 55 ff. und S. 90 ff. mit Detailangaben. 1869 waren Banknoten von 20 Banken zum Gesamtbetrag von knapp 17 Millionen Franken im Umlauf; zum Vergleich: die Banque de France hatte gleichzeitig Noten für 1200 Millionen Francs ausgegeben (BBl 1870 III 884 f.).
202 Botschaft vom 01.07.1865 (BBl 1865 III 33).
203 BBl 1865 III 813.
204 BBl 1870 III 882/883 f.
205 *Bundesgesetz über die Revision der Bundesverfassung* vom 19.11.1865 (BBl 1865 IV 1); Botschaft vom 12.02.1866 über das Ergebnis der Abstimmung vom 14.01.1866 (BBl 1866 I 117); zur Verfassungsrevision von 1866 im Übrigen S. 112 f.
206 *Gesetz betreffend die Zürcher Kantonalbank* vom 07.11.1869, § 7 mit dem Recht zur Ausgabe von Banknoten für 20, 50, 100 und 500 Franken bis zum Gesamtbetrag von 4 Millionen Franken (OS, Bd. 15, S. 92); *Gesetz betreffend Ausgabe von Banknoten* vom 20.02.1870 (OS, Bd. 15, S. 230), das die Ausgabe von Banknoten durch Privatbanken betraf.
207 Vgl. Werkverzeichnis. Das in französischer Sprache gehaltene Gutachten enthielt die beiden hier summarisch wiedergegebenen Anträge.
208 BBl 1870 III 881.
209 *Bundesgesetz über die Ausgabe und Einlösung von Banknoten* vom 18.09.1875 (Text: BBl 1875 IV 462), abgelehnt in der Abstimmung vom 23.04.1876 mit 61,7 Prozent Nein-Stimmen.
210 Botschaft vom 09.06.1880 mit Darstellung der Lage in den Kantonen (BBl 1880 III 223).
211 Die Initiative war als formulierte Initiative auf Partialrevision der Verfassung eingereicht worden. Solche Volksbegehren wurden jedoch erst 1891 zugelassen. Daher lautete die Abstimmungsfrage nur: «Soll eine Revision der Bundesverfassung stattfinden?». Sie wurde am 31.10.1880 mit 68,2 Prozent Nein-Stimmen und durch 17½ von 22 Kantonen abgelehnt. Botschaft vom 18.08.1880 (BBl 1880 III 595), Bundesbeschluss vom 17.09.1880 (BBl 1880 III 693), Botschaft über das Ergebnis vom 23.11.1880 (BBl 1880 IV 499).
212 *Bundesgesetz über die Ausgabe und die Einlösung von Banknoten* vom 08.03.1881 (Text: BBl 1881 II 179). Zur Entwicklung: BALTENSPERGER, S. 95 ff.

Auftrag und Erbe

1 Dazu: MARTIN HÜRLIMANN, *Die Aufklärung in Zürich*, Dissertation, Leipzig 1924.
2 In kirchlichen Angelegenheiten am 07.07.1963 (OS, Bd. 41, S. 457); auf Gemeindeebene fakultativ am 14.09.1969

(OS, Bd. 43, S. 332); allgemein auf kantonaler Stufe am 15.11.1970 (OS, Bd. 43, S. 772).
3   Volksabstimmung vom 07.02.1971 mit Zustimmung durch 65,7 Prozent der Stimmenden und 15½ (von 22) Kantonen.
4   Vergütungen an die Organe von Unternehmen, Masseneinwanderung, Berufsverbot für Pädophile, Ernährungssicherheit.
5   Die Arbeitsgruppe unter dem Vorsitz von alt Bundesrat Friedrich Traugott Wahlen war am 16.05.1967 eingesetzt worden.
6   Zum Milizprinzip: NEIDHART, S. 48–50.
7   *Die Freiherren von Regensberg* IV. Teil, «Der Princeps und sein Hof», S. 41 f.
8   Dazu HLS, Genfer Unruhen. Im Geschäftsbericht des Bundesrats für 1932 wird mit keinem Wort auf die durch die militärische Intervention verursachten Todesopfer hingewiesen (BAR)!
9   Ablehnung des Bundesgesetzes betreffend die Ordnung des Arbeitsverhältnisses am 21.03.1920 (Text BBl 1919 III 846, Ergebnis BBl 1920 II 263), Verwerfung der Initiative zu einer Vermögensabgabe am 03.12.1922 (Initiativtext BBl 1922 I 153, Ergebnis BBl 1923 I 219), Aufnahme von Art. 34quater über die AHV in die Bundesverfassung am 06.12.1925 (Text BBl 1925 II 679, Ergebnis BBl 1926 I 1).

Verzeichnis der Personen aus der Zeit Rüttimanns

Abegg, Hans Heinrich 161 f.
Amiel, Henri Frédéric 139
Beder-Rüttimann (Tochter und Schwiegersohn) 15, 169 f.
Benz, Rudolf 145 f.
Blumer, Johann Jakob 28, 42, 106 f., 112, 117, 125, 130 f.
Bluntschli, Johann Caspar 15, 19, 22 f., 32, 34, 46 ff., 57, 66, 68, 73, 87, 96, 128, 146, 166
Bolley, Pompejus Alexander 77
Bollier, Rudolf 27, 89, 92 ff.
Brunner, Rudolf 172
Clausius, Rudolf 78
Culmann, Carl 78
Deschwanden, Joseph Wolfgang von 75
Druey, Daniel-Henri 41, 43, 109
Dubs, Jakob 14, 16, 80, 88, 116, 118
Dufour, Guillaume-Henri 92 f., 109, 139
Dufraisse, Marc-Etienne 29, 74, 78, 80,
Dusch, Ferdinand von 109, 148
Escher, Alfred 9, 14 ff., 23 ff., 61, 63, 73, 75 f., 88 f., 92 f., 95, 99, 101, 102, 106, 112, 114 ff., 117, 130, 139, 142 ff., 146 ff., 152 ff., 156 ff., 166 ff., 171, 177, 187
Esslinger, Melchior 27, 89
Favre, Louis 152
Fäsi (Pfarrer) 14
Fazy, James 96 ff.
Feer-Herzog, Carl 179
Fick, Hans 73 f., 166
Fierz, Johann Heinrich 49, 161, 163
Franscini, Stefano 75
Freudwiler (Pfarrer) 14
Frey-Herosé, Friedrich 92, 139

Furrer, Jonas 19, 26 f., 43, 63, 76, 91 ff., 94 f., 97, 99, 101 f., 106, 113, 153,
Geigy, Carl 143
Grob (Kantonsschulprofessor) 14
Hagenbuch, Franz 171 f.
Hartung, Daniel 14
Hartung, Moritz 14, 93, 142
Huber, Caspar 163
Huber, Eugen 50
Hüni-Stettler, Heinrich 157
Kappeler, Johann Karl 42, 75
Keller, Friedrich Ludwig 15, 20 ff., 25, 32, 36, 40, 46, 48, 65 ff., 72 f., 87
Kern, Johann Conrad 75 f., 109, 111, 114, 131, 138
Locher, Friedrich 71, 114 f., 187
Mousson, Johann Heinrich Emanuel 91
Morier (Gesandter) 37
Müller, Johann Jakob 135
Munzinger, Walther 50
Orelli, Hans (Johann) Kaspar von 15, 19 f., 73, 87 f.
Orelli, Konrad von 19
Ott, Konrad 15, 37, 39
Ott-Trümpler, Kaspar 167
Peyer im Hof, Johann 148, 161, 167
Radetzky, Johann Josef 107
Rieter-Rothpletz, Adolf 49
Rüttimann, Alfred (Sohn) 15 f., 24 f., 169
Rüttimann, Josua (Vater) 13 ff., 32, 86
Rüttimann-Bächlin, Luise (Gattin) 15 ff., 19
Rüttimann-Näf, Margaretha, verw. Hartung (Stiefmutter) 14
Rüttimann-Weinmann, Katharina (Mutter) 14

Sanctis, Francesco De 78
Scherr, Ignaz Theodor 33 f., 88
Schneider, Albert 16, 29, 68 f., 81, 96, 138, 216
Schweizer, Alexander 25
Semper, Gottfried 71, 78
Snell, Ludwig 87, 102 f.
Speiser, Johann Jakob 175
Stapfer, Heinrich 167
Stephenson, George und Robert 143
Stoll, Georg 25
Strauss, Daniel Friedrich 87 f.
Sulzer, Johann Jakob 168
Swinburne, Henry 143
Tocqueville, Alexis de 29, 53 f.
Treichler, Johann Jakob 19, 63, 116
Troxler, Ignaz Paul Vital 57, 100
Ulrich, David 88
Ulrich, Johann Caspar 51, 66
Widmer, Conrad 163, 166, 168, 171
Wild, Felix 167 f.
Wyss, Friedrich von 73
Ziegler, Melchior 143

Werkverzeichnis der Publikationen von Johann Jakob Rüttimann

Innerhalb der Themen chronologisch.

Allgemeine Texte

«Verhältnis der Staatsgewalt zur Gesellschaft: öffentlicher Vortrag gehalten am 21. Januar 1858», Zürich 1858; auch in: *Kleine Vermischte Schriften*, S. 151–172.

Über die Freiherren von Regensberg, Zürich 1867.

Kleine Vermischte Schriften juristischen und biographischen Inhalts von Prof. Dr. J. J. Rüttimann, nebst seiner Biographie und Portrait herausgegeben von Albert Schneider, Zürich 1876.

Nationales Recht

«Über einige weder in Verträgen noch in Verbrechen liegende Gründe von Obligationen», Zürich 1838. (Arbeit über die «negotiorum gestio» und die «condictio indebiti».)

«Über die Definition des Betruges», in: *Monatschronik der zürcherischen Rechtspflege*, Bd. 8, S. 1, 1839. (Hinweis von Schneider in: *Kleine Vermischte Schriften*, S. 13)

Zwei Artikel zum Zweikammersystem ohne Titel und ohne Angabe des Autors, *Neue Zürcher Zeitung* vom 25. Januar 1848, S. 103 und vom 8. Februar 1848 (Frontseite).

Die Lehre von dem Besitze nach den privatrechtlichen Gesetzbüchern der Schweiz, Basel 1859; auch in: *Kleine Vermischte Schriften*.

«Über die Geschichte des schweizerischen Gemeindebürgerrechts», akademischer Vortrag gehalten am 20. Februar 1862 im Grossratssaal in Zürich, nebst Zusätzen und Beweisstellen, Zürich 1862; auch in: *Kleine Vermischte Schriften*.

Über die der schweizerischen Eidgenossenschaft für Realisierung des Bundesrechts zu Gebote stehenden Organe und Zwangsmittel, Zürich 1862.

«Zu den Vorträgen über die Elemente des Verwaltungsrechts», o. O, o. J. (vermutlich Vorlesungsskript, also ab 1863).

Kantonales Recht

Die zürcherischen Gesetze betreffend die Organisation der Rechtspflege und das Strafverfahren (Schwurgerichte) mit Erläuterungen, Zürich 1853.

«Zur Geschichte und Fortbildung der zürcherischen Rechtspflege», Vortrag Wintersemester 1854/55. Als Separatum Zürich 1855; Akademische Vorträge von zürcherischen Dozenten, 1854/55, 4; Zürich 1855; auch in: *Kleine Vermischte Schriften*.

Internationales Recht

«Über die englische Strafrechtspflege», Amtlicher Bericht an die Zürcher Gesetzes-Revisions-Kommission», Zürich 1837.

Der englische Civil-Proceß mit besonderer Berücksichtigung des Verfahrens der Westminster Rechtshöfe, Leipzig 1851.

Das nordamerikanische Bundesstaatsrecht, verglichen mit den politischen Einrichtungen der Schweiz, 3 Bände, Zürich 1867–1876.

Band 1   Erster Teil: «Die Gesetzgebung, Regierung und Rechtspflege in der nordamerikanischen Union und in der Schweiz», 1867.

Band 2   Zweiter Teil, Erste Abteilung: «Die Bundesstaatsgewalt in der nordamerikanischen Union und in der schweizerischen Eidgenossenschaft», 1872.

Band 3   Zweiter Teil, Zweite Abteilung: gleicher Titel, postum 1876.

(Die Bände 2 und 3 wurden später im gleichen Einband, aber mit getrennter Paginierung publiziert.)

Kirche und Staat in Nordamerika. Festschrift für Robert von Mohl, Zürich 1871.

Währung und Kredit

«Bericht der Minderheit der vom schweizerischen Ständerat niedergesetzten Kommission über den Gesetzesvorschlag für das eidgenössische Münzwesen und denjenigen für die Ausführung der schweizerischen Münzreform. Dem Ständerat erstattet den 12. Christmonat 1849.»

Unterzeichner: J. Rüttimann, B. F. Fischer, G. P. F. Steiger
BBl 1949 III 245–300. (Auch in Buchform erschienen.)

Münzfrage, Artikel ohne Titel in der *Neuen Zürcher Zeitung* vom 19. Dezember 1849 (Frontseite).

«Antrag betreffend Gründung einer Hypothekar-Kasse für den Kanton Zürich», Zürich 1856.

«Spezialbericht des Hrn. Dr. Rüttimann an die vom schweizerischen Ständerat niedergesetzte Kommission für die Revision der Bundesverfassung betreffend das Banknotenwesen» (vom 23. Oktober 1865). BBl 1865 III 813–822 (infolge Verhinderung an der Sitzungsteilnahme schriftlich erstattet).

«Über die Bankfrage», Artikel mit Entwurf für ein Gesetz, *Neue Zürcher Zeitung* vom 9. Dezember 1866 (Frontseite).

«Rapport au Département fédéral des finances sur la question des billets de banque par MM. Feer-Herzog et Rüttimann» (Communiqué à la Société Suisse du commerce et de l'industrie), in: *Drei Gutachten über das schweizerische Banknotenwesen*, Schweizerischer Handels- und Industrie-Verein (Hrsg.), Bern 1871.

Selbstständig veröffentlicht unter dem gleichen Titel Imprimé par les soins de la Société suisse du Commerce et de l'Industrie, Berne 1871.

Biografien

Dr. F. L. von Keller, Sonderdruck der Artikel in der *Neuen Zürcher Zeitung* von 1861; auch in: *Kleine Vermischte Schriften*.

Dr. Jonas Furrer, Sonderdruck der Artikel in der *Neuen Zürcher Zeitung* 1861, Zürich 1861; auch in: *Kleine Vermischte Schriften*.

Gutachten

«Gegenbemerkungen zum Gutachten des Herrn Prof. Dr. Bluntschli über die Rechte der Hubengenossen zu Schwamendingen», Zürich 1847.

«Rechtsgutachten über die von der Regierung des Kantons Luzern gegen die Regierung des Kantons Schaffhausen erhobene Beschwerde betreffend die Handhabung der Konkordate ‹Eheeinsegnungen und Kopulationsscheine› vom 4. Juli 1820 und 15. Juli 1842».

Verfasser: Johann Jakob Rüttimann, Friedrich Gustav Erhardt, Emanuel Sulzberger, Schaffhausen 1857.

«Rechtsgutachten in Sachen des Herrn Rudolf Merian-Iselin von Basel: gegen die Gemeinde Meggen Kantons Luzern ... betreffend gewisse Dienstbarkeiten und Lasten», Zürich 1858.

Gutachten zu den Festungswerken der Stadt Basel

Ein Band enthaltend: «Nachtrag zu dem Gutachten betreffend die Basler Festungswerke und Erwiderung auf die Bemerkungen des Herrn Geheimen Justizrath und Professor Dr. F. L. von Keller in Berlin», Zürich, den 21. August 1860.

Anhang I «Gutachten betreffend die Rechte, welche dem Kanton Basel-Landschaft an den Stadt Basel umgebenden Festungswerken zustehen», Zürich 22. August 1859.

Anhang II «Einige Bemerkungen über das Gutachten betreffend die Rechte, welche dem Kanton Basel-Landschaft an den die Stadt umgebenden Festungswerken zustehen», Berlin, den 10. Januar 1860, Dr. F. L. von Keller

Anhang III Urteil des Schiedsgerichtes vom 19. November 1833, Zürich 1860.

«Gutachten betreffend die auf dem Wehrenbach und seine Quellen und Zuflüsse sich beziehenden Rechtsverhältnisse», Zürich 1862.

«Rechtsgutachten über die Frage: In wie weit durch die Eisenbahn-Konzessionen der Schweiz. Kantone und die Beschlüsse der Schweiz. Bundesversammlung betreffend die Genehmigung derselben für die beteiligten Gesellschaften Privatrechte begründet worden seien», Zürich 1870.

«Rechtsgutachten in Sachen der Ortsbürgergemeinde Bremgarten gegen den Kanton Aargau betreffend Forderung von Ersatz staatsrechtlich übernommener und aufgetragener Leistungen». Verfasser: Albert Schneider (1836–1904) und Johann Jakob Rüttimann, Bremgarten 1871.

Quellennachweis

Sammlungen und Dokumente

Angegeben wird in der Regel die Seite des Beginns des zitierten Texts.

Abschied	Abschied der ordentlichen eidgenössischen Tagsatzung des Jahres 1946 (Abschied 1846), des Jahres 1847, I. Theil, enthaltend die Verhandlungen vom 5. Heumonat bis 9. Herbstmonat 1847 (Abschied 1847/I) (05.07.1847–09.09.1847), des Jahres 1847, II. Theil, enthaltend die Verhandlungen vom 18. Wintermonat 1847 bis 16. Hornung 1848 (Abschied 1847/II) (18.11.1847–16.02.1848), des Jahres 1847, III. Theil, enthaltend die Verhandlungen vom 13. April bis 22. April 1848 (Abschied 1847/III), des Jahres 1847, IV. Theil, enthaltend die Verhandlungen vom 11. Mai bis 27. Brachmonat 1848 (Abschied 1847/IV) (11.05.1848–27.06.1848)
Amtsblatt ZH	Amtsblatt des Kantons Zürich
Anthology	Cottier, Thomas und Drolshammer, Jens (Hrsg.): «Swiss Legal Culture in a European and Global Context», *Anthology of Texts*, www.legalanthology.ch (Zugriff 31.01.2018)
AS	Amtliche Sammlung der Bundesgesetze und Verordnungen bzw. Amtliche Sammlung des Bundesrechts (Digitalisiert erst ab 1948, weshalb auf die Angabe früherer Fundstellen verzichtet wird.)
BAR	Schweizerisches Bundesarchiv, Dossier «Rüttimann Joh. Jakob» (Die in «Escher Briefe» transkribierte Korrespondenz findet sich hier in der Originalfassung.) www.bar.admin.ch (Zugriff 31.01.2018)
BBl	*Bundesblatt* mit Angabe von Jahrgang, Band und Seitenzahl www.admin.ch ® Bundesrecht (Zugriff 31.01.2018)
BS	Bereinigte Sammlung der Bundesgesetze und Verordnungen 1848–1947 www.amtsdruckschriften.bar.admin.ch (Zugriff 31.01.2018)
Escher Briefe	Digitale Briefedition Escher, hrsg. von Joseph Jung, Juli 2015 Brief Rüttimann mit Nr.: aus Korrespondenz von oder an Rüttimann Analog für Korrespondenzen mit Johann Jakob Blumer, Jonas Furrer, Georg Stoll. Die Briefe finden sich hier in transkribierter Fassung: www.briefedition.alfred-escher.ch (Zugriff 31.01.2018) Originalfassung: BAR (siehe oben)
ETH	ETH-Bibliothek, Handschriften (Hs)
FF	Feuille fédérale französische Fassung des *Bundesblatts*, identische Zitierweise
HLS	Historisches Lexikon der Schweiz mit Angabe des Titels www. hls-dhs-dss.ch (Zugriff 31.01.2018)

Kleine Schriften	Kleine Vermischte Schriften juristischen und biographischen Inhalts von Professor Dr. J. J. Rüttimann, nebst einer Biographie und Portrait, hrsg. von Albert Schneider, Zürich 1876.
NZZ	Neue Zürcher Zeitung
OS	Offizielle Sammlung der seit dem 10. März 1831 erlassenen Gesetze, Beschlüsse und Verordnungen des Eidgenössischen Standes Zürich. www.staatsarchiv.zh.ch (Zugriff 31.01.2018)
Parlament	Die Bundesversammlung, Organe und Mitglieder www.parlament.ch → Organe und Mitglieder → Parlamentsmitglieder seit 1848 (Zugriff 31.01.2018)
Reg. Räte ZH	Mitglieder des Regierungsrats. Die Zürcher Kantonsregierung seit 1803 gemäss Stefan G. Schmid, Zürich 2003. www.zh.ch → Organisation → Regierungsrat → Mitglieder seit 1803 (Zugriff 31.01.2018)
Repertorium	Repertorium über die Verhandlungen der Bundesversammlung der schweizerischen Eidgenossenschaft, Band I, 1848–1874, bearbeitet von Léon Kern unter Mitwirkung von Henry Beuchat und Leonhard Haas, Freiburg 1942.
Schulrat	Protokolle des Schweizerischen Schulrats und Präsidialverfügungen, Archiv ETH. www.sr.ethbib.ethz.ch (Zugriff 31.01.2018)
SL-Archiv	Swiss Life, Archiv.
SR	Systematische Sammlung des Bundesrechts. www.admin.ch ® Bundesrecht (Zugriff 31.01.2018)
StAZH	Staatsarchiv des Kantons Zürich, KRP Protokoll des Kantonsrats, bis 1869 des Grossen Rats RRB Regierungsratsbeschluss www.staatsarchiv.zh.ch (Zugriff 31.01.2018)
UZH	Universität Zürich, Historisches Vorlesungsverzeichnis. www.histvv.uzh.ch (Zugriff 31.01.2018)
ZB	Zentralbibliothek Zürich Ms Handschriftensammlung, GS Graphische Sammlung www.zb.uzh.ch (Zugriff 31.01.2018)

Literatur

BALTENSPERGER	Baltensperger, Ernst: Der Schweizerfranken – Eine Erfolgsgeschichte. Die Währung der Schweiz im 19. und 20. Jahrhundert, 3. Aufl., Zürich 2012.
BONJOUR	Bonjour, Edgar: Die Gründung des schweizerischen Bundesstaates, Basel 1948.
DUBS	Dubs, Jakob: Ein Beitrag zur Würdigung der sogenannten demokratischen Bewegung des Jahres 1854, Winterthur o. J.
FURRER	Furrer, Daniel: Ignaz Paul Vital Troxler (1780–1866). Der Mann mit Eigenschaften, Zürich 2010.
GRABER	Graber, Rolf: Demokratie und Revolten – Die Entstehung der direkten Demokratie in der Schweiz, Zürich 2017.
GUGERLI	Gugerli, David und Speich, Daniel, Topografien der Nation – Politik, kartografische Ordnung und Landschaft im 19. Jahrhundert, Zürich 2002.
GUGGENBÜHL	Guggenbühl, Gottfried: Geschichte der Eidgenössischen Technischen Hochschule, Zürich 1955.

HIS	His, Eduard: *Geschichte des Schweizerischen Staatsrechts*, 3 Bände, Basel 1920–1938.
JAGMETTI sen.	Jagmetti, Riccardo (Vater des Autors): *Fünfundsiebzig Jahre Schweizerische Lebensversicherungs- und Rentenanstalt Zürich 1857–1932*, (publiziert ohne Angabe des Verfassers) Zürich 1932.
JUNG Escher	Jung, Joseph: *Alfred Escher (1819–1882) – Der Aufbruch zur modernen Schweiz*, 2. Aufl., 4 Bände, Zürich 2006.
JUNG Locher	Jung, Joseph: «Friedrich Lochers Pamphlete ‹Die Freiherren von Regensberg› und das liberale System Alfred Eschers», in: Escher Briefe, Bd. 6, S. 190 ff.
KLEY öff.R.	Kley, Andreas: *Geschichte des öffentlichen Rechts der Schweiz*, 2. Aufl., Zürich/ St. Gallen 2015.
KLEY Verf.G.	Kley, Andreas: *Verfassungsgeschichte der Neuzeit, Grossbritannien, die USA, Frankreich, Deutschland und die Schweiz*, 3. Aufl., Bern 2013.
KÖLZ Geschichte	Kölz, Alfred: *Neuere schweizerische Verfassungsgeschichte. Ihre Grundlinien vom Ende der Alten Eidgenossenschaft*, 2 Bände, Bern 1992/2004
KÖLZ Quellen	Kölz, Alfred: *Quellenbuch zur neueren schweizerischen Verfassungsgeschichte. Vom Ende der Alten Eidgenossenschaft bis 1848*, Band 1, Bern 1992.
LARGIADÈR	Largiadèr, Anton: *Johann Jakob Rüttimann und die Bundesrevision von 1848*, Zürich 1848.
LOCHER	Locher, Friedrich: *Die Freiherren von Regensberg, Pamphlet eines schweizerischen Juristen*, (mit Namensnennung erst am Schluss des 7. Teils), 7 Teile, Bern 1867–1872.
MAISSEN	Maissen, Thomas: *Geschichte der Schweiz*, Stuttgart 2015.
NACHRUF NZZ	Dr. J. J. Rüttimann Artikelserie im Feuilleton der *Neuen Zürcher Zeitung* vom 25. bis 31. August 1876. (Gezeichnet mit dem Kürzel «sch». Autor dürfte Albert Schneider gewesen sein im Hinblick auf die weitgehende Übereinstimmung des Texts mit der Biografie in den *Kleinen Schriften*.)
NEIDHART	Neidhart, Leonhard: *Das frühe Bundesparlament – Der erfolgreiche Weg zur modernen Schweiz*, Zürich 2010.
SCHAFFNER	Schaffner, Martin: *Die demokratische Bewegung der 1860er-Jahre. Beschreibung und Erklärung der Zürcher Volksbewegung von 1867*, Basler Beiträge zur Geschichtswissenschaft, Band 146, Basel 1982.
KONRAD SCHMID	Schmid, Konrad: «Die Theologische Fakultät der Universität Zürich – Ihre Geschichte von 1833 bis 2015», in: *Neujahrsblatt der Gelehrten Gesellschaft auf das Jahr 2016*, Zürich 2015.
SCHNEIDER	Schneider, Albert: «Dr. J. J. Rüttimann», in: *Kleine Schriften*, S. 3–33.
ZURLINDEN	Zurlinden, Samuel: *Hundert Jahre – Bilder aus der Geschichte der Stadt Zürich in der Zeit von 1814–1914*, 2 Bände, Zürich 1914.

Einmal zitierte Werke sind ausschliesslich in den Anmerkungen aufgeführt.

Bildnachweis

Umschlag
Foto: Archiv ETH; Urkunde: Zentralbibliothek Zürich, Graphische Sammlung
und Fotoarchiv

S. 2   Archiv ETH
S. 13 Keystone / Photoglob / Thedi Suter
S. 20 Irminger, Karl Friedrich: [Johann Heinrich von Orelli]. Zürich: Druck der Lith. Anstalt
       v. A. Grimminger, 1861[?]. Zentralbibliothek Zürich, Orelli, Johann Heinrich (b) I, 1,
       http://dx.doi.org/10.3931/e-rara-46523 / Public Domain Mark
S. 21 Aus: Samuel Zurlinden, Hundert Jahre. Bilder aus der Geschichte der Stadt Zürich
       1814–1914, Zürich (Berichthaus) 1914, Bd. I
S. 22 Aus: Samuel Zurlinden, Hundert Jahre. Bilder aus der Geschichte der Stadt Zürich
       1814–1914, Zürich (Berichthaus) 1914, Bd. I
S. 24 Aus: Joseph Jung, Alfred Escher, 2. Aufl., Zürich (NZZ) 2006
S. 27 Aus: Joseph Jung, Alfred Escher, 2. Aufl., Zürich (NZZ) 2006
S. 28 Fotosammlung Landesarchiv des Kantons Glarus
S. 31 Fotoarchiv Kantonale Denkmalpflege Zürich
S. 33 Reproduziert mit Bewilligung von swisstopo (BA 180120)
S. 38 Aus: Heinrich Hedinger, Schweizer Heimatbücher: Regensberg, 3. Aufl., Bern (Haupt) 1969
S. 39 Zentralbibliothek Zürich, Handschriftenabteilung, Autographensammlung Ott
S. 71 Zentralbibliothek Zürich, Graphische Sammlung und Fotoarchiv
S. 83 Zentralbibliothek Zürich, Graphische Sammlung und Fotoarchiv
S. 103 BBL / Alexander Gempeler, Bern
S. 126 Aus: Bundesblatt 1862 I 432
S. 137 Aus: Bundesblatt 1849 I 65
S. 141 Sammlung Verkehrshaus der Schweiz, Luzern
S. 156 Aus: Joseph Jung, Von der Schweizerischen Kreditanstalt zur Credit Suisse Group,
       Zürich (NZZ) 2000
S. 162 Archiv Swiss Life
S. 169 Archiv Swiss Life

Autor und Verlag haben sich bemüht, die Urheberrechte der Abbildungen ausfindig zu machen.
In Fällen, in denen ein exakter Nachweis nicht möglich war, bitten sie die Inhaber der Copyrights
um Nachricht.